AI 시대 나에게 맞는
직업을 찾아주는 책

AI 시대 청소년과 청년층을 위한 신감각 직업선택 가이드

AI 시대
나에게 맞는
직업을 찾아주는

책

박지아 지음

태인문화사

이 직업이 나에게 딱 맞는 걸까?

"저는 무슨 일을 해야 할까요?"

"지금 선택한 진로가 저와 안 맞는 것 같아요."

"더 철저히 준비해서 제대로 된 직장에 취업하고 싶어요."

직업상담을 했던 청년들이 나에게 수없이 했던 말들이다. 불확실한 선택과 비합리적인 신념으로 힘들어하는 청년들을 마주하면서 어떻게 하면 그들이 '올바른 직업선택을 하여 행복한 인생을 살 수 있을까'를 고민했다. 이러한 고민은 나로 하여금 직업선택에 관하여 연구하고 공부하도록 만들었다.

자신의 진로선택에 확신을 갖지 못한 사람들은 방황한다. 그들은 다른 사람들의 의견에 휘둘리고 인생을 허비하는 경우가 많다. 반면 선택한 전공과 진로가 자신에게 맞는다는 확신을 가진 사람들은 목표를 달성하기 위해 집중한다. 그들은 자신감과 열정을 가지고 도전하여 취업에도 빨리 성공한다. 이렇게 직업선택에 대한 확신을 갖는 것만으로도 앞으로 정진하는 힘과 결과에 큰 차이를 보인다.

나는 청소년, 청년, 직장인들에게 직업상담과 커리어 상담을 했다. 현재는 청소년과 청년층 구직자들에게 직업상담을 하고 있다. 10대 청소년을 비롯한 20~30대 청년 구직자들이 직업을 찾기 위해 많이 찾아왔다. 하지만 찾아오는 사람들은 대부분 자신이 무엇을 해야 할지, 무엇을 좋아하는지를 알지 못하는 경우가 많았다. 자신 안에 보물(재능)이 잠재되어 있다는 걸 알지 못하고 세상의 헛된 것들에 마음을 빼앗겼다. 아마 그들은 불행한 인생을 살아가지 않을까.

사람들 대부분이 직업선택에 대해서 잘 모른다. 이 책은 직업선택을 어떻게 하면 잘할 수 있는지 그 방법을 체계적으로 다루었다. 10대부터 30대 초반의 청년까지 이 책을 읽으면 큰 도움이 될 것이다. 은퇴 이후 새로운 직업을 찾고자 하는 분들도 읽으면 많은 도움이 되리라 확신한다. 사람들이 나에게 직업선택을 어떻게 해야 하는지 많이들 묻는다. 나는 그때마다 그 사람에게 딱 맞는 답을 주려고 노력해 왔다. 이 책을 읽으면 내게 맞는 직업선택의 기준과 내게 맞는 직업을 찾는 방법을 알 수 있다. 인공지능 AI가 가져온 디지털 대전환의 시대를 맞이하여 올바른 직업선택을 할 수 있다는 의미이다.

이 책은 크게 5개 PART로 구성되어 있다. PART 1에서는 직업을 선택하기 전에 사람은 왜 일을 해야 하는지, 직업 찾기는 왜 어려운 것인지, 내가 무엇을 하고 싶은지 찾는 방법 등을 확인하여 '나는 무슨 일을 해야 하는지'에 대한 물음표에 답을 찾을 수 있도록 하였다.

PART 2와 PART 3에서는 직업선택을 할 때 기준이 되는 외적 기준과 내적 기준은 무엇이며, 어떤 기준으로 직업을 선택하는 것이 옳은지, 지금 선택했거나 앞으로 선택할 진로가 자신과 맞는지 안 맞는지를 확인해 볼 수 있도록 꾸몄다. 돈, 명예, 인정, 존경, 능력, 흥미, 성격특성, 가치관 중에 어떤 동기를 택할 것인지, 자신의 진정한 욕구가 무엇인지를 알게 되면 어떤 직업을 가져야 할지, 어떤 직업을 피해야 할지 알 수 있다.

PART 4에서는 AI가 주도하는 디지털 대전환의 시대에 올바른 직업선택 방법은 무엇인지, 대부분의 일이 인공지능으로 대체되는데 나는 무엇을 준비해야 하는지, 나는 지금 제대로 준비하고 있는지를 알 수 있도록 구성했다. PART 5에서는 직업선택에 관해 평소에 궁금했던 많은 궁금증을 해소할 수 있도록 진로·

취업상담 사례를 모았다. 다양한 Q&A도 실었다. 이것만 잘 따라 하면 직업선택의 불확실성과 모호함으로부터 벗어나 직업선택의 자유를 얻게 될 것이다. "저는 무슨 일을 해야 할까요?"라고 묻는 독자들에게 직접적인 도움이 되리라 믿는다.

내가 그랬듯이 독자들도 이 책을 통해 자신이 가진 타고난 개성과 고유성을 발견하고 그것을 직업으로 선택한다면 더 바랄 게 없다. 평생 자아실현을 하며 행복한 삶을 살아갈 수 있으니까.

세런디

참고도서

PART 1

직업선택 전에

알아야 할

것

1

사람은 무엇을 위해
일하는 걸까?

사람은 저마다 일을 하고 산다. 사람들이 일하는 이유는 다양하다. 어떤 사람은 일을 하지 않으면 먹고 살기가 어려워 일을 하는가 하면, 다른 어떤 사람은 자신이 좋아하고 잘하는 일을 통해 자아실현을 하고 싶어 일을 한다. 또 다른 어떤 사람은 서로 도움을 주고받으면서 상호작용을 하고 사회에 기여하며 즐거움과 보람을 느끼기 위해 일을 한다. 이 중 직업을 택해 일하는 본질적인 이유는 바로 개인의 자아실현이다.

사람은 자신의 능력과 추구하는 가치에 따라 일을 선택하는 기준이 다르다. 세상에는 다양한 삶의 모습이 있다. 사람들의 생김새가 다르듯이 삶도 다양하다. 하지만 직업을 가지고 일을 하는 최고의 목적은 자아실현을 통해 삶의 의미를 찾는 과정이라 할 수 있다.

자아실현의 욕구는 인간의 최상위의 욕구이자 기본 욕구이다

미국의 심리학자 아브라함 매슬로우(Abraham Maslow)의 5단계 인간 욕구 이론에 따르면, 인간은 태어날 때부터 다섯 가지 욕구를 가지고 있다. 그 순서는 생리적 욕구 → 안전 욕구 → 사랑과 소속감 욕구 → 존경 욕구 → 자아실현 욕구이다. 매슬로가 이 이론을 처음 제시했을 때는 "인간이 각 단계의 욕구를 순차적으로 충족시키기 위해 산다"고 말했다. 그는 하위 단계의 욕구가 충족되어야만 상위 단계의 욕구가 나타나고, 이미 충족된 욕구는 더 이상 동기부여가 되지 않는다고 믿었다. 다시 말해, 그는 욕구를 피라미드 계층 구조로 표현했다.

그러나 우리 인간은 각각의 욕구를 순서대로 추구하지 않는다. 때로는 욕구가 동시에 일어나기도 하고 순서가 바뀌기도 한다. 사람이 살아가는 데 가장 중요한 것은 생계유지이다. 그렇다면 기본적인 생계가 해결되면 일을 하지 않아도 될까? 꼭 그렇지는 않다.

인간은 생리적 욕구뿐만 아니라 인정받고 소속감을 느끼기를 원한다. 다른 사람들로부터 존경받으며 자기 능력을 발휘하고 살기를 원한다. 기본적인 생리적 욕구가 충족되지 않을 때조차도 자아실현을 위해서 가난을 견디며 배움을 넓혀나간다. 이 이론은 예외가 많고 단계 구분이 모호하기도 하여 매슬로우 자신도 죽기 전에 피라미드가 뒤집어져야 옳다고 말했다. 오히려 자아실현의 욕구가 인간의 가장 기초적인 욕구라는 것을 인정한 것이다.

사람은 자신이 좋아하는 일을 하며 인생의 의미를 찾으려 한다. 직업은 자아실현의 장이 될 수 있다. 의사나 간호사는 환자를 살리고, 경찰관과 소방관은 범인을 잡고 시민을 구조한다. 환경미화원은 거리를 깨끗하게 정리하는 일에서 보람을 느끼고, 음식점 주인은 손님들이 자신이 만든 음식을 맛있게 먹는 모습을 보며 즐거워한다. 물론 살다 보면 돈을 벌기 위해 억지로 하기 싫은 일을 해야 할 때도 있지만, 자신이 하는 일에서 의미를 찾아 돈으로 살 수 없는 만족과 행복도 누릴 수 있다.

히말라야를 정복한 산악인들에게 '왜 산에 오르냐?'라는 질문을 한다면, 그들은 과연 어떤 대답을 할까? 20세기 초 영국 산악인 조지 맬러리는 그 질문에 "거기 산이 있으니까"라는 유명한 말을 남겼다. 우리나라를 대표하는 산악인 엄홍길 씨는 "산 정상에 오르면 산과 내가 하나 되어 산이 없어진다"라고 말했다. 산과 자신이 하나가 되는 무아일체에 이르는 상태가 된다는 뜻이다. 히말라야를 오르는 것은 죽음을 각오해야 할 만큼 험난한 여정이다. 등반 중에 사람들도 많이 죽었지만 그럼에도 산악인들은 춥고 위험한 정상을 오르는 것을 포기하지 않는다. 이들이 험한 산에 오르는 것은 자신에게 가장 가치 있는 일로서 무엇과도 바꿀 수 없는 자신의 존재를 확인하는 일이기 때문이다.

타인의 성장을 돕는 일에 진심을 다하는 사람들이 있다

지인 중에 직업상담 강의를 하는 이시현 교수님이 계신다. 교수님은 매일 3시간만 주무시며 책을 집필하고 강의 연구를 하신다. 이미 여러 권의 책을 집필하셨고 명예도 있으신 분이 지금도 힘들게 잠을 줄여가며 공부하시는 모습은 매우 인상적이었다. 나는 교수님이 더 큰 부와 명예를 위해서인지, 아니면 지식에 대한 욕구 때문인지 궁금해 지금 하시는 일에 만족하시는지 여쭤보았다. 누구나 한평생 사는 건 똑같은데, 초췌한 교수님의 모습이 행복해 보이지 않아서였다.

나 | "아직까지도 배움과 연구에 매진하시고, 강의며 상담이며 잠도 못 주무시고 분주하게 사시는 게 힘들지 않으세요?"

교수님 | "십수 년 전에 대학을 졸업하고 대학에서 교직원으로 일을 했었는데 결혼 후 육아로 인해 직장을 그만두고 꽤 오랫동안 경력이 단절되었지. 그때 다니던 직장의 업무가 적성에 맞지 않아 해당 분야로 다시는 재취업하고 싶지 않았어. 진로를 고민하던 중 학부 때 복수전공으로 공부했던 심리학 경험을 살려 상담 분야로 나가기로 결심했어. 그래서 직업상담사 자격증을 곧바로 취득하고 취업지원센터에서 새로운 일을 시작하게 되었지. 그렇게 시작한 상담 업무가 적성에 잘 맞고 재미있어서 상담심리학 석사와 박사를 밟았어. 뒤늦게 상담 공부를 시작하여 힘들게

학위를 땄지만 내가 진짜 하고 싶은 일을 찾게 되어 너무 기뻤어."

나 | "교수님께서도 직업 전환을 하여 뒤늦게 자신의 적성을 찾으신 거네요."

교수님 | "우리 때만 해도 자신의 의지와는 상관없이 부모님의 소망에 따라 전공과 직업을 선택한 경우가 많았지. 나도 그 중한 명이었어. 졸업 후에도 전공 분야로 취업을 해서 열심히 일은 했지만 적성에 맞지 않아서 어려움을 겪었어. 진로상담을 하면서 나처럼 타인의 기대에 따라 자신의 진로를 선택하게 된 사례가 많다는 것을 알게 되었지. 이들은 직업인이 되어도 자기 일에 만족하지 못하고 생계를 위해 억지로 하는 경우가 많아. 나는 그런 사람들에게 진정으로 자신이 하고 싶은 일을 찾아주고, 그 길로 나아갈 수 있도록 안내해 줄 때 큰 가치와 보람을 느껴. 그래서 힘들지만 잠을 줄이고 시간을 쪼개가며 교재 집필도 하고, 진로상담을 하고 있지. 앞으로도 멈추지 않고 계속해서 다른 사람들의 커리어 관리에 도움을 줄 수 있는 프로그램 개발과 사례 연구를 하려고 해."

진로를 정하지 못한 사람들에게 상담을 제공하고 올바른 길로 이끄는 것이 그분의 사명임을 느꼈다. 자신이 왜 일하는지를 알고 자기의 가치를 실현하는 사람만이 가진 열정이었다. 주변의 컨설팅 강사들 중에도 자신이 맡은 분량을 매뉴얼대로 하는 데 그치지 않고, 참여자들에게 더 많은 정보를 제공하기 위해 고민하는 분들이 있다. 이들은 다른 사람들에게 도움을 주는 자신의 역할에 큰 의미를 부여하며, 이를 통해 자신의 가치를 실현하고 있는 것이다.

자신의 한계를 뛰어넘는 극한 취재 전문가 김영미 PD

김영미 PD는 한국의 대표적인 분쟁지역 취재 전문가이다. 그녀가 주로 취재를 하기 위해 다녀온 국가들은 동티모르, 아프카니스탄, 이라크, 소말리아, 레바논 등 약 80여개 국의 분쟁지역이었다. 주로 남들이 가지 않는 힘들고 험한 나라들을 25년간 취재했다. 가장 최근에 다녀온 곳은 현재 전쟁 중인 우크라이나이다. 우크라이나는 현재 사상자만 100만 명 이상 되고 지금 이 순간에도 사상자가 계속 늘어나고 있다. 시도 때도 없이 공습 사이렌이 울리고 탄도미사일이 날아드는 초긴장 상태이다. 그녀는 우크라이나 전쟁의 최전선에서 민간인 학살 현장과 도시 파괴, 피란민들의 고통 등을 생생하게 취재하며 전쟁의 참혹함을 세상에 알리는 일을 했다.

특히 전쟁에서 사용되어서는 안 되는 금지 무기인 백린탄이 사용되고 있는 심각한 참상을 고발하였다. '백린탄'은 잘 알려져 있지 않은 우리에게 매우 낯선 무기이다. 눈으로 보면 마치 불꽃놀이처럼 하얗고 가는 빛줄기가 떨어지는데 그것이 엄청난 비인도적인 살상무기이다. 그 불꽃이 몸에 스치기만 해도 피부는 물론이고 내장기관까지 모두 녹여버리는 아주 치명적인 물질이라고 한다. 절대 사용되어서는 안 되는 무기가 우크라이나 전쟁에 사용되면서 죄 없는 어린 아이들의 목숨을 앗아가고 있다.

그녀는 사람들로부터 언제 죽을지도 모르는 그 위험한 곳들을 왜 가느냐?는 질문을 제일 많이 받는다. 그녀의 대답은 매우 단순했다. "그곳에 아무도 안 가기 때문에 자신이 갈 수밖에 없다"고 하면서 "지구 반대편에서 일어나고 있는 일들을 우리나라에 알려야 할 사명감을 가지고 있다"고 말했다. 세계의 전쟁, 기아, 자연재해로부터 고통받는 것을 한국으로 잘 배달하여 보도하는 것이 자신의 임무라고 하면서 외신을 통해서도 정보를 접할 수는 있지만 한국의 시각으로 이해하고 보도하는 것이 충분하지 않기에 목숨을 걸고 취재한다고 한다.

그녀는 취재를 위해 떠난 곳에서 무장한 강도들에게 납치당한 적도 있고 자신의 바로 눈앞에서 폭탄이 터져서 심각한 부상을 입기도 했지만 그런 상황에 굴복하지 않았다. 국민의 알권리를 충족시켜 주기 위해 본인 스스로 부여한 저널리스트로서의 임무에 한계를 설정하지 않았다. 김영미 PD는 어른으로서 다음 세대들이 서로를 이해하고 소통하며 분쟁 없는 세상에서 평화롭게 살아갈 수 있기를 원했다. 그러면서 인간의 가치와 존엄성을 소중하게 여기는 세상을 다음 세대에게 물려주고 싶다고 하면서 이렇게 말했다.

"우리 때에 없어야 하는 것들, 우리 아이에게는 주지 않아야 될 것들, 그런 것들을 생각해 볼 의무가 있습니다. 그게 어른이라고 생각해요. 저는 우리 아이들을 위해 취재를 멈추지 않을 것이고, 이 시대에 주어진 저의 임무를 충분히 할 수 있는 그런 어른이 되고 싶습니다."

■출처: MBC 강연자들 김영미 PD 편

사람은 저마다 서로 다르지만 그 저변에는 훨씬 더 숭고한 자신의 가치를 실현하기 위한 욕구를 지니고 있다. 생계를 위해 일하는 것 이상의 훨씬 큰 목적을 가지고 있다. 생계에 위협을 받더라도 일을 통해 소속감을 얻기를 원하며 다른 사람들과 더불어 살기를 원한다. 생계를 유지하고, 자신이 좋아하고 잘하는 일을 하고, 자아를 실현하기 위해 일을 한다. 자신이 하는 일을 통해 타인을 돕고 사회에 기여하는 데에서 삶의 의미를 찾는다.

'돈을 많이 벌 수 있는 직업은 무엇이 있을까? 또 어떻게 하면 일을 즐겁게 할 수 있을까? 자신이 다른 사람보다 잘할 수 있는 일은 무엇일까?' 이러한 고민은 청소년부터 성인에 이르기까지 누구나 가지는 문제이다. 돈을 벌어 가족을 부양하고 경력을 쌓으며, 부자가 되는 것을 꿈꾼다. 부자가 되더라도 일을 즐기고 성취감을 느끼기 위해 사회에 기여하려는 노력을 기울인다. 궁극적으로는 자기 능력을 최대한 발휘할 수 있는 직업을 통해 자아를 실현하려고 한다.

2

직업 찾기가 어려운 이유

직업 찾기가 어려운 이유는 무엇일까? 간단히 말해서, 많은 직업 중 하나를 선택해야 하고 자신이 무엇을 하고 싶은지 모르기 때문이다.

지금 세상에는 무수히 많은 직업과 다양한 선택이 존재한다. 그러다 보니 내가 선택하지 못한 직업에 대한 미련이 항상 남는다. 또 어떤 선택을 하더라도 만족할 수 없는 상태가 된다. 나에게 딱 맞는 직업은 무엇이며, 나 자신이 무엇을 하고 싶은지도 알기 어렵다. 평생 하나의 직업만 선택해야 한다는 압박감 때문에 직업을 한 번 잘못 선택하면 인생의 실패로 이어질 수 있다는 막연한 두려움마저 갖는다.

첫 번째, 직업선택의 폭이 넓다

심리학자들에 따르면, 사람들이 어떤 선택을 해도 늘 만족하지 못하는 상태가 되는데 그 이유는 선택의 폭이 항상 존재하기 때문이라고 한다. 선택의 여지가 없을 때 오히려 자신의 선택이 옳다고 믿는다. 반면, 여러 가지 대안이 있는 사람들은 놓친 것에 대해 괴로워하고 아쉬워한다. 영국의 철학자 버트런드 러셀(Bertrand Russell)은 "만족은 피카소가 그린 그림에 비하면 미미하다. 인간은 만족할 수 없는 동물이다"라고 말하면서 불만족이 인간의 본성에 내재되어 있어 항상 더 나은 걸 찾으려고 하는 경향을 강조했다.

대학교 진학을 할 때 다양한 전공을 선택할 수 있는 기회가 주어지는데, 학생들은 어떤 전공을 선택해야 할지 고민이 많아진다. 어떤 분야에 관심이 없는 경우에도 그렇지만 여러 분야에 관심을 가지고 있는 경우에도 자신의 선택이 맞는지 확신이 떨어진다. 다른 전공을 선택했을 때 더 나았을 것이라는 생각에 만족도가 떨어진다는 의미이다. 구직자의 경우에도 그렇다. 여러 기업에 입사지원을 하여 다수의 오퍼(입사 제안)를 받은 경우, 많은 고민 끝에 최종 선택을 했지만 다른 회사를 선택했으면 더 나았을 것이라는 생각에 만족도가 줄어들었다. 그와는 반대로 여러 곳에 지원을 했으나 유일하게 한 곳에 합격한 경우는 매우 감사하게 생각하며 입사 후에도 만족감이 오래 지속되었다. 선택의 다양성이 높을수록 인간의 만족도가 오히려 줄어드는 현상을 잘 보여주는 사례였다.

직업상담을 했던 꽤 많은 청년들이 여러 가지 선택지 중 하나를 결정하는 것을 힘들어했다. 바로 취업을 해서 직업 경력을 쌓을 것인지, 눈높이가 높은 기업에 취업을 하기 위해 스펙을 더 쌓을 것인지, 전공 분야가 안 맞아서 다른 분야로 직무 전환을 할 것인지 등의 다양한 고민이었다. 여러 가지 대안을 놓고 몇 개월 동안 고민해 봐도 쉽게 결정을 못 내렸다. 그 이유는 하나를 선택하면 나머지는 포기해야 하는데 그러고 싶지 않기 때문이었다. 그럴 때마다 상담사인 나는 이런 말을 하며 선택을 할 수 있도록 격려했다. "어떤 선택이 맞는지 정답이 있는 것은 아니다. 최상의 방법은 우선순위가 가장 높은 것을 선택하는 것이다. 자신의 현재 상황을 고려하여 지금 가장 급하고 기회비용이 낮은 것을 선택하라"고 조언했다.

어떤 안을 선택하든 얻는 것과 잃는 것이 있다. 구직자들이 조언을 듣고 하나를 결정하고 나면 오히려 홀가분하게 마음을 털어놓으면서 선택한 것에 목표를 세우고 집중하게 된다. 목표가 정해지면 그것을 향해 질주하게 된다. 처음부터 정해진 방향이 있다면 그것에 집중하면 되지만 선택지가 여러 가지가 있다고 생각하면 결정하기가 어려워진다. 선택의 폭이 넓으면 넓을수록 역설적으로 선택하지 못한 것에 대한 미련과 후회가 남고 만족도에도 영향을 미친다. 더 나은 선택이 있을 거라는 미련이 발목을 잡고 만족도를 떨어트리기 때문이다.

두 번째, 자신이 무엇을 하고 싶은지 모른다

인류를 돌아봤을 때 직업 고민의 역사는 길지 않다. 고작 200년밖에 되지 않는다. 그전까지는 집안에서 내려온 일이 세습되어 부모가 하던 일을 주로 이어받았다. 산업사회가 되기 전까지 사람들은 대부분 농업과 수공업에 종사했다. 농부, 목동, 상인, 목수, 어부 등 소수의 직업 중에 내가 할 일이 있었다. 그러나 산업화가 일어난 이후에는 직업이 늘어나고 지금까지 1만 개가 넘는 직업이 생겨났다. 그 중에는 우리가 아는 직업도 있지만 우리가 모르는 직업도 존재한다.

부모에게 가업을 물려받거나 자신이 해야 하는 일이 정해져 있다면 직업 고민이 훨씬 적을 것이다. 직업 수가 많을수록 선택의 폭은 넓어지나 내가 무엇을 해야 할지 결정하기는 어려워졌다. 우리는 어렸을 때부터 '장래 희망이 뭐야?'라는 질문을 많이 받아왔다. 어릴 때는 자신이 무엇을 하고 싶은지를 잘 알지 못한다. 그러다 보니 자기 주변에 있거나 익숙한 몇몇 직업 중에서 장래 희망을 선택하게 된다.

우리나라 교육시스템은 초등학교 때부터 '입시'라는 하나의 목표를 향하고 있다. 꿈을 찾으라는 말은 하나의 외침에 불과하다. 청소년들은 꿈이 무엇인지 찾고 싶은데 자신이 하고 싶은 것을 생각할 시간이 없다. 전공을 선택할 때도 자신의 관심사를 고려하기보다는 성적이나 유행에 따르는 경우가 많다. 그러다 보니 대학생 10명 중 6~7명은 전공을 바꾸고 싶어하고 전공과 적성의 미스매칭은 적성과 직업의 불일치로 이어졌다. 이러한 문제는 결국 직장인 중 80%가 자신의 적성과 맞지 않는 일을 하고 있다고 느끼는 현상으로 나타나고 있다.

모차르트나 피카소처럼 천부적인 재능을 가지고 태어났다면 자기 적성에 맞는 일을 하면 된다. 하지만 이들처럼 특출난 재능을 가지고 태어난 사람은 드물다. 대부분의 사람은 자신에게 딱 맞는 천직을 찾기가 쉽지 않다. 남들보다 특별히 잘하는 것도 없고, 자신이 뭘 잘하는지도 잘 모른다. 자신이 어떤 일에 흥미를 느끼는지, 어떤 일이 적성에 맞는지를 알기 위해서는 청소년기부터 끊임없이 자신을 탐색하고 알아가는 과정이 필요하다. 청소년기야말로 다양한 활동과 교육을 통해 자신이 하고 싶은 것을 시험할 수 있는 적절한 시기이다. 나이가 들수록 자신에게 주어진 상황이 녹록하지 않아 다양한 것을 시도해 볼 수 있는 기회와 선택의 폭이 점점 줄어든다.

세 번째, 실패에 대한 두려움 있다

직업선택이 어려운 이유 중의 하나는 실패에 대한 두려움을 들

수 있다. 한번 직업을 잘못 선택했다가는 '인생 망한다'고 생각하여 시도도 하지 않고 결정을 미룬다. 사람들은 잘못된 선택을 해서 빚어지는 고통을 최소화하고 싶어 한다. 그러다 세월만 가고 이룬 것도 없이 나이만 먹었다고 하소연한다. 시간은 어떻게든 지나가는 것이니 아무것도 하지 않는 것보다는 무엇이라도 시도해 보면서 자신에게 맞는 것을 찾아가는 것이 결국 더 나은 결정이고 인생에 플러스가 아닌가.

이럴 때 필요한 것이 유연한 사고이다. 완벽한 선택이란 없다. 처음에는 이 직업이 나에게 잘 맞을 것 같아 선택한다. 그런데 일을 해보니 나랑 잘 맞지 않다는 것을 알게 된다. 반면, 처음에는 안 맞는다고 생각했는데 막상 해보니 의외로 나에게 잘 맞고 즐겁기까지 한 일을 만나기도 한다. 때로는 여러 번의 실패와 도전을 경험한 끝에 자신에게 맞는 일을 찾았다고 하는 사람들도 있다. 결국, 선택을 미루면서 자신의 능력을 묵히는 것보다는 하나씩 선택을 통해 맞는 일을 찾아가는 것이 자신의 직업을 찾는 더 나은 방법인 것이다.

직업상담을 하다 보면, 자신의 관심 분야라고 생각해 선택한 전공이지만 막상 일을 시작하려고 하니 적성에 잘 맞지 않는 것 같아서 고민이 된다고 하며 찾아오는 사람들이 있다. 그들은 그 분야에서 적응하지 못할 것을 미리 걱정하며 진입하기를 망설인다. 완벽한 준비를 위해서 자격증을 더 취득하거나 취업을 미루는 사람도 있다. 일을 해보지 않았으니 그 일을 잘할지는 아무도 알 수 없는 일이다.

한 가지 직업을 선택했을 때 그 일만 하게 되는 경우는 많지 않다. 직업상담사라는 직업도 상담만 한다고 생각할 수 있지만 의외로 문서작업이나 행정업무가 많다. 마케팅 분야도 제품을 홍보하는 일이 주가 된다고 생각할지 모르지만, 사람의 심리도 알아야 하고, 통계분석도 해야 하고, 많은 빅데이터가 필요한 분야이다. 주된 일 외에도 잡다한 부수적인 일들이 많다.

어떤 직업을 선택해야 할지, 무엇을 해야 할지 모르겠다면, 지금 바로 필요한 것과 해야 할 것에 초점을 맞춰보자. 현재 갖지 못한 것에 대한 미련보다는 주어진 일에 만족하고 최선을 다하는 태도가 자신을 한층 더 나은 사람으로 성장시킨다. 스스로 실패에 대한 막연한 두려움을 갖기보다는 여러 번 실패해도 괜찮다고 격려하자. 도전은 '길을 찾아가는 최선의 지름길이다'라는 말도 잊어서는 안 된다.

직업을 선택함에 있어 다양한 직업을 모두 경험해 볼 수는 없다. 어떤 사람들은 자신에게 맡겨진 일을 하다가 자신의 직업을 찾는 경우도 있다. 대다수 성공한 사람들은 처음부터 자신의 적성을 찾아 직업을 선택하지 않았다. 그들은 이렇게 말한다.

"지금 하고 있는 일을 집중해서 열심히 하다 보니 최고의 경지에 이르렀다."

3

내가 무엇을 하고 싶은지 어떻게 찾는가?

내가 무엇을 하고 싶은지 찾기 위해서는 먼저 내가 어떤 사람인지를 알아야 한다. 나는 누구인지? 나는 무엇을 할 때 즐겁고 시간 가는 줄 모르는지? 나의 과거, 현재의 행적을 돌아보고 공통점을 찾아봐야 한다.

　내가 무엇을 하고 싶은지는 나만이 찾을 수 있다. 자신에 대한 깊은 통찰력이 필요하다. 꿈은 없어도 누구나 좋아하고 잘하는 것은 분명히 있다. 물론 어려서부터 무엇을 하고 싶은지 잘 아는 사람도 있지만 사람들은 대부분 잘 알지 못한다. 끊임없이 탐색하고 찾으려고 노력해야 한다. 노력하는 자에게는 신이 손을 뻗어 도와줄 것이다. 성경말씀도 있지 않은가.

"구하라 그리하면 너희에게 주실 것이요 찾으라 그리하면 찾아낼 것이요 문을 두드리라 그리하면 너희에게 열릴 것이니"

(마태복음 7장 7절)

다양한 경험을 해봐야 비로소 자신이 무엇을 하고 싶은지 알 수 있다

영미 작가인 앤 모로 린드버그(Anne Morrow Lindbergh)는 "인생을 발견하기 위해서는 인생을 낭비해야 한다"라는 유명한 말을 남겼다. 내가 무엇을 하고 싶은지 알 수 있는 방법은 관심이 가는 일을 해보는 것이다. 어떤 일을 해보지 않고서는 그 일을 좋아하는지 모른다. 인생 전체를 놓고 볼 때, 직업을 빨리 결정하는 것은 더 좋은, 더 많은 기회를 놓치는 것이다. 조급하게 생각할 필요는 없다. 아르바이트나 자원봉사를 통해 천직을 찾을 수도 있고, 관심 있었던 일을 해보니 자기 적성에는 맞지 않다는 것을 깨닫게 될 수도 있다. 이 같이 다양한 경험을 통해 자신이 하고 싶은 일을 발견하려고 노력하는 것이 행복한 인생을 찾는 지름길이다.

20대 초반의 한 청년은 집안 형편이 어려워서 사회복지기관으로부터 도움을 받고 자랐다. 청년의 엄마는 딸이 크면 사회복지사가 되기를 바랐다. 이 청년 역시 자연스럽게 사회복지사의 꿈을 꾸었다. 가정 형편상 정규대학에 입학하지 못한 그는 고등학교를 졸업한 후 커피숍에서 아르바이트를 하며 학점은행제를 통해 사회복지사 자격증을 취득했다.

자격증을 취득한 청년은 자신과 어머니의 꿈이었던 사회복지사로 취업했고 다른 사람들을 도울 수 있다는 생각에 기쁘게 일을 했다. 그러나 막상 일을 해보니 처음에 벅찼던 희망과는 달리 자신과는 맞지 않았다. 복지서비스 이외에도 프로그램 기획, 사례 관리, 꼼꼼하게 처리해야 하는 많은 행정사무 일을 해야 했다. 평상시 차분하다는 말을 듣지만 좀 덜렁대는 편이어서 자주 실수가 생겨 업무의 지장을 초래했다. 오히려 잠깐 아르바이트로 일했던 커피숍에서는 항상 밝게 웃는 미소로 손님을 대해서인지 칭찬을 많이 받았고 보람도 느꼈다. 커피를 내리고 다양한 음료를 제조하는 것에 아이디어도 샘솟고 재미있었다. 복지서비스직보다는 판매서비스 직종이 자신의 적성에 잘 맞았던 것이다. 결국 사회복지기관에서 1년을 버틴 후 바리스타 정규직 사원으로 이직을 했고 1년 만에 매니저로 진급했다. 지금 청년은 브랜드 커피 전문점에서 즐겁게 일을 하고 있다.

이처럼 직접적인 직무 경험을 통해 자신이 하고 싶은 일을 찾는 것이 가장 확실한 방법이다. 그러나 많은 직업을 직접 경험해 보기에는 시공간적인 제약이 따른다. 책이나 미디어 등 다양한 매체를 활용하여 최대한 많은 간접 경험을 해보는 것도 도움이 된다. 직업에 대한 기본적인 정보와 현직자들의 모습을 보면 자신이 하고 싶은 일인지 알 수 있다. 관심 있는 분야의 위인전이나 자서전을 통해 롤모델을 찾는 것도 좋다. 두꺼운 책을 읽는 게 부담이 된다면 다양한 직업을 한꺼번에 소개하는 책을 보거나 인터넷(www.work.go.kr)에서도 직업정보를 확인해 볼 수 있다. 직업 키워드 검색을 하면 해당 직업의 직무내용이나 적합한 적성과 흥미, 진출 방법, 미래의 전망 등의 정보가 제공된다.

진짜와 가짜를 구분할 줄 알아야 한다

지금 하는 일이 진짜 내가 하고 싶은 일인지, 주변에서 원해서인지 또는 유행을 따라가고 있는지를 구분할 필요가 있다. 내가 진짜 하고 싶은 일이라면 무의식중에도 자신이 그런 행동을 하고 있을 가능성이 높다. 어떤 어려움이 있더라도 포기하지 않고 끝까지 하려고 노력할 것이다. 그러나 주변에서 자주 이야기해서 자신이 하고 싶은 것인 줄로 착각할 수도 있다. 또 드라마나 영화에서 유행하니까 해보고 싶은 생각이 들었을 수도 있다. 진짜로 하고 싶은 일이 아니라면 조금만 힘들면 금방 포기하고 딴 것을 찾게 된다.

내가 진짜로 하고 싶은 일인지, 막연한 동경 때문에 하고 싶은 일인지 구분하는 방법이 있다.

평상시 내가 어떤 행동을 하는지 관찰해 보라. 예를 들어, 상담을 좋아한다면서 다른 사람들의 고민을 들어주거나 경청하는 것을 좋아하지 않는 사람이 있다. 진짜로 하고 싶은 일은 자기 행동에서 나타난다. 요리를 좋아한다고 하면서 요리를 해보고 싶은 생각이 들지 않거나, 요리를 가끔 해보는데 즐겁지 않다면 셰프라는 화려해 보이는 직업 이미지 때문에 동경하는 것이 아닌지 자세히 들여다봐야 한다. 화려해 보이는 겉모습에 속지 말아야 한다.

처음에는 진짜로 하고 싶은 일이라고 생각했는데 시간이 지날수록 점점 희미해지는 것이라면 가짜일 확률이 높다. 어떤 어려움이 있더라도 끝까지 도전하고 싶은 마음이 있는지 봐야 한다. 〈국제시장〉, 〈베테랑〉으로 1,000만 관객을 동원한 배우이자 우리나라를 대표하는 배우 황정민 씨는 처음부터 대형 스타가 아니었다. 그는 연극과 뮤지컬 무대에서 무려 21년 동안이나 무명 배우로 살았다. 한 달 급여가 고작 12만 원이었지만 포기하지 않았다. 배우가 진짜로 하고 싶었기 때문에 버틸 수 있었다. 이렇게 누가 시키지 않아도 그 일을 하지 않고는 살 수 없을 것 같은 일이 진짜다.

세상 사람들의 말에 신경 쓰지 않고 자신의 평가 기준과 잣대를 가져야 한다. 그래야 자신이 원하는 것이 무엇인지 생각할 기회를 얻을 수 있다. 김경일 인지심리학 교수는 "진짜 자신이 원하는 일인지 확인하기 위해서는 남의 시선과 평가를 걷어내고 내가 스스로 평가하고 보람을 얻는 일이어야 한다"라고 했다. 타인에 의한 평가와 인정을 받으려는 정도가 심하면 정신건강과 삶의 만족도에 부정적인 영향을 미친다.

하고 싶은 것과 되고 싶은 것의 다른 점

중학생이 된 한 여학생은 학교에서는 선생님에게, 집에서는 부모에게 "너는 커서 뭐가 될래?"라는 질문을 많이 받았다. 그럴 때마다 자신은 딱히 뭐가 되고 싶은 게 없어 대답할 말도 없는데 자꾸 물어보니 꿈이 없는 사람처럼 여겨져 스스로 실망하고 무기력해졌다고 한다. 이 학생은 학업성적이 낮아 모든 면에서 자신감이 떨어져 스스로 무능하다고 느꼈다. 잘하는 것은 있지만 그 분야도 남들보다 특별하게 뛰어난 것 같지 않아 내세우지 못했다. 무언가를 잘한다고 말하려면 완벽하게 잘해야 되는데 그렇지 못하니 점점 더 자신감이 떨어졌다.

나는 여학생에게 무엇에 관심이 있고, 무엇을 할 때 신이 나는지 물어보았다. 여학생은 친구들과 수다를 떨거나, 친구들에게 기쁨을 주는 걸 좋아해 그들과 함께 있으면 편하고 재미있다고 한다. 여행도 좋아하고 사진 찍는 것도 좋아한다고 하면서 사진을 꽤 잘 찍는 편이라고 자랑했다. 여학생은 자신의 이런저런 관심사에 대해서 유머러스하게 말을 잘했다. 대화하는 도중에 자신이 좋아하는 것들을 자연스럽게 나열하는 자신을 보면서 스스로 놀라는 듯했다. 나는 학생에게 "사람들의 말에 공감을 잘하며 사람들을 기쁘게 해주는 것을 다양한 직업으로 연결해 보면 좋을 것이다"라고 말해주었다. 여학생은 한 번도 좋아하는 일이 직업이 될 수 있다고 생각해 본 적이 없다고 했다.

나는 여학생이 어른들로부터 무한 되풀이되었던 '무엇이 되고 싶냐?'라는 질문에는 대답을 못 했지만 하고 싶은 것은 많다는 것을 알았다. 그럼 하고 싶은 것과 되고 싶은 것은 정확히 어떤 차이가 있는 것일까? 하고 싶은 것은 무엇을 좋아하는지 말하는 것이고, 무엇이 되고 싶다는 것은 구체적인 직업을 말한다. 하고 싶은 것에 초점을 맞추어 보면 굉장히 광범위한 분야의 직업을 발견할 수 있다. 사람들과 소통하는 것을 좋아하고 여행과 사진 찍는 걸 좋아한다면, 다양한 경험을 공유하는 여행작가가 될 수 있고, 사진작가가 되어 사람들에게 아름다운 작품을 선사할 수도 있다. 또 유머 감각을 살려서 개그맨이 되거나, 재미있는 콘텐츠를 올려서 사람들에게 즐거움을 주는 크리에이터가 될 수도 있다.

그러니 한 가지 직업을 미리 정해야 하는 압박감을 가질 필요는 없다. 본인이 다른 사람을 편안하게 하고 웃게 만드는 재주가 있다면 굳이 거창한 꿈이 아니더라도 그 재능을 발휘할 수 있는 일들은 얼마든지 찾을 수 있다. 어렸을 적부터 꿈은 없더라도 좋아하는 것은 누구에게나 있다. 꿈을 물어보면 대답할 수 없어도 무엇을 좋아하냐고 물으면 꽤 많은 대답을 할 수 있다. 좋아하는 것을 직업으로 연결하는 것은 힘든 일이 아니다. 무엇을 좋아한다면 진심으로 그것을 해봐야 한다. 그것이 당장 직업이 되지 않더라도 진심을 가지고 열심히 하다 보면 그 분야에서 남들보다 뛰어난 사람으로 성장하게 된다.

"사람은 20대 후반에야 겨우 자신이 좋아하는 일을 찾을 수 있고, 40세가 넘어서야 자신이 잘하는 일을 겨우 찾을 수 있다"라는 말이 있다. 내가 좋아하는 것을 모른다고, 꿈이 없다고 미리 실망할 필요는 없다. 주어진 일을 성실하게 하다 보면 좋은 인성을 갖춘 인재로 성장할 수 있다. 하고 싶은 일을 찾는 것이 쉽지 않다면 가족이나 주변 사람들에게 자신이 어떤 것에 집중하고 시간을 쓰고 있는지 물어보라. 만약, 바쁘거나 귀찮다는 핑계로 자신을 들여다보는 시간을 갖지 않는다면 자신이 하고 싶은 일을 찾을 수 있는 기회를 영영 놓치고 말 것이다.

나와 잘 맞는 일이 있을까?

나와 잘 맞는 일을 찾으려면 우선 내가 어떨 때 행복한지를 알아야 한다. 무엇을 할 때 기분이 좋고, 무엇을 할 때 잘한다는 칭찬을 들으며, 무엇을 할 때 가슴이 뛰고 열정이 생기는지를 찾아봐야 한다. 어떤 일이 나와 잘 맞는지는 나의 직업 흥미, 직무 적성, 성격, 가치관과 밀접하게 관련되어 있다. 평상시 어떤 사람이 되고 싶다고 자주 떠오르는 모습이 있다면 그것을 해야 한다. 그것이 삶의 목적이자 의미이며, 자신을 행복하게 하는 일이기 때문이다.

직무 적성

2022년 12월, 취업포털사이트 잡코리아(Jobkorea)에서 경력 10년 미만 직장인 715명을 대상으로 설문조사를 했다. 조사 결과에 따르면 첫 직장 유지와 퇴사 사유 1위는 '직무 적성'이었다. 직장인의 86%가 취업 후에도 진로 고민을 하고 있는 것으로 나타났다. 첫 직장을 퇴사한 이유로 1위는 '적성에 맞지 않는 직무' 때문이라고 답했고, 2위는 '낮은 연봉', 3위는 '회사의 비전이 낮아 보여서' 퇴사했다는 응답이었다. 첫 직장에 계속 근무하는 이유도 적성에 맞는 직무 때문이라고 하는 대답이 가장 높은 비중을 차지했다. 일하는데 있어 직무 적성이 맞는지 안 맞는지가 매우 중요하다는 것을 이 조사 결과로 알 수 있다.

'직무 적성'이란 일반적으로 개인이 특정 직무나 업무에 적합한 능력과 성격특성을 의미한다. 적성이란 자신이 무엇을 잘하는가를 말하는 것으로 타고난 재능과도 연관이 있다. 다른 말로는 천직이라고도 한다. 천직은 '콜링(Calling)' 또는 '베케이션(Vocation)'으로 번역되며, 신학 용어로는 '신에게서 부여받은 소명'이라고 한다. 재능은 자기가 특별히 노력하지 않아도 태어날 때부터 특정 분야에서 뛰어난 능력을 보이는 것이다. 남들은 어려워하는 일을 자신은 쉽게 하는 것이 있다면 그것이 바로 자기 적성이다. 적성에 맞는 일을 한다면 다른 사람보다 직무 효능감과 성취도가 높아서 직무 만족도가 크다.

음악 신동이라고 부르는 볼프강 아마데우스 모차르트는 어린 시절부터 음악적 재능을 선보이며 세계적인 음악가가 되었다. 뛰어난 화가이자 조각가인 레오나르도 다빈치는 미술 분야에서, 미국의 농구 천재 마이클 조던은 운동 분야에서 천부적인 재능을 보였다. 이들처럼 다른 사람의 눈에 띄게 재능을 가지고 있는 극소수를 제외하고는 특별히 자기 적성과 딱 맞는 일을 찾는 것이 흔치 않다. 사람들은 대부분 특정 분야에서 다른 사람과 비교하여 조금 더 소질이 있을 뿐이다. 숫자에 밝아 계산을 잘하는 수리 능력이 있는 사람이 있는가 하면, 사람들의 기분 상태를 잘 파악하여 대인관계에서 능숙한 사람도 있다. 한 분야에 재능이 있더라도 잘하려고 노력하지 않는다면 재능은 발휘되지 않는다.

어떤 일을 하다가 같은 직군의 사람들과 구별되는 다른 능력을 발견하는 사람도 있다. 유명한 개그맨인 홍현희 씨는 외국계 제약회사에 다니다가 자신의 재능이 다른 사람을 재밌게 하는 것임을 깨닫고 입사 3년 차에 회사를 그만두었다. 개그맨 공채에 응시하여 합격했으나 1년 동안 배역이 주어지지 않아 급여가 없었다. 전 회사에 재입사를 해보기도 했지만 개그맨의 꿈을 포기할 수 없었다. 노력에 노력을 거듭하여 〈더 레드〉라는 프로그램을 성공시켜서 지금까지 유능한 개그맨으로 활약하고 있다. 만약 개그맨을 포기하고 회사로 재입사하여 계속 직장생활을 이어갔다면 자신의 메인 재능을 다른 사람들에게 양보한 채 이루지 못한 꿈에 대한 후회가 남았을 것이다.

맞는 일과 안 맞는 일의 기준

사람들은 자신에게 잘 맞는 일만 찾는다면 엄청 '행복하게 살 것이다'라고 생각한다. 그래서 어려서부터 지금까지 그 일을 발견하기를 바란다. 현재 직업의 세계가 불확실해진 상황에서, 다수가 선호하는 교사, 의사, 간호사 등의 안정적인 직업에 입직하기 위한 경쟁이 치열해지고 있다. 그 대세에 편입하고 싶지 않은 사람들은 더욱 자신에게 맞는 적성을 찾아야 한다며 끊임없이 방황하고 있다. 자신에게 맞는 일을 찾기만 하면 행복해질 수 있다고 믿으며 직업을 찾아 나서고 있다.

그 일이 왜 안 맞다고 생각하냐?라고 물어보면, 보통 적성과 흥미의 불일치라고 말한다. 자신이 하고 싶었던 일이지만 그 일을 막상 해보니 잘 못하거나 자신이 잘하는 일이지만 흥미가 없거나 근무 환경이 맞지 않을 때 잘 안 맞다고 한다.

예전부터 '모델'이 꼭 되고 싶었던 사람이 있었다. 그는 원해서 그 일을 시작했지만 얼마 되지 않아 그 일이 자신의 적성과 안 맞는 것 같다며 시들해졌다. 막상 일을 시작해 보니 모델로 정상의 위치에 오르기까지 매우 치열한 경쟁과 심리적 압박을 견뎌야 한다는 것을 알게 되었다. 그때부터 차츰 그 일에 열정이 식고 다른 일을 찾아봐야 할 것 같다고 했다. 이 경우는 진짜 일을 못해서 적성에 안 맞는지, 노력이 부족한 것인지, 근무 환경에 적응이 안 돼서 인지를 따져봐야 한다.

또 회계 관련 일을 하는 한 사람이 있었다. 그는 수리능력이 뛰어나서 그 일을 잘했다. 인정도 받았다. 하지만 그 일이 재미없다고 한다. 매일 반복되는 계산이나 데이터 작업이 적성에는 맞지만 지루하게 느껴지고 흥미가 없어 포기하고 싶을 때가 한두 번이 아니라고 하면서 혼자 하는 일이 자신의 성격과는 안 맞는다고 한다. 이런 성격으로 미루어보아 그는 여럿이 팀워크를 이뤄 창의력을 발휘하는 일을 할 때 시너지가 생기는 사람이었다.

혼자서 일하는 것을 선호하는 사람은 여러 사람과 함께 공동 작업을 할 때 많은 에너지가 소모된다. 이에 반해 경쟁적인 환경을 좋아하는 사람은 평화로운 환경에서 일할 때 지루해하며 자신과 안 맞다고 느낀다. 그렇다면 자기에게 맞는 일의 기준은 무엇일까?

좋아하는 일을 잘하기 위해서는 인내의 시간이 필요하고 축적된 노하우가 쌓여야 한다. 만약, 잘하는 일이지만 반복되고 단조로워서 재미가 없다면 자신이 좋아하는 창의적인 활동을 직무에 추가하는 노력을 하거나 직무 변경을 고려해야 한다. 이때 자신이 선호하는 근무 환경(자유로운 분위기, 성과 체계, 성장 기회 제공 등)이 맞는지 미리 체크해 보아야 한다. 사람들은 자신이 선호하는 환경에서 좋아하는 일을 잘하길 바란다. 여러 가지 조건(흥미, 적성, 근무 환경)이 맞아야 한다. 그래야 비로소 만족할 수 있는 상태에 이르게 되니까.

계획된 우연이론

미국 스탠퍼드대학교 교육학, 심리학 교수인 존 크럼볼츠(John Krumboltz)는 미국의 직장인 수백 명을 대상으로 진로조사를 하면서 흥미로운 사실을 발견했다. 그것은 자신이 계획한 대로 성공한 사람은 20%에 불과하고 나머지 80%는 예기치 않게 만난 사람이나 우연의 사건으로 성공했다는 사실을 밝혀냈다. 그는 이 사실을 토대로 계획된 '우연이론(Planned Happenstance Theory)'을 발표했다. 그의 이론에서 중요한 키워드는 '계획된 우연성'이다. 이 키워드는 우연을 예상하고 준비하면서 기회를 잡아야 한다는 의미이다. 예를 들자면, 우연히 만난 사람이 새로운 직업을 잡을 기회를 제공할 수 있으니 평소 네트워킹을 소홀히 하지 않거나, 예상치 못한 상황이 발생하더라도 유연하게 대응하는 태도를 가져야 한다는 점을 강조하고 있다. 존 크럼볼츠 교수는 "성공은 계획의 결과가 아니라 우연을 잡는 능력이다"라고 하면서 우연을 잡는 5가지 전략을 소개했다. 새로운 학습의 기회를 탐색하는 호기심과 좌절에도 불구하고 노력을 지속하는 인내심, 태도와 상황을 변화시키는 유연한 사고, 새로운 기회가 올 때 그것을 긍정적으로 볼 줄 아는 낙관성, 불확실한 결과 앞에서도 행동할 줄 아는 모험심이다.

남들이 알아주지도 않고, 하고 싶지도 않은 일이지만 생계를 위해서 하는 일이라도 열심히 하다 보면 그곳에서 의미를 찾을 수 있다. 생산직으로 일하다 발명가가 되거나 콜센터에서 일하다가 천직을 만난 사람도 있고 계획하지는 않았지만 하고 싶은 일을 만나서 성공을 이룬 사례는 주변에서 쉽게 찾아볼 수 있다. 이렇게 좋은 우연을 불러오기 위한 좋은 생활방식을 습관화한다면 운도 함께할 것이다. 평소 적극적, 긍정적으로 행동하는 사람에게는 계획된 우연이 일어날 가능성이 높다.

행복의 기준을 누구에게나 천편일률적으로 적용할 수는 없다. 다만 자신에게 주어졌거나 선택한 일을 열심히 해서 성과가 난다면 행복감이 높아질 것이다. 명확한 목표가 없더라도 자신이 하고 싶은 일을 찾으려고 최선을 다하면 새로운 기회가 생긴다. 게으르거나 목표가 없으면 이룰 수 있는 것이 아무것도 없고, 자신이 원하는 인생을 살지 못하고 세상이 시키는 일을 하는 사람이 될 것이다.

직업상담을 제공했던 내담자들 중에는 자신의 전공이나 경력 분야가 아니지만 계속 도전하여 성공한 케이스가 있다. 상담전공자가 디자인 분야로 도전하고, 회계 경력자가 캐드 디자인에, 창업교육 경력자가 기획 업무에 도전해서 성공했다. 반면 큰 꿈만 꾸면서 도전하지 않는 경우도 많다. 국문과를 졸업하여 작가를 지망하는 사람이 글을 한 줄도 쓰지 않는다면 말 그대로 작가라는 직업은 꿈에 불과하다. 요즘에는 글쓰기로 직업을 가질 수 있는 길이 많다. 웹툰이나 게임 시나리오 작가도 있고, 영상 콘텐츠

작가로 경력을 쌓아보는 것도 좋다. 처음부터 큰 꿈을 실현하기 어렵다면 할 수 있는 것부터 한 걸음 한 걸음 진출해 보자.

직업선택을 할 때 목전에 있는 것만 보지 말고 장기적인 안목을 가지고 진로를 설계해야 한다. 때론 전공과 무관한 직무이더라도 관심 있는 분야와 연결점을 찾을 수 있다. 머뭇거리지 말고 지금 할 수 있는 일에 최선을 다 하면서 뭐든 연결고리를 갖고 기회를 엿보는 것이 중요하다. 그리고 실패할 수도 있지만 자신에게 맞는 것을 찾는 노력이 필요하다. 자신의 흥미와 적성이 무엇인지, 무엇에 관심이 있는지 먼저 알아야 한다. 관심가는 일에 집중하여 긍정적이고 적극적으로 일을 할 때 성공과 행운이 따라올 것이다. 만약 자신의 흥미와 적성을 찾지 못했다고 해도 실망하지 말라. 자신이 할 수 있는 일을 하면 된다. 언젠가는 기회가 주어진다. 첫 직장이 마지막 직장이 아니다. 처음부터 잘된 사람은 없다. 열심히 묵묵히 하다 보니 잘된 경우가 많다. 운이란? 어떤 길을 가고 있을 때 만나지는 것이다.

5

남에게 도움 주는 일을 선택하라

"하루를 시작하는 이유는 무엇일까?"

우리는 왜 아침에 눈을 뜨고, 학교에 가고, 공부를 하고, 직장에 나가고, 돈을 벌고, 취미를 즐길까? 그 이유를 잠시 생각해보자. 사람마다 삶의 의미와 목적은 다르지만, 분명한 것은 누구나 혼자 살아가는 것이 아니라는 사실이다. 우리는 서로 연결되어 있고, 세상에 필요한 일을 하며 살아간다.

어떤 직업이든 누군가에게는 꼭 필요한 일이며, 누군가에게는 도움이 된다. 학생은 왜 공부를 해야 할까? 미화원은 왜 청소를 정성껏 할까? 의사나 선생님은 왜 그 일을 성실히 감당할까? 그 모든 일에는 분명한 이유가 있다.

'왜 그 일을 하는가'를 스스로에게 물어보자. 그 질문이 하루를 살아가는 힘이 되어 줄 수 있다.

그 일을 왜 하려고 하는가?

원시시대는 자급자족의 시대였다. 사람들은 혼자서 집을 짓고, 동물을 사냥하고, 식물을 재배했다. 주로 기본적인 생존 활동이 중심이었다. 반면 현대사회는 고도로 발전된 기술로 인해 복잡한 사회구조로 이루어져 한 사람이 모든 일을 수행하기 어려워졌다. 자기가 할 수 없는 많은 일과 부족한 시간을 다른 사람의 도움을 받아 일을 한다. 다양한 분야에서 사회적 상호작용을 통해 심리적 지지와 경제적 지원을 받는다.

내가 하는 일은 나뿐만 아니라 다른 누군가에게도 도움이 된다. 자신이 선택한 일이 다른 사람에게 어떤 도움을 주고 있는지 한번 생각해 보라. '나 하나쯤이야.' 하고 생각하여 무심코 하는 행동들이 환경을 오염시키고 사회적 융화를 깨트린다. 작은 물방울이 모여 큰 강을 이루듯이 나 하나의 행동은 크거나 작게 사회에 영향을 끼친다. 기업이 이윤을 창출하는 것도 근로자와 소비자가 있기 때문이다. 최근에는 직원 복지와 기업의 사회적 책임(Corporate Social Responsibility, CSR)이 더욱 강조되고 있다.

애플을 세계적인 기업으로 만든 스티브 잡스는 자신이 왜 일하는지에 대한 의미와 목적이 명확했다. 그는 자신이 만든 제품으로 산업, 심지어 사회 전체를 바꿀 수 있다고 생각했다. 단지 참신한 것이 아니라 세상에 없는 새로운 혁신적인 제품을 만들고 자 했다. 그런 이유에서 시작했기 때문에 애플은 변화와 도전의 아이콘이 되었다. 아이팟, 아이폰 등 새로운 제품이 나올 때마다 사람들이 줄을 서서 기다릴 만큼 폭발적인 인기를 얻었다.

차별화된 애플의 브랜드 이미지 때문에 그 제품에 열광하고 기꺼이 구매한다. 골든 서클 이미지를 창조한 《스타트 위드 와이 (Start With Why)》의 저자 사이먼 시넥(Simon Sinek)은 일부 리더 및 조 직이 사람들에게 영감을 제공할 수 있는 까닭은 그들이 존재 이 유를 알고 있기 때문이라고 설명한다. 어떤 제품을 만들고, 어떻 게 홍보하여, 다른 기업과 경쟁에서 이길지를 고민하지 않고 그 제품을 왜 만들어야 하는지를 고민한다. 사람들에게 어떤 편리성 을 줄 수 있을지가 제품 생산에 초점이 된다. 그것이 바로 성공 비결이 아닐까.

사람들에게 도움 주는 일은 사람들의 마음을 움직인다

사람들은 세상이 필요로 하는 일을 할 때 행복감을 느끼고, 남에 게 도움이 되는 일을 할 때 보람을 느낀다. 서로 돕도록 만들어진 이 사회의 좋은 일원이 되고자 한다. 각자가 할 수 있는 일을 해 서 누군가에게 도움을 주고받는 것이 좋은 사회를 만든다. 자신 이 미래에 어떤 일을 하고 싶은지에 대해 지속적으로 생각하면서 살다 보면 언젠가 나를 필요로 하는 곳을 발견할 수 있다.

매출 1조 원이 넘는 대한민국 이커머스 기업 '에이블리'의 강석훈 대표는 시골에서 학교를 다녔다. 그는 버스를 타고 다녔는데 가다 보면 길거리에서 폐지를 줍는 노인들을 자주 볼 수 있었다. 그는 그때부터 사회구조가 왜 이렇게 구성되어 있는지 어렴풋이 느끼면서 더불어 잘 살 수 있는 세상을 고민했다. 강석훈 대표의 더불어 살자는 신념은 '에이블리'의 사업목표에 그대로 심어졌다. 평범한 사람들을 연결하고 누구나 사업을 할 수 있는 생태계를 만들고 싶었던 그는 '사람들의 마음을 움직인다면 기업가치는 계속 상승할 것이다'라는 기업의 모토로 일본으로까지 판매시장을 확장하였다.

자신이 좋아하고 잘하는 일을 하더라도 그 일을 왜 해야 하는지 이유를 알지 못하면 그 끝에는 삶이 지치고 허무하다. 어떤 직업을 선택할지 고민하기에 앞서 어떤 존재로 살고 싶은지를 사고해야 하는 이유이다. 누구나 한 번쯤은 어떤 삶을 살고 싶다는 꿈을 꾼다. 돈을 많이 벌고 싶다거나 성공하고 싶다는 사람도 있고, 그저 평범하게 사는 것이 소원이라는 사람도 있다. 각자가 원하는 삶이 다르다. 인생의 의미와 목적이 다르기 때문이다.

돈을 많이 벌고 싶다면 왜 그런가? 성공하고 싶다면 왜 그런지를 생각해 보자.

나의 경우는, 돈을 많이 벌어 가난한 집안을 세우고 주변에 어려운 이웃들을 돕고 싶었다. 마지막에는 모두가 잘 사는 행복한 세상을 만드는 게 꿈이었다. 현실적인 상황에 몰두하다 보니 꿈을 망각한 채 길을 잃었던 적이 있다. '왜'라는 이유를 잊고 나도 모르는 사이에 세상의 성공에 현혹되어 물질만을 쫓았다. 타인으로부터 능력과 성과를 인정받았지만 만족할 줄 몰랐다. 사회적 인정을 얻어도 기쁨이 없었다. 진정 원하는 나의 모습이 아니었다. 내가 하고자 했던 일, '나다움'이 빠져버렸다.

결국은 자기가 진정으로 사랑하는 일이 남에게도 도움이 되는 일이다. 직업을 선택할 때 자신의 직업명 앞에 붙을 수식어를 떠올려 보라. 나는 어떤 직업인이 되고 싶어서 이 일을 하고 있는지?, 돈 많이 버는 직업상담사, 경험이 풍부한 직업상담사, 친절하게 소통하는 직업상담사, 행복한 길을 안내하는 직업상담사 등 원하는 수식어는 어떤 것인지? 나의 정체성을 확립할 수 있는 형용사는 무엇인지? 생각해 보라. 나는 사람들에게 행복한 길을 안내하는 직업상담사가 되고 싶다. 그런 사람이 되기 위해서는 어떤 어려움이 있더라도 노력하는 자세가 필요하다. 그것이 직업인으로서 내가 존재하는 이유다. 세상이 나를 필요로 하는 일을 할 때 비로소 보람 있고 의미 있는 인생을 살 수 있는 것이다.

6

하찮고 쓸모없는 직업은 없다

모든 직업은 사회의 중요한 부분을 구성하고 있다. 환경미화원부터 의사까지 모든 직업은 자신의 역할을 통해 사회의 원활한 운영을 돕는다. 예를 들어, 환경미화원은 도시를 깨끗하게 유지하여 시민들의 건강을 지키고, 의사는 병을 치료하여 생명을 구한다. 또한 교사는 지식을 전달하여 미래 세대를 교육하고, 농부는 식량을 생산하여 우리 모두의 식탁을 풍성하게 한다. 이처럼 각 직업은 저마다의 가치를 지니고 있으며, 어느 하나 소중하지 않은 직업은 없다.

노동의 쓸모와 필요 있는 일
노동이라는 의미는 노동력을 통해 생산적인 활동을 수행하는 것을 일컫는다. 경제적 의미에서의 생산적인 활동이란 제품이나 서비스를 생산하고 제공하는 것이다. 공부나 가사는 필요한 일이지만 엄밀히 말하면 경제적인 부가가치를 창출하지는 않는다. 하지만 학자들은 대부분 가사노동도 경제적 가치를 인정해야 한다고 말한다. 꼭 필요 있는 일이라는 의미에서의 노동의 범주에 속한다는 것이다.

대전가정학회지에 실린 「한국 주부의 가사노동 시간과 경제적 가치 평가」라는 논문에서 대구대학교 가정관리학과 김정희 강사는 가사노동의 생산적 기능을 인정하는 많은 경제학자, 사회학자, 가정학자들의 견해를 언급하며, 가사노동의 경제적 가치를 평가해야 한다고 주장했다. 또한 뷰틀러(Beutler)와 오웬(Owen, 1980)은 "많은 가족 활동은 그것이 교환경제의 보호 아래에서 발생한다면 생산으로 분류되었을 것이며, 거시 경제적 분석으로 숙련노동의 근원을 설명한다면 가계는 궁극적으로 생산자로 간주될 수 있다"라고 가계의 생산적 역할을 강조했다. 가정주부의 가사노동이 재화와 용역으로 시장에서 판매되지는 않지만 가사노동이 생산 활동에 기여한다고 보고 경제적인 가치가 있다고 말한 것이다.

12살에 〈지구 2000〉이라는 환경단체를 만들고 환경운동을 시작한 사람이 있다. 현재 환경 컨설턴트이자 환경사업가로 활동하고 있는 한국계 이민 2세 대니 서의 이야기이다. 대니 서는 우연히 신문에서 환경에 관한 심각한 기사를 읽고 학교 친구들을 모아 환경을 지키는 환경동아리를 만들었다. 그는 교내에서 하는 단순한 동아리 활동에 그치지 않고 '고래사냥 반대 운동', '모피 판매 금지 운동' 등의 사회운동으로 확장했다. 학생이었지만 사회에 좋은 영향력을 끼치는 일을 한 것이다. 그는 18세에 평생 사회사업을 한 사람에게 주어지는 '알베르트 슈바이처 인간 존엄상'을 받았다.

학생은 공부가 주된 일이다. 대니 서처럼 자원봉사를 통해 가치를 창출할 수도 있고, 부모님의 일을 도울 수도 있다. 그러나 대부분의 시간을 공부에 쏟는다. 건설회사 일용직 노동자의 경우에는 사회에서 인정해 주는 큰일은 아니지만 건물 하나를 올리는 데 없어서는 안 될 일을 하고 있다. 개인 차원에서는 그 일이 하찮게 느껴질 수도 있지만 사회적 차원으로 보자면 필요한 일이다. 이렇게 각자의 위치에서 자신이 할 수 있는 일을 하는 것은 우리 삶의 기본적인 필요를 충족시키고 사회가 원활하게 돌아가도록 돕는 쓸모 있는 일이라는 사실 꼭 기억하기 바란다.

돈으로 직업의 가치를 판단한다면
급여를 많이 받아야 하는 직업은?
모든 직업에는 귀천이 없다. 한 사람이 그 일에 얼마나 최선을 다하느냐로 평가를 받아야 한다. 돈으로만 직업가치를 판단할 수 있는 것도 아니다. 사람마다 가지고 있는 능력과 재능이 다르기 때문에 각 직업이 가진 나름대로의 가치를 인정해 주어야 한다. 급여 수준이 가장 높은 직업이 가장 가치 있는 일이라고 생각하는 사람은 없을 것이다. 급여 수준은 낮지만 자기 일에 사명감을 갖고 있다면 그 일도 충분히 가치가 있는 것이다.

직업 체험 테마파크 '키자니아'는 6~13세 어린이 635명을 대상으로 직업관에 대한 설문조사를 실시하였다. 조사 결과, 세상에 꼭 필요한 직업으로 소방관과 경찰관은 194명, 의사는 147명, 환경미화원은 23명이었다. 돈을 많이 버는 직업을 묻는 질문에는 의사가 187명, 법조인이 85명, 연예인과 운동선수가 73명이었다. 돈을 많이 벌어야 하는 직업에서는 소방관과 경찰관이 178명, 환경미화원이 89명, 의사가 76명으로 조사되었다.

어른과는 다른 아이들의 직업가치도 확인할 수 있었다. 아이들은 돈을 많이 벌어야 하는 직업으로 환경미화원을 두 번째로 많이 꼽았다. 직업의 수입은 교육 수준, 시장 수요, 사회적 지위, 사회 문화 등 여러 요인에 의해 영향을 받는다. 사회적으로 높은 평가를 받는 직업은 높은 수입을 얻지만 그렇지 못한 직업은 낮은 평가와 낮은 수입을 받는다.

나라마다 사회적 가치와 문화의 차이가 있지만 사회에 꼭 필요한 직업 중에는 보상이나 평가가 낮은 직업이 있다. 환경미화원은 공공장소나 건물을 깨끗하게 유지함으로써 쾌적한 환경을 만들고, 간병인은 노인이나 병약한 사람을 돌보면서 그들의 삶의 질을 높인다. 힘들고 위험한 환경에서 일하는 직업도 있다. 소방관, 경찰관, 응급구조대원 등이다. 소방관은 위험한 사고 현장에서 긴급한 일을 처리하며, 경찰관 또한 자신의 신변이 위협을 받으면서도 몸을 사리지 않고 자신의 업무를 수행한다. 만약 소방관이나 경찰관이 없다면 크고 작은 응급상황이나 각종 사회 범죄로부터 자신을 지키기가 무척 어렵다. 그들이 안전하고 효율적인 업무 수행이 이뤄질 수 있도록 충분한 보상이 제공되어야 할 것이다. 내가 쾌적한 사회 환경에서 하고 싶은 일을 마음껏 할 수 있는 것은 다른 누군가가 그에 필요한 일을 하고 있기 때문이 아닌가.

사회적으로 쓸모없는 직업유형 5가지를 정의한 인류학자

2021년 9월 4일 자 〈독서신문〉에 실린 '쓸모없는 직업 1위는?'이라고 하는 제목의 기사를 살펴보면, 미국 인류학자 데이비드 그레이버(David Graeber) 교수가 쓴 『불쉿 잡(Bullshit job)』에 대해 언급했다. 데이비드 그레이버 교수는 그의 저서에서 쓸모없는 직업유형 5가지를 소개했다. 누군가를 중요한 사람으로 보이게 하는 게 목적인 직업인 도어맨이나 프론트 데스크 직원 같은 '제복 입은 고용인', 상대를 구슬리고 압박하는 공격적 요소가 있는 직업인 홍보 전문가나 기업 변호사 같은 '공격적인 업무 담당 직원', 균

열을 땜질하듯 조직에 생긴 오류를 땜질하는 업무만 하는 '임시 방편 담당자', 실제 목표를 이루는 것과는 아무 상관도 없는 서류를 양산하는 '형식적인 서류 작성 지원자', 업무를 만들어 배분하는 중간관리자인 '작업반장'으로 이 직업들은 무의미하고 불필요한 형태의 직업으로서 해당 직업에 종사하는 사람들조차도 자신들의 직업에서 존재 이유를 찾지 못한다고 말하고 있다.

지난 세기 동안 기계와 자동화의 발달로 노동 시간은 대폭 줄었다. 하지만 사람들의 여가 시간은 늘지 않았다. 데이비드 그레이버 교수는 그 이유를 "금융 서비스나 텔레마케팅처럼 완전히 새로운 산업이 만들어지거나, 기업 법률, 학술, 건강관리, 인사관리, 홍보 같은 부문이 전례 없이 커졌기 때문이다"라고 지적했다.

기술의 진보로 사회와 경제의 변화에 따라 금융자본주의가 거대화되면서 보험, 금융, 부동산 등 새로운 직업들이 번창했다. 1970년대부터 여러 국가에서 금융이 자율화되고 1980년에서 1990년에 이르러 전자결제시스템, 온라인뱅킹 등 금융 기술 발전이 급격히 진행되었다. 은행이나 카드사를 중심으로 텔레마케팅 서비스도 확산되었다. 복잡하고 다층으로 구조화된 사회가 되어 버린 것이다. 그레이버가 말한 5가지 직업유형은 인공지능기술의 발달로 로봇에 의해 대체되는 우선순위가 높은 직업들이다.

자본주의에 의해 증대된 직업들이 기계에 의해 대체된다면 생산성은 높아지고 좀 더 인간 중심의 일들이 많아질 것으로 예상된다. 인간의 자율성과 창의성에 의해 새로운 직업이 창출될 것이다. 범죄, 사기, 불법거래 등 사회에 해악을 끼치는 일이 아니라면 의사, 약사, 회사원, 요리사, 철도기관사 등의 어떤 직업에 종사하든지 누군가에게는 도움이 되고 사회에 공헌한다.

어떤 직업을 가졌다는 이유로 그 사람을 평가해서는 안 된다. 인간은 누구나 소중한 존재이고 각자에게 맡겨진 일이 있기 때문이다. 세상 사람들이 모두 대통령을 하고, 선생님을 하고, 의사를 하는 사회는 존재하지 않는다. 각자의 자리에서 자신에게 맡겨진 일을 하는 것이다. 각자가 자신의 직업에 사명감을 가지고 일한다면 고부가가치를 창출하는 사회가 된다. 폐지를 줍는 노인들도, 길거리를 청소하는 미화원들도 자신의 노동을 통해 경제활동을 하고 있다. 그들이 없다면 우리는 더러운 쓰레기 더미에서 살게 될 것이다.

7

좋은 직업과 나쁜 직업

사람들에게 좋은 직업이 뭐냐고 물으면 '돈 많이 벌고 편하게 일할 수 있는 직업'이라고 대답한다. 돈 많이 벌고 편하게 일하는 두 가지의 조건이 충족되는 직업이 세상에 있을까? 높은 연봉을 받는 것으로 알려진 의사, 변호사, 기업 임원 등은 과연 좋은 직업일까?

좋은 직업이라 하면 돈은 기본, 이외에도 갖춰야 할 요소들이 있다. 스트레스나 워라벨, 고용안정성, 성장가능성, 지속가능성 등 개인의 직업 만족과 행복에 영향을 미치는 것들이다. 자신의 직업이 사회에 좋은 영향을 준다면 좋은 직업이라고 하지만 사회에 해악을 끼친다면 나쁜 직업이다. 지금 하는 일에 자신의 재능을 충분히 발휘하고 있다면 좋은 직업이고 그렇지 않다면 나쁜 직업이다. 그렇다면 좋은 직업과 나쁜 직업의 조건을 구체적으로 살펴보자.

첫째, 개인별 직업 만족 수준에 따라 구분된다

개인의 기준으로 볼 때 직업만족도가 높으면 좋은 직업이라고 할 수 있다. 사람들은 어떤 직업이 돈을 많이 벌 수 있는가에 관심이 많다. 부는 경제적인 안정과 자유를 준다. 자신이 원하는 만큼 사회에 기부도 할 수 있다. 하지만 돈으로 해결되지 않는 것도 있다. 사람은 직업을 통해 부를 창출하는 것 이외에도 고용안정성을 보장받고 사회적 지위나 명예를 얻기를 바란다. 다시 말해 자신이 하는 일에서 보람을 얻고 자아실현을 이루기를 원한다.

한국고용정보원이 2016년에 직업만족도 조사를 실시해 직업만족도 톱100을 발표했다. 발표에 의하면 직업만족도가 가장 높은 직업 1~10위는 판사(1위), 도선사(2위), 목사(3위), 대학교 총장(4위), 전기감리기술자(5위), 초등학교 교장(6위), 한의사(7위), 교수(8위), 원자력공학기술자(9위), 세무사(10위)였다. 그 밖에도 연료전지개발연구자, 물리학연구원, 지질학연구원, 초등학교 교사 등이 직업만족도가 높은 20개 직업에 포함되었다. 연봉이 높은 직업으로 알려진 의사나 변호사, 기업 고위 임원은 직업만족도에서 각각 21위와 74위, 25위에 머물렀다. 평균 연봉이 높은 직업 순위에서 기업 고위 임원은 1위, 의사는 5위, 변호사는 11위였다. 연봉이 높은 것과 직업만족도 수준이 같지 않은 것을 이 조사를 통해 알 수 있었다.

　연봉은 다소 낮아도 업무 스트레스를 덜 받는 직업, 일과 생활의 균형(워라벨)이 좋은 직업, 성장가능성이 높은 직업 등이 직업만족도에서 높은 것으로 나왔다. 근무 환경이나 수행직무만족의 세부 지표에 따른 직업만족도 순위를 살펴보면, 업무 환경이 쾌적하고 시간적 여유가 있는 좋은 직업만족도 상위 10위에는 성우, 화가, 학예사, 작사가와 같은 문화예술직이 많았다. 자기감정이나 생각을 자유롭게 표현하며 자신의 재능과 열정을 예술적으로 창조하는 활동을 통해 만족과 성취감을 높일 수 있는 직업들이다.

　수행직무만족도가 높은 직업으로는 전기감리기술자, 목사, 외환딜러 등이 있다. 특히 직무 수행에 대한 만족도가 높으면서 급여가 높은 직업은 전기감리기술자였다. 시설관리 및 운영에 필요한 자격 면허를 소지하고 있어서 나이가 들어도 업무를 지속할 수 있기 때문이다. 대체적으로 이러한 직업들은 높은 교육 수준과 자격증이 필요하고, 일정 수준의 숙련된 경력으로 높은 급여가 보장된다. 급여는 적지만 자율성이 보장되는 직업들 역시 스트레스가 적은 것이 특징이다.

직업만족도 높은 직업			
1. 판사	6. 초등학교 교장(교감)	11. 연료전지개발 및 연구자	16. 지질학연구원
2. 도선사	7. 한의사	12. 외환딜러	17. 초등학교 교사
3. 목사	8. 교수	13. 물리학연구원	18. 관세행정사무원
4. 대학교 총장(학장)	9. 원자력공학기술자	14. 항공기조종사	19. 행정부 고위공무원
5. 전기감리기술자	10. 세무사	15. 변리사	20. 발전설비기술자

■ **출처** 한국고용정보원. 2016년 621개 직업에 종사하는 19,217명을 대상으로 실시한 한국직업정보 재직자 조사

둘째, 사회에 끼치는 영향에 의해 결정된다

좋은 직업인가, 나쁜 직업인가. 그 판단은 직업을 통해 다른 사람들의 행복에 얼마나 기여하는지, 해를 끼치는지가 중요하다. 청소부나 일용직 노동자는 급여가 낮고 불안정한 직업이다. 그래서 소위 나쁜 직업으로 평가받는다. 어른들은 자녀들에게 "공부를 못하면 하찮은 청소부나 공사판 노동자로 살게 된다"라는 말을 한다. 그 말을 들으면서 자란 아이들은 청소부는 나쁜 직업이라는 사회적 편견을 갖게 되고 청소부는 불행한 직업이라고 여긴다. 청소부에게는 그 직업이 유일한 생계수단이지만 깨끗한 거리를 만들고자 하는 사명감을 가지고 그 일에 최선을 다한다면 청소부야말로 더할 나위 없이 신성한 직업이고 좋은 직업이라 할 수 있다.

어떤 직업이 좋은 직업인지 나쁜 직업인지는 일에 임하는 태도에 달려 있다. 모니카 페트의 소설 『행복한 청소부』에 나오는

청소부는 예술가의 표지판을 닦는 일을 했다. 어느 날 자신이 예술가에 대해서 아무것도 모른다는 사실을 깨닫고 음악에 대해서 호기심이 생겼다. 청소부는 그때부터 돈을 모아서 틈나는 대로 음악회와 오페라 공연에 가고 매일 음악을 들었다. 책도 읽으면서 음악에 대한 지식을 쌓았다. 음악에 대한 식견을 갖게 되자 대학생들에게 강연까지 하기에 이르렀다. 한 대학에서 교수로 오라는 제안 받았지만 거절했다.

청소부가 음악 공부에 집중하여 강연까지 할 실력을 갖추게 된 것은 주변의 평판이나 시선 때문이 아니라 자신의 관심과 흥미를 발견하고 그것을 깨우치기 위한 노력이 있었기 때문이다. 주변의 시선을 신경 썼다면 대학교수 일을 받아들였을 것이다. 그는 남들이 하찮게 생각하는 청소부라는 직업에 대해 자긍심이 있었다. 깨끗한 도시를 만든다는 의미와 가치를 알았고 그 일을 사랑했다. 교수직을 거절하고 청소부로서 성실하게 일할 수 있었다. 그런 의미에서 청소부는 분명 좋은 직업이라 할 수 있다.

알랭 드 보통은 그의 책 『뭐가 되고 싶냐는 어른들의 질문에 대답하는 법』에서 "직업을 선택할 때는 사람들의 행복에 기여하고 있는지를 살펴야 한다. 사람들의 삶에 부정적인 영향을 끼치는 직업이라는 것을 알면서도 매일 출근하려면 우울해질 것이다"라고 말했다. 자본주의 경제는 기업이 돈을 벌어야 하기 때문에 돈 쓰는 것을 부추기는 데 초점이 맞춰져 있다. 광고는 때로는 불

필요한 소비를 촉진하기도 한다. 무분별한 소비를 유도하는 일 대신 공정무역 제품을 판매하거나 친환경 상품 구매에 대한 정보를 제공하는 것은 사회에 선순환을 줄 수 있는 일이 좋은 직업이다.

셋째, 자신의 재능을 펼칠 수 있는지, 없는지에 따라 결정된다
자신이 가진 재능을 파악하는 것은 한 개인이 좋은 직업을 찾을 수 있는 방법이다. 모든 사람에게 딱 맞는 직업이 뭔지는 알 수 없지만 자신에게 좋은 직업을 찾으려면 자기 재능과 다른 사람들의 문제를 해결해 주는 일의 교차점을 알아야 한다. 자신만이 가진 재능을 살려서 성취하는 일은 좋은 직업이다. 세계적인 자산가인 알리바바 그룹의 창업자인 마윈은 자신의 약점 때문에 좌절하지 않고 자신의 강점에 집중하여 꿈을 이루었다. 마윈처럼 좌절과 실패를 많이 당해본 사람도 없다. 그는 좌절과 실패를 반복하더라도 계속 도전한 것이 결국은 성공으로 이끌었다.

마윈은 중국 항저우의 평범한 가정에서 태어났다. 어렸을 때부터 작고 왜소한 체구로 싸움을 일삼는 말썽꾸러기였다. 공부는 꼴찌였는데 중학교 때부터 유독 좋아하는 과목이 영어였다. 그는 영어를 배우고 싶은 열망에 매일 새벽 5시면 일어나 자전거를 타고 호텔에 가서 외국인들을 만나 영어로 대화했다. 자신이 좋아하는 것, 하고 싶은 것을 잘 알았던 것이다. 마윈은 공부를 너무 못했다. 초등학교 시험에 2번 낙제, 중학교 시험 3번 낙제했고 대학도 삼수해서 들어갔다. 취업에서는 30번을 떨어졌다. 심지어 KFC 채용 면접에서 24명 중 23명이 합격하고 1명이 유일하게 탈락했는데 그 주인공이 바로 마윈이었다.

실패하고 도전하는 것을 반복하던 그는 대학입시에서도 정원 미달이 되어 간신히 영어과에 입학했다. 그는 우연한 기회에 영어통역사로 일하게 되었는데 그때 인터넷을 처음 접하고 충격을 받았다. 인터넷이 세상을 바꿀 것이라는 확신을 갖고 알리바바를 창업하였다. 30~40군데 벤처투자자에게 투자를 권유했지만 거절 당했다. 알리바바는 형편없는 비즈니스 모델이라는 평가를 받았다. 그는 이에 굴하지 않고 투자자를 만나 투자를 권유했다. 결국 투자를 받아서 지금은 세계적인 기업이 되었다. 마윈이 자신이 못하는 것에 연연하고 의기소침하여 자신의 장점을 살리지 않았다면 지금의 세계적인 기업을 만들지 못했을 것이다. 자신이 좋아하는 영어 과목을 열심히 하여 기회를 얻었던 것이다.

마윈은 "수많은 젊은이들이 밤이면 오만가지 생각을 하지만 아침이 되면 원래대로 왔던 길을 그대로 가고 있다"라고 이야기 한다. 자신의 재능이 있다는 것을 알아내는 것도 어렵지만 생각한 것을 바로 시작하는 사람이 많지 않다는 것을 암시하는 말이다. 주저하지 않고 실행하는 것이 성공과 실패를 가르는 기준이 된다. 지금부터라도 자신이 좋아하고 재능이 있다고 생각하는 일을 해보라. 자신의 재능과 무관하게 원하지 않는 일을 해야 한다면 자기 능력이 쓸모없게 느껴질 것이고 아무리 높은 연봉을 받아도 만족할 수 없을 것이다.

　좋은 직업이라는 것에는 연봉 이외에도 고용안정성, 직업만족도, 일과 삶의 균형, 자신의 재능, 성장가능성 등 다양한 요소들이 함축되어 있다. 개인별 기준이나 환경에 따라 우선순위가 다를 수는 있지만 개인의 행복과 사회의 행복에 얼마나 기여하느냐에 따라 좋은 직업과 나쁜 직업을 구분할 수 있다. 대부분 선호하지 않는 일이지만 자신의 생계수단이 되고 사명감이 있다면 그것은 좋은 직업이다. 반면, 선호 직종이지만 개인의 사리사욕만을 챙기면 나쁜 직업이 된다. 우리는 이 점을 잊지 말자. 검사직도 뒷돈을 받고 자신의 사리사욕을 채우면 나쁜 직업이고 사람들의 억울함을 풀어주기 위해 공정하게 사건을 수사하면 좋은 직업이 된다. 직업상담사라는 내 직업 역시 좋은 직업이다. 사람들에게 직업을 잘 찾을 수 있도록 용기를 북돋아 주고 진로 고민과 힘듦을 같이 나누는 직업이니까.

PART 2

직업선택의

기준

돈을 많이 버는 직업보단
그 직종 안에서 차별화가 중요하다

당장 돈을 따를 것인가, 자신이 좋아하는 일을 따를 것인가. 자신이 좋아하는 일을 하면서 돈도 많이 벌 수 있는 일이 있다면 매우 이상적이다. 둘 중 하나를 택해야 한다면 각자 처한 상황에 맞게 선택을 해야 한다. 생계가 어렵다면 돈을 먼저 벌어야 하지만 경제적인 여유가 조금이라도 있다면 자신이 좋아하는 것을 선택해야 한다. 좋아하는 일을 하다 보면 잘하게 되고, 차별화된 전문성이 쌓이게 되면 돈은 저절로 따라온다. 장기적으로는 차별화된 자신만의 전문성을 갖는 것이 곧 성공의 비결이다.

급변하는 불확실한 미래, 인공지능과 공존하는 시대
우리가 직업을 선택하고 진로를 결정할 때 가장 염두에 두어야 할 것은 미래의 변화이다. 과거처럼 서서히 변화하지 않고 기술 발달의 급속한 진전은 불확실한 미래에 대한 불안을 가중시킨다. 우리는 현재 기술의 발전 속도에 주목해야 하며 그에 따른 준비가 필요하다. 4차 산업혁명 시대의 불확실한 미래를 잘 준비하여 미래를 주도하는 사람이 되어야 한다. 인공지능의 발달은 인간의 노동력을 감소시키게 될 것이다. 그런 인공지능을 넘어서기 위해선 인간이 가진 장점인 창의성을 발휘할 수 있어야 한다.

기술의 발전은 사람의 대응 속도를 훨씬 뛰어넘는다. 미래학자 앨빈 토플러는 한국의 교육에 대해서 "한국 학생들은 학교와 학원에서 미래에 필요하지도 않은 지식과 존재하지도 않을 직업을 위해 하루에 15시간을 낭비하고 있다"라고 지적했다. 지금 학생들이 학교에서 배우고 있는 교과서는 과거의 경험을 답습하고 있는 교육이다. 이미 기록된 것은 모두 과거의 것뿐이다. 과거에 쌓아온 데이터를 분석하고 지식을 습득하는 것은 인공지능이 훨씬 빠르다. 인공지능이 할 수 없는 인간의 창의성을 발휘할 수 있는 차별화된 인재가 되어야 한다. 학원에서 보내는 시간이 많다면 다양한 것을 경험하고 보고 듣고 견문을 넓히는 시간을 틈틈이 가져야 할 것이다.

미래는 예측이 어렵고 산업의 변화로 일부 직종이 사라지거나 새로운 직종이 등장한다. 미래의 변화와 불확실성에 대비하여 자신만의 전문성을 가지려고 끊임없이 노력해야 한다. 세상의 흐름을 읽되 자신이 무엇을 했을 때 자기다움을 펼칠 수 있는 가가 중요하다. 글쓰기를 좋아하고 글을 잘 써서 작가가 되고 싶은 사람이 있다고 치자. '작가는 돈을 벌기 힘들어'라고 생각한 나머지 포기하고 남들이 하는 일을 따라간다면 행복할까? 당장 그 일을 시작하지 않더라도 취미로 글을 쓸 수 있다. 지금 시대는 특히 개인의 자율성과 창의성이 요구된다. 자신이 좋아하는 일로 실력을 쌓아간다면 직업이 변경되더라도 자신이 얻은 능력과 전문성을 활용하여 다른 유관 분야를 찾을 수 있다.

세상의 기준에 맞춰 돈이나 인기가 있는 직업을 쫓아가다 보면 계속 방황을 하게 된다. 어떤 일이든 힘들지 않은 일은 없다. 하지만 유연한 사고로 자신이 좋아하는 일에서 선택의 폭을 넓혀 일을 확장하고 열정을 다한다면 차별화된 사람으로 성장할 수 있다. 배우이면서 영화감독이 되거나 체육교사이면서 크리에이터로 활동하는 사람도 있다. 음악 활동을 하는 간호사, 엔지니어 작가 등 하나의 메인 직업 이외에 여러 가지 일로 활동 분야를 넓혀 자신의 전문 분야를 확장해 나가야 한다.

좋아하는 일로 차별성을 만들고 성공한 사례는 많다

돈을 쫓기보다는 좋아하는 일을 따라가다 보면 돈은 자연스럽게 따라오는 경우가 많다. 자신의 능력을 최대한 발휘할 수 있는 일을 찾는 것이 중요하다. 내가 하면 제일 잘할 수 있는 일, 계속 빠져들게 하는 재밌는 일, 내게 행복을 주는 직업을 갖는다면 당분간 돈을 많이 벌지는 못 하지만 성장할 수는 있다. 지치지 않고 몰두할 수 있고 힘들어도 버텨낼 수 있는 힘이 생기기 때문이다. 좋아해서 시작한 일은 처음에는 서툴더라도 10년 정도 끈질기게 몰두하면 그 분야에서 차별성을 갖게 될 것이다. 돈도 자연스럽게 따라올 것이다.

페이스북 설립자인 마크 저커버그는 중학교 때부터 프로그래밍을 시작했다. 그는 프로그래밍하는 것을 매우 좋아했다. 특히 통신 관련 툴을 만들고, 게임하는 것을 좋아했다. 하버드대학교 재학 시절 대학생이라는 제한된 사람들만을 대상으로 사이트를 개설했는데 이 사이트가 전교생에게 퍼져 학교 네트워크 사이트로 운영하게 됐다. 이것이 페이스북이다. 저커버그는 처음부터 돈이나 성공을 목표로 페이스북을 만들지 않았다. 자신이 좋아하는 프로그래밍을 활용하여 사람들을 연결하는 것에 목적을 두고 열정을 쏟자, 일반인까지 이용이 확대되면서 빠르게 SNS로 성장했고 전 세계인들이 사용하는 소셜 네트워크가 되었다.

J.K.롤링은 생계가 어려운 상황이었지만 자신이 좋아했던 글쓰기를 포기하지 않고 열정을 쏟은 결과 세기의 판타지 소설인 『헤리포터』를 세상에 내놓았다. 그녀는 평소 공상을 하고 소설 읽

기를 좋아했다. 대학 졸업 후 비서로, 영어교사로 취업을 했는데 적성에 맞지 않아 퇴근하고 나서는 집에 돌아와 매일 밤 글쓰기로 시간을 보냈다. J.K.롤링은 1992년 결혼해 딸을 낳았지만 남편과의 불화로 이혼을 하고는 혼자 아이를 키우면서 생활보조금을 받으며 살았다. 롤링은 생활고에 시달렸다. 그럼에도 취업하지 않고 몇 년 동안 사투를 벌이며 소설 쓰기에 집중하여 마침내 『헤리포터』라는 베스트셀러를 탄생시켰다. J.K.롤링은 세계 부자 순위 1위의 작가가 되었다. 그녀는 작가로서 자신이 좋아하는 분야에서 일하며 많은 사람들에게 영감을 주고 있다.

흙수저에서 금수저가 된 『웰씽킹』의 저자 캘리 최는 10억 빚더미에서 도시락 매장 켈리델리를 설립하고 차별화된 한국형 초밥 도시락 개발에 성공하여 연매출 6,000억을 내는 기업으로 성장시켰다. 캘리 최는 "'나같이 평범한 사람이 뭘 해'라고 생각하는 부정적인 감정은 실패를 불러오기 때문에 무의식 속에 깊이 긍정적인 생각을 심는 게 중요하다"고 말했다. 그녀는 부자로 사는 사람과 가난한 사람으로 사는 차이는 '웰씽킹'에 있다고 하면서 사소하지만 작은 일을 성공시키고 기뻐하며 그것을 차곡차곡 쌓는 것이 습관화되면 결국 큰 성공으로 이어진다는 점을 강조했다. 자신의 성공사례를 통해 긍정적인 태도가 성공에 미치는 영향이 얼마나 큰지 말해 주고 있다.

흔히 주변에서 '요즘 같은 불경기에는 안 잘리고 정년까지 회사 다니며 돈을 버는 직업이 최고야'라는 말을 자주 듣는다. 그렇지만 안타깝게도 무조건 버티면 정년을 보장받던 시대는 끝났다. 기성세대는 한 번 직업이 결정되면 정년까지 다니다가 퇴사를 했다. 직업안정성이 높았다. 노력 없이도 시간이 지나면 승진이 됐고 일자리 수요가 많아서 이직도 쉬웠다. 반면에 지금은 일자리 창출과 안정적인 고용을 책임졌던 제조업이 점차 무너져 성장없는 고용의 시대가 되었다. 안정적인 일자리를 찾기가 어려워졌고 산업의 발달로 인해 4차 산업혁명 기술에 맞는 새로운 일자리를 창출해야 한다. 불확실한 미래 때문에 어떤 일자리가 좋은지에 대한 정확한 정보도 얻기가 힘들다. 수명도 늘어나서 60세 정년까지 일을 한다 하더라도 30~40년은 더 살아야 하는데 정년 후에 무엇을 할 것인지 미리 준비하지 않으면 안 된다. 무조건 돈을 많이 주는 직업을 찾아도 일자리 안정성을 오랫동안 보장받기 어려운 시대인 만큼 차별화된 전문성이 없다면 이직이나 재취업이 쉽지 않다.

그럼 내가 좋아하는 일을 하면서 차별화된 전문성을 만들려면 어떻게 해야 하는가? 한마디로 말해서 '다수의 성공한 사람들이 말하는 집중력과 열정을 쏟아야 하고 성공을 가져오는 긍정적인 태도를 배우고 습관화해야 할 것이다.

우리나라에는 1만 7천여 개의 직업이 있다

현대사회는 기술의 발전과 산업의 다양성으로 인해 직업이 계속
변화하고 있다. 전통적으로 잘 알려진 직업 이외의 1만여 개가
넘는 직업이 있다. 그 중에는 우리가 모르는 직업이 더 많다. 산
업의 발달로 사라지는 직업이 있는가 하면 이름도 생소한 새로운
직업이 생겨나고 있다. 이런 와중에 시대의 흐름을 파악하고 필
요한 기술을 미리 준비하는 사람과 그렇지 못한 사람 간에는 격
차가 생긴다. 정보력이 있고 미리 대비하는 사람들에게는 기회가
생기지만 그렇지 못하는 사람들은 뒤처질 수밖에 없다. 최근에는
4차 산업혁명 시대의 엄청난 발전 속도를 가늠하지 못해 혼란을
맞고 있다.

4차 산업혁명에 따른 직업의 변화

2016년 스위스의 다보스에서 열린 세계경제포럼(WEF)에서 클라우스 슈밥(Klaus Schwab)이 '제4차 산업혁명'이라는 용어를 처음 사용했다. 클라우스 슈밥은 4차 산업혁명의 변화의 속도와 범위가 역사적인 유례가 없을 만큼 빠르게 진행되고 새로운 기술이 산업 생태계를 바꿀 것이라고 말했다. 제4차 산업혁명이라는 거대한 변화를 이끄는 기술은 인공지능(AI), 로봇공학, 사물인터넷(IoT), 자율주행자동차, 3D프린팅, 나노기술, 생명과학기술(바이오테크놀로지), 재료과학, 에너지 저장 기술, 퀀텀컴퓨팅 등과 같은 혁신 기술이다.

4차 산업혁명으로 인해 기존 직업이 쇠퇴하고 새로운 직업이 등장했다. 앞으로 더 사라질 직업과 새로 생겨날 직업은 무엇일까? 기계나 로봇이 대신할 수 있는 단순 노동직, 운송업, 제조업 등의 직업은 점차 사라지고 창작을 필요로 하는 일, 인공지능 전문가 등의 직업이 생겨날 것이다. 윤리기술전문가, 생태복원전문가, 가상공간디자이너, 예측수리엔지니어, 오감제어전문가와 같은 직업들도 미래에 나타날 직업들이다.

글로벌 컨설팅 회사인 맥킨지 앤 컴퍼니는 2021년 3월 「코로나19 이후 일자리의 미래」 보고서에서 코로나 이후 2030년까지 미국은 1,710만 명(노동인구의 10.1%), 일본은 580만 명(9.2%), 독일은 390만 명(9.2%)의 근로자가 실직 위기에 놓인다고 했다. 사라지는 직업은 주로 도소매업, 숙박 등 고객 서비스업, 요식업 등의 일자리이다. 반면 과학, 기술, 공학, 수학 관련 분야와 헬스 케어 업종의 일자리는 증가할 것으로 예상했다.

이렇게 미래사회가 어떻게 변할지 예측하기 어려운 상황에서도 여전히 많은 학생들은 몇몇 직업에만 집중하고 있다. 전통적인 직업인 의사, 판사, 변호사, 교사를 포함하여 현재 인기 있는 직업들에 집착을 보인다. 직업에 대한 고정관념을 바꿔야 할 때이다. 50년대의 타이피스트, 전화교환원, 60년대의 전차 운전사, 버스 안내양, 70년대의 전당포업자. 이런 직업들이 당시에는 있었으나 지금은 사라졌다. 한편 유튜버, 웹툰작가 등의 직업이 사람들의 관심을 끌고 있고, AR기술관련 직업 등 생소하지만 새롭게 생겨나는 직업들이 많다. 4차 산업혁명으로 인한 급격한 변화에 따라 없던 직업이 생기기도 하고, 있던 직업이 사라지는 현상은 더욱 가속화될 전망이다.

우리나라 직업의 수와 직업의 변화

한국고용정보원의 조사에 따르면 우리나라에는 16,891개의 직업이 있다. 한국고용정보원에서 2012~2019년까지 조사를 거쳐 2020년 한국직업사전에 수록한 직업의 수이다. 한국직업사전은 8년마다 한국의 모든 직업을 조사하여 발간하고 있다. 2003~2011

년까지 집계하여 2012년에 수록한 직업의 수가 11,655개였으나 8년 만에 무려 5,236개의 직업이 늘어난 셈이다. 이렇게 많은 직업이 있지만 우리가 아는 직업의 수는 손으로 헤아릴 만큼 적다. 내가 아는 직업은 몇 개나 될까? 앞으로 사라질 직업과 새로 생겨날 직업은 몇 개나 될까?

고용노동부 보도자료에 따르면 2020년 한국직업사전에 수록된 직업 중 새로 등재된 신생 직업은 270개였다. 디지털화 및 4차 산업혁명의 영향으로 빅데이터전문가, 블록체인개발자, 인공지능엔지니어, 드론조종사, 디지털문화재복원가 등이 새로 생겨났고, 고령화·저출산 등의 인구변화에 따라 유품정리사, 애완동물행동교정사, 애완동물장의사, 수납정리원, 임신육아출산코치 등의 새로운 직업이 등록됐다. 이 밖에 새로 등재된 직업으로는 범죄피해자상담원, 산림치유지도사, 주거복지사, 게임번역사, 스포츠심리상담사, 창업기획자, 도시재생코디네이터, 농촌관광플래너 등이 있다. 한편 제품 생산의 중단 및 디지털화로 종사자가 없는 직업 18개가 사전에서 삭제되었다. TV 디스플레이로 쓰이던 플라즈마 영상 패널(PDP)의 생산이 중단에 따라 플라즈마 영상 패널 관련 생산직 11개 직업이 제외됐다. 디지털카메라 등 디지털기기 보급 확대로 과거 수작업으로 했던 영화(필름)자막제작원, 필름색보정기사도 사라졌다. 테니스 라켓 제작 관련 직업들도 현재 생산업체가 없어져서 사라진 직업이 되었다.

2021년도에는 관리, 경영, 사무, 행정 분야의 라이브커머스 PD, 그로스해커(Growth hacker), 상품·공간스토리텔러, 데이터라벨러, 클라우드서비스기획자, 경관디자이너, 공공디자이너, e스포츠마케터, 메타버스크리에이터, 스포츠애널리스트, 전문도슨트 등 33개 신생 직업이 한국직업사전 데이터 베이스에 등재되었다(2028년 한국직업사전 6판 발간 등록 예정). 2023년도에는 생명과학, 화학, 에너지 환경, 건설, 농림어업 분야의 바이오의약품제제연구원, 플라스틱제품설계자, 의약품약가담당자, 임상데이터매니저, 상수도관망시설운영관리사, 수목치료기술자, 사전연명의료의향서상담사, 금융복지상담사, 신용상담사 등 156개 신생 직업이 한국직업사전 데이터 베이스에 등재되었다(2028년 한국직업사전 6판 발간 등록 예정). 4차 산업혁명의 영향으로 계속해서 새로운 직업들이 생겨나고 있다.

직업에 대한 인식과 교육의 미래

현재 우리나라 부모들이 자녀들에게 바라는 희망 직업은 의사, 판사, 변호사, 공무원으로 지난 세기와 별반 다르지 않다. 소셜미디어와 같은 다양한 매스컴의 영향으로 우리나라 부모들의 직업에 대한 인식이 변화하고 있지만 아직까지는 현 교육시스템을 그대로 따르는 실정이다. 왜냐하면 '나만 안 할 수 없다'고 생각하기 때문이다. 부모들도 혼란을 겪고 있다. 기존의 입시교육 체제를 답습하자니 지금 트렌드에 맞지 않는 것 같고, 남들 다하는 것을 안 하자니 불안하다. 결국에는 자녀들이 조금이라도 뒤처질까봐 노심초사하여 경쟁적으로 따라간다.

교육부 보도자료에 따르면 교육부와 한국직업능력연구원이 '2023년도 초·중등 진로 교육 현황 조사' 결과를 발표했다. 조사 결과에 따르면 1위~3위 희망 직업은 교사, 의사, 간호사, 운동선수 등으로 지난해와 유사하나 고등학생의 경우 생명과학자·연구원 희망 순위가 지난해 9위에서 3위로 크게 상승했다. 학생들의 직업에 대한 인식 수준이 변화되고 있음을 보여준다. 디지털 전환과 고령화 등 사회 변화로 인해 컴퓨터공학자 등 신산업 분야 관련 직업을 희망하는 학생들도 점차 증가하고 있는 것으로 나타났다. 하지만 여전히 기존에 인기 있던 교사, 의사, 간호사 등 전통 직업들이 강세를 보이고 있다.

미래학자이자 다빈치연구소 소장 토마스 프레이(Thomas Frey)는 "2030년에 경제활동을 시작하는 사람은 평생 8~10개의 직업을 바꿔가며 일하게 될 것이다"라고 전망했다. 토마스 프레이는 '2020 한반도 국제평화 포럼'에서 "초불확실성의 시대인 지금 대학 학위보다 빠른 자격증 취득이 급선무이므로 마이크로 크레딧과 같은 단기간에 학점을 부여받을 수 있는 교육시스템이 필요하다"라고 강조했다. 오래된 기술로는 지금과 같은 급속한 변화를 따라가기 어렵기 때문에 클라우드 관리, 사이버보안, 양자컴퓨팅 자격증과 같은 수요를 충족시킬 수 있는 단기적인 기술 교육의 중요성을 시사했다.

AI에 의한 노동력이 대체되면 인간은 AI와 함께 일하는 기술을 습득해야 하므로 기술을 익히는데 필요한 교육을 단시간 내에 받아야 한다. 지금과 같이 2년 이상 걸려 대학에서 학위를 받는 방식이 아니라 한 달 이내에 이뤄지는 교육을 받아야 한다. 그는 가까운 시기에 자신이 성취한 결과물을 전 세계에 보여줄 수 있다고 말하면서 책을 쓰고, 게임을 만들고, 제품을 발명하고, 캠페인을 벌이는 것 등 다양한 형태의 새로운 특정 전문가가 탄생하는 시대가 될 것라고 언급했다. 더 나아가 2030년에는 지금까지 없던 세계 최대 기업이 나올 수 있다고 예견했다.

디지털 원주민이라고 불리는 알파 세대(2010년 이후에 출생한 아이들) 아이들이 맞이할 세상은 더 큰 변화가 예상된다. 『트렌드 코리아 2023』 중 「알파 세대가 온다」의 저자는 자신이 원하는 콘텐츠를 유튜브로 시청하고, 틱톡과 같은 SNS에서 누구나 쉽게 인플루언서가 될 수 있다고 하면서 알파 세대는 나만의 개성, 스타일을 중시하고 디지털에 대한 습득력과 이해도가 높은 집단이라고 했다. 더욱이 그는 요즘 초등학생들을 "자기중심성이 강해 제일 중요한 것은 '나'라고 믿는 까닭에 모두가 셀러브리티이자 아키텍트라고 여긴다"라고 정의하였다.

이와는 별개로 OECD 국가 중 한국 어린이·청소년의 행복지수는 최하위이다. 그 이유는 무엇일까? 현재 아이들은 자유롭게 뛰어놀고 사고할 시간이 없다. 선행학습의 효과가 없다는 것이 증명되었지만 아이들이 학원으로 몰리는 상황은 되풀이되고 있다. SNS의 발달로 전 세계가 연결되고 정보를 공유하는 기회가 많아졌다. 그러니 아이들의 호기심과 선호도를 충족하고 이러한 변화의 속도에 맞춰 미래 시장에 대비할 새로운 기술 습득과 다양한 직업 세계로 발돋움할 충분한 기회가 제공되어야 할 것이다.

2022년, 2023년 초 · 중 · 고등학생의 희망 직업 TOP 5위					
	초등학생		중학생		고등학생	
	2022년	2023년	2022년	2023년	2022년	2023년
1	운동선수	운동선수	교사	교사	교사	교사
2	교사	의사	의사	의사	간호사	간호사
3	크리에이터	교사	운동선수	운동선수	군인	생명과학자 및 연구원
4	의사	크리에이터	경찰관/수사관	경찰관/수사관	경찰관/수사관	컴퓨터공학자
5	경찰관/수사관	요리사/조리사	컴퓨터공학자/소프트웨어개발자	컴퓨터공학자/소프트웨어개발자	컴퓨터공학자/소프트웨어개발자	의사

■ **출처** 교육부 보도자료 〈초·중등 진로 교육 현황조사 결과 발표〉

즐거움을 느끼는 기준은 사람마다 다르다

사람은 성격, 취향, 관심사 등에 따라 즐거움의 기준이 크게 달라지며 즐거움은 신체적, 정신적, 사회적 측면에서 각각 다르게 나타난다. 예술, 창작 활동을 통해 정신적 측면의 즐거움을 느끼는 사람이 있고 가족, 친구, 동료들과 소통하고 도움을 주고받는 과정에서 사회적 측면의 즐거움을 느끼는 사람이 있다. 또 새로운 것을 탐험하고 발견하는 것에 기쁨을 느끼고 운동을 통해, 요리를 통해, 자연과의 교감을 통해 신체적 쾌감을 얻는 사람도 있다.

놀이처럼 즐거운 일

'일을 놀이처럼 한다'라는 의미는 일을 노는 것처럼 재밌게 한다는 것이다. 네덜란드의 역사가이자 철학자인 요한 하위징아(Johan

Huizinga)는 인간의 본성을 유희라고 보았다. 1938년 놀이하는 인간을 '호모루덴스'라고 지칭하여 처음 사용하였다. 하위징아는 "놀이는 단순한 유희가 아니라 창조 활동이다. 문학, 철학, 예술 등의 다양한 창조 활동이 노는 것에서부터 발전했다. 놀이는 인간의 창의성과 사회적 통합에 중요한 역할을 하며 문화를 형성한다는 의미이다"라고 말했다.

세계적인 기업 구글은 회사 내에 탁구, 배구, 헬스, 요가, 수영시설이 있고 건물 내 빨래방이 있으며, 수면실 등을 갖추고 있다. 근무시간 중에 운동도 할 수 있고 마사지를 받아도 된다. 대부분의 시간을 책상에 앉아 일하는 것보다 수다를 떠는 등 노는 시간이 많다. 자유로운 분위기에서 독창적인 아이디어가 많이 나오도록 한 것이다. 구글의 직원들은 놀면서 일하는 새로운 개념으로 자율성과 창의성을 발휘한다. 자유로운 조직문화는 직원들의 책임감, 참여도, 유연성을 높여서 업무 효율이 올라가고 결국은 근무 만족도도 높아진다.

많은 사람들이 일이 놀이가 될 수 없다고 반박한다. 그렇게 할 수 있는 사람이 주변에 거의 없다. 일을 놀이처럼 하는 사람은 우리가 이름만 들어도 아는 유명한 미국의 스티븐 스필버그 영화감독이다. 「E·T」, 「쥬라기 공원」 등 많은 히트작을 내놓은 스필버그 감독은 "나는 늘 흥분된 상태로 일어나 아침밥을 먹을 수 없을 정도이다"라고 한다. 그날 할 일을 빨리 하고 싶기 때문이다. 저녁에는 더 일을 하고 싶어서 해가 지는 것을 아쉬워했다.

스필버그는 어렸을 때 수줍음이 많고 자신감이 없는 아이였다. 그가 유일하게 재미있었던 것은 영화였다. 그는 12살 때부터 영화감독을 꿈꾸었다. 영화에만 빠져서 공부는 뒷전으로 부모님이 걱정할 정도였다. 그는 영화에 대한 열정이 대단했다. 16살 때 첫 장편영화 「불빛」을 만들었고, 1975년 「조스」를 시작으로 「E·T」, 「인디아나 존스」, 「쉰들러 리스트」, 「라이언 일병 구하기」 등 주옥같은 흥행작을 만들었다. 현재 할리우드를 대표하는 명감독이자 영화 역사상 가장 위대한 감독 중 한 명으로 불린다. 스티븐 스필버그 감독에게는 영화가 놀이처럼 즐거운 일인 것이다. 한번은 "영화를 만드는 일이 너무 재미있어서 일을 하면서 돈을 받는다는 사실이 믿어지지 않는다"고 말한 적도 있다.

즐길 수 있는 일을 직업으로 선택하라

누구에게나 좋아하는 일이 하나 정도는 있다. 다른 사람은 아니라고 하는데 자신은 유독 관심 가는 일이다. 아직 발견하지 못했을 수도 있고 그 일을 할 상황이 안 되어 못 할 수도 있다. 지금 시간 가는 줄도 모르고 집중하는 일이 있다면 자신이 그 일을 얼마나 좋아하는지 생각해 보라. 그런 일은 자신이 꼭 하고 싶고 원하는 일일 가능성이 높다. 운동을 좋아하는 사람, 책을 좋아하는 사람, 음악을 좋아하는 사람, 기계를 좋아하는 사람이 있다. 사람은 자신에게 유독 끌리는 일이 있다. 그런 일을 일찍 발견하여 직업으로 삼고 즐겁게 일하는 사람도 있고, 또 그것을 발견하지 못하고 다른 일을 하며 평생 힘들어하는 사람도 있다.

토마스 A. 슈웨이크는 그의 저서 『평범했던 그 친구는 어떻게 성공했을까』에서 리처드 게파트 전 미 하원의원의 인터뷰 내용을 소개했다. "정말로 좋아하는 일을 하지 않으면 자기 안에 있는 잠재력을 100% 발휘할 수 없다. 좋아하지 않는 일을 하고도 돈은 벌 수 있을지 몰라도 한 단계 위로 올라가지는 못한다. 최고의 자리에 오르기 위해서는 무엇보다도 자기가 하는 일을 진심으로 좋아해야 한다."

좋아하지 않는 일이라도 열심히 하면 성과를 낼 수는 있다. 하지만 한계가 있다. 일을 좋아하지 않으면 관심이 사그라지기 때문에 최고의 자리까지 올라가지 못한다는 것이다. 재미있는 일을 할 때 뇌에서 행복 호르몬인 도파민이라는 물질이 생성된다. 도파민이 나오면 행복하고 만족스럽다. 뇌의 보상회로에서 학습되고 기억하여 계속 그 일을 찾게 된다. 자신이 좋아하는 일을 할 때도 시간 가는 줄 모르고 집중하고 몰입하기 때문에 행복감을 크게 느낀다.

저널리스트이자 작가 겸 강연가인 말콤 글래드웰(Malcolm Gladwell)은 『아웃라이어』라는 책에서 '1만 시간의 법칙'을 제시했다. 한 분야를 1만 시간 이상 하면 전문가가 된다는 것이다. 그렇다고 아무거나 1만 시간을 투자하면 성과가 나올까? 그렇지 않다. 개인의 역량이나 연습의 질에 따라 결과가 다르게 나올 수 있다. 무슨 일이든 열정이 없으면 금방 지치고 포기하게 된다. 당연히 성과도 낮을 수밖에 없다. 똑같은 일을 하더라도 열정으로 충만한 사람은 오랫동안 지치지 않으며 즐겁게 일할 수 있다. 특히 자신의 마음에 끌리는 것, 자신이 즐기는 것에 집중할 때 그 효과가 나타난다. 자신이 좋아하고 열정을 불어넣을 수 있는 분야라면 집중하게 된다. 열정은 가속 페달과 같아서 계속 나아갈 수 있는 추동력이 되기 때문이다.

20년 동안 프로그래머로 일하며 한 분야의 서비스 솔루션 개발에 전문성을 쌓은 지인이 있다. 그는 중학교 때 처음으로 컴퓨터를 선물로 받았다. 컴퓨터가 우리나라에 들어온 지 얼마 되지 않아서 도스 체계로 부팅을 했던 때였다. 그때부터 틈만 나면 컴퓨터 관련 책을 읽고 컴퓨터를 분해했다. 대학도 컴퓨터 관련 학과에 들어갔다. 그는 대학 4년 동안 컴퓨터동아리에서 먹고 자고 할 정도로 프로그램에 대한 열정이 높았다. 20년이 넘게 한 분야의 실력자로 자리 잡으며 자신의 커리어는 앞으로도 끄떡없다고 호언장담하고 있다. 인공지능의 발전이 그의 직업에 영향을 미칠 수는 있지만 20년 간 쌓아온 전문성과 창의성을 결코 대신할 수 없을 것이다.

사람은 누구나 좋아하는 것이 달라서 남의 기준에 자신을 맞추면 즐거움은 사라진다. 내가 무엇을 했을 때 기분이 좋고 즐거운지를 한번 들여다보자. 그것이 일의 중요한 특성으로 연결된다면 분명 행운이라고 할 수 있다. 남에게 주목받는 걸 좋아하는 사람이 대인관계를 통해 영향력을 발휘할 수 있는 일을 맡게 되면 즐겁게 일한다. 그 일에 열정을 쏟고 자신의 능력을 최대한 발휘한다. 결국 자신뿐만 아니라 타인의 삶에도 긍정적인 영향을 미치게 된다.

남에게는 지루한 일이 나에게는 즐거운 일이 될 수 있다. 다양한 놀이를 통해 자신이 잘하는 것을 창의적으로 펼쳐보면 어떨까. "잘 노는 사람이 공부도 잘한다"라는 말도 있지 않은가.

4

이제는 평생 5개 이상의 직업을 거치게 된다

4차 산업혁명을 거치면서 인류는 급속도로 많은 변화를 겪고 있다. 로봇산업과 인공지능의 발달로 인해 기계가 대처할 수 있는 직업들이 사라지고 새로운 직업들이 생겨나고 있다. 이러한 변화 속에서 이제는 누구나 한 개의 직업으로 평생 살아간다는 환상을 버려야 한다. 최소한 5개 이상의 직업을 가지고 살아가는 시대가 되었다.

지금 바로 선택해야 할 직업은 평생직업이 아니다

무엇을 해야 할지 진로를 쉽게 정하지 못하는 청소년들이나 청년들은 하나의 직업을 결정해야 한다는 큰 부담감을 가지고 있다. 그들은 기성세대들로부터 주입된 하나의 직업과 평생직업이라는 굴레를 벗어나야 한다. 지금 시대의 변화와는 맞지 않는 발상이기 때문이다. 하나의 직업이 아니라 하나의 직업군에서 다양한 직업으로 전환할 수 있는 카테고리를 스스로 만들어야 한다. 지금은 여러 분야에서 요구되는 기술과 역량을 갖춘 하이브리드(2가지 이상의 이질적인 기능이 합쳐진 것) 직업이 대세이므로 자신의 특성을 파악하는 것이 첫 번째 과제이다.

호주의 비영리 교육단체인 FYA(The Foundation for Young Australians)는 「새로운 일의 질서」라는 보고서에서 로봇과 인공지능 때문에 무서운 속도로 변하는 일자리 시장에 대한 관측을 내놓았다. '현재 15세인 호주의 학생들은 평생 평균 5가지 직업, 17곳의 직장을 경험하게 될 것이다'라고 발표했다. 보고서에서는 하나의 직업은 여러 가지 역량이 필요하고, 비슷한 역량의 직업들을 꾸러미로 묶어서 7개의 직업군으로 분류하였다. 이 분류에서 알 수 있듯이 하나의 직업군에서 다양한 직업으로 적응 및 전환이 가능하다는 것을 보여준다.

세상에는 이런 직업군이 얼마나 될까. FYA 호주청년재단이 제시한 7가지의 꾸러미에 의한 직업분류는 알리미(The Informers), 돌보미(The Carers), 코디네이터(The Coordinators), 제너레이터(The Generators), 장인(The Artisans), 디자이너(The Designers), 기술자(The Technologists)이다. 다양한 직업들을 하나의 꾸러미로 묶을 수 있다는 것과 서로 다른 직업이지만 비슷한 특성을 지닌 직업끼리 교차가 가능하다는 부분이 상당히 흥미롭다. 하나의 직업은 다양한 직무 특성을 가지고 있기 때문에 다양한 직업에 활용할 수 있다. 예를 들어, 가르치는 직업은 단지 선생님에 국한된 것이 아니라 강연가, 코칭멘토, 커리큘럼개발자 등도 포함된다.

2017년 10월, 중앙일보에서 FYA 브로닌 리 부대표와 인터뷰를 한 것을 토대로 각 직업군의 특성을 파악하여 관심사에 따라 다양한 직업을 살펴보자.

알리미 직업군은 교육·정보·비즈니스 서비스를 제공하는 전문가 등이 속한 정보전달자 그룹으로 선생님, 회계사, 정책분석가, 변호사, 심리학자, 미술관 큐레이터 등이 있다. 돌보미 직업군에는 의료·보건·복지 분야에서 사람의 몸과 마음의 건강, 복지향상을 추구하는 사회복지사, 보육사, 의사, 카운슬러, 미용사 등이 있다. 코디네이터는 반복적인 관리나 서비스 업무를 하며 버스기사, 운송업자, 법률사무원 등이 있고, 제너레이터는 유통, 영업 등의 대인 업무를 하며 영업사원, 호텔매니저, 연예인, 승무원 등이 있다. 장인은 직접 몸을 움직여 무언가를 만들어 내는 업무를 담당하며 정원사, 배관공, 목수, 농장노동자 등이 있고, 디자이너는 과학·수학·디자인 지식과 기술을 활용해 제품을 구성하는 건축가, 전기기술자, 의류제작자 등이 있다. 기술자는 디지털 기술을 활용해 개발하는 업무를 하고 프로그래머, 데이터베이

스관리자, 웹디자이너 등이 있다.

　자신이 관심 있는 분야를 찾는 것은 학교와 학과 선택에 매우 중요한 과정이다. 예를 들어, 본인의 관심이 다른 사람들에게 정보를 제공하고 전달하는 것이라면 '알리미' 직업군에 속하는 다양한 직업들을 살펴보고, 누군가를 도와주는 것에 관심이 있다면 '돌보미' 직업군에 속하는 직업들을 다양하게 살펴보면서 선택의 폭을 넓혀야 한다. 한 번의 선택이 모든 것을 좌우한다는 생각은 선택을 어렵게 만든다. 자신의 선택이 꼭 정답과 가까워야 한다고 생각하는 강박적 사고를 버리고 자신의 내부에 꿈틀거리는 다양한 관심사를 탐색하면 더 만족스럽고 의미 있는 직업을 찾을 수 있다.

나의 강점을 중심으로 미래 직업을 설계해 보자

자신과 어울리는 직무군을 쉽게 찾는 사람도 있지만 헷갈리는 사람도 있다. 자신과 맞는 직무군을 찾기가 어렵다면 평상시 자신에 대한 탐구를 제대로 하지 않는 사람이다. 이들은 스마트폰이나 소셜미디어는 쉽게 하면서 자신을 탐구하는 데 시간을 쏟지 않는다. 물론 공부나 다른 취미활동 때문에, 또 바빠서 시간을 내어 자기분석을 할 여유가 없다고 말할 수 있다. 수동적인 주입식 교육시스템이나 부모님이나 선생님의 의견에 따라야 한다는 사회문화의 영향 때문일 수도 있다. 진정으로 원하는 직업을 갖기를 원한다면, 일부러 시간을 내서라도 자신의 내면 깊숙한 곳을 잘 들여다보아야 한다.

심리학자 하워드 가드너(Howard Gardner)는 '다중지능이론'에서 사람은 누구나 몇 가지 강점지능을 가지고 태어난다고 한다.

사람은 IQ테스트로 측정할 수 있는 언어지능, 수학논리지능뿐만 아니라 음악지능, 운동지능, 공간지능, 인간친화지능, 자기성찰지능, 실존지능, 자연친화지능 등의 각각의 독립된 지능을 가지고 있다. 이 중에 발달된 지능이 있고 좀 덜 발달된 지능이 있다. 타고난 고유의 강점지능을 중심으로 직업을 설계하여 자신의 강점을 최대한 활용한다면 다양한 경험과 기술을 쌓아 전문성을 높일 수 있다.

EBS의 '부모'라는 TV프로그램에서 직업과 적성에 대한 설문조사를 실시하여 자신의 직업에 불만이 있다고 대답한 사람 중 비교적 불만도가 높은 사람들을 초대하여 물어보았다. 그들은 자신의 직업에 대해 심각하게 고민하고 있고 늘 이직을 생각하고 있었다. 이들이 하는 일들은 비교적 대중에게 선호도가 높은 직업이었다. 영어교사, 연구원, 개인사업가 등의 직업을 가지고 있었다. 그들에게 다중지능 테스트를 실시했다. 그 결과, 강점지능과 희망 직업은 일치했는데 현 직업과는 달랐다. 강점지능과 전혀 다른 직업을 선택한 것으로 부모의 영향을 많이 받은 결과였다. 이들은 다른 사람들이 부러워할 만한 직업을 가졌지만 별로 행복하지 않았다.

반면 자신의 분야에서 뛰어난 두각을 드러내고 있는 몇 명을 초대하여 다중지능 테스트를 했다. 그 결과, 그들의 강점지능 분야와 현 직업이 일치하였고 각자 선택한 분야의 성공한 전문가가 되었다. 패션디자이너 이상봉의 강점지능은 공간지능이 뛰어났고 가수 윤하는 음악지능이 높았으며, 발레리나 박세은은 신체운동지능이 높았다. 성공한 외과의사의 경우는 논리수학지능이 뛰어났다. 그들은 모두 자신의 두세 가지 강점지능 중 좋아하는 걸 선택해 자신의 재능을 펼칠 수 있었던 것이다.

평생 5번의 직업을 바꿔야 한다고 해서 고민할 필요는 없다
직장인 중에는 직업을 여러 번 바꾸었지만 자신이 원하는 일을 하며 능력을 펼치고 있는 사람들이 있다. 대표적으로 MBC방송국 공채에 합격하여 예능 PD로 활약했던 김민식 PD이다. 그는 '세바시' 강연 프로그램에 출연하여 부모님의 기대에 맞춰 공과대학을 갔지만 작가가 되는 것이 꿈이었다고 했다. 대학 시절에 전공 공부가 너무 재미없어 영어과 수업을 청강하면서 좋아하는 장르의 소설을 원서로 읽었고, 졸업 후에는 기업의 영업직 사원으로 취업했으나 본인 적성과 직업이 맞지 않아 퇴사하고 프리랜서를 하기 위해 통역대학원을 거쳐 통역사로 일을 했다.

통역사로 일할 때, 연사의 말을 그대로 옮겨야 하는데 때로는 재미있게 하기 위해 각색해서 통역을 해 사람들에게 웃음을 준 적도 있었다. 그로 인해 지적을 받았으나 스스로 자신이 코미디를 좋아한다는 것을 알고 예능 PD로 이직을 한 계기가 되기도 했다. 김민식 PD는 어렸을 때부터 책을 읽고 글쓰는 것을 좋아했으나 처음부터 PD를 꿈꾼 것은 아니었다. 그는 자신이 좋아하고 잘할 수 있는 것이 무엇인지 끊임없이 묻고 답하면서 자신의 길을 찾으려고 노력했다. 지금은 여러 권의 책을 저술한 작가로서, 자신의 인생에서 얻은 인사이트를 대중에게 알리는 강연가로서의 삶을 살고 있다. 자신에게 집중하지 않았다면, 자신이 뭘 좋아하는지 모른 채 마지못해 살아갈 수도 있었다. 세상에는 그런 사람들이 절반 이상이다.

평생 직업을 5번 바꿔야 하는 시대가 도래됐다. 이제는 청년들은 물론이고 중·장년 세대도 새로운 직업을 탐색해야 한다. 2023년 5월 통계청에서 실시한 경제활동인구조사에 따르면 우리나라의 평균 퇴직 연령이 49.3세로 낮아졌다. 40대 후반에 준비되지 않은 상태로 퇴직을 마주하게 되는 중장년층의 현실이다. 미리 준비하지 않으면 안 된다. 통계청에 따르면 2023년 4월 기준으로 40대 취업자 수는 1년 전보다 2만 2,000명 줄었다. 반도체 경기 침체 및 수출 감소가 제조업의 채용 감소로 이어진 것으로 판단된다.

인간의 기대수명은 높아졌으나 평균 퇴직 연령이 낮아지면서 고용불안정성은 더욱 커지고 있다. 이제는 하나의 직업을 평생 유지하며 살아간다는 인식이 사라졌다. 중년 이후에도 제2, 제3의 직업을 준비해야 하는 시대가 되었다.

일찍이 직업발달이론의 구축과 관련 연구분야의 세계적 학자인 수퍼(Super)는 진로발달이 인간의 전 생애에 걸쳐 발달하고 변화된다고 주장했다. 수퍼의 '진로발달이론'에 따르면 인간의 성장 과정과 더불어 진로가 진행되고 순환을 반복한다고 설명한다. 진로발달 과정은 성장기(0~14세), 탐색기(15~24세), 확립기(25~44세), 유지기(45~64세), 쇠퇴기(65세 이상)의 5단계로 각 단계에서 직업적 정체성이 형성된다.

그 중 유지기인 중장년기는 자신이 선택한 직업을 유지하며 직업적 역량을 쌓고 경력을 지속하는 시기지만 빨라진 퇴직이나 직업 전환 등의 여러 변화에 따라 다시금 진로를 재탐색하는 탐색기로 순환한다. 이때는 자신의 흥미와 가치를 재평가해야 하고 재취업에 필요한 최신 기술을 습득하기 위해 재교육을 받아 자신의 직무를 업그레이드 해야 한다. 혹시 자신이 했던 일이 없어져 기존에 했던 직업과는 전혀 다른 분야에서 일을 하게 될 수도 있다.

5

타인이 인정하고 존경하는
직업을 선택하면 안 되는 이유

우리는 누구나 직업을 선택해야 하는 순간이 온다. 사람들은 주변의 기대나 사회에서 인정하는 직업을 선택하기도 하고 자신의 특성이나 취향을 고려하여 선택하기도 한다. 하지만 내 기준에 따라 직업을 선택했다 하더라도 그것이 충분한 자기성찰을 통해 진정으로 원하는 직업이었는지, 아니면 사회의 기준에 맞춘 선택이었는지는 불분명하다.

사람은 사회에서 인정받는 직업을 선택하고 싶은 욕구가 있다. 그러다 보니 사회적 기준을 자신의 기준으로 착각하는 오류를 범함으로써 내 욕구와 상반되는 사회적인 인식과 편견에 의한 직업을 선택한다. 결국 그런 직업은 나와 맞지 않는 단지 사회적 명예와 인기 있는 직업인 것이다.

사회적 인정에 의한 직업선택, 일반화의 오류

직업선택과 진로 결정이 어떻게 이루어지는지에 대해 알려주는 이론들 중에는 미국 스탠퍼드대 심리학과 교수 존 크롬볼츠(John Kromboltz)의 '사회학습이론'이 있다. 사회학습이론이란 사람의 행동은 다른 사람의 행동이나 상황을 관찰하고 모방해서 이루어진다는 내용으로, 사회적 상호작용에서의 인지과정, 태도, 신념, 기대 등을 중요하게 강조하는 이론이다. 이 이론에 따르면 개인의 진로를 결정하는 데 영향을 미치는 요인을 4가지로 정리했다. 개인적 요인(선천적 재능), 환경적 요인(정치·경제·사회·문화), 학습경험(선호 경향성), 과제접근기술이다.

이 요인들은 서로 상호작용하여 한 개인의 일반화된 생각을 하게 만들고 일반화는 자기관찰 일반화와 세계관 일반화로 나뉜다. 자기관찰 일반화는 '나는 이런 사람이야'라는 자기 진술로 자신이 경험한 것을 바탕으로 일반화를 하며, 세계화 일반화는 자신이 처한 환경에서 나타나는 경향이나 관찰된 사실을 바탕으로 일반적인 결론을 내린다. 사람들은 일반화를 통해 세상에 대해 이해하고 예측한다. 일반화된 생각은 사회적 경험에 기인한 것으로 개인의 제한된 경험은 어느 정도의 오류를 수반한다.

개인의 진로선택은 주로 과거의 학습경험에 의해 영향을 크게 받는다. 개인이 어떤 직업을 선호하거나 회피하게 만드는 것은 학습경험이다. 학습경험은 도구적 학습경험과 연상적 학습경험으로 나누는데 도구적 학습경험은 어떤 행동에 대한 보상이나 처벌에 의해 학습된 것이다. 예를 들어, 가난 때문에 무시당한 경험이 있는 사람은 사람답게 살기 위해서 가장 중요한 것은 돈이라고 생각한다. 여기서 이 사람은 '돈'이 사회적 인정과 존중을 받는 중요한 수단이라는 것을 경험을 통해 학습하여 돈이 사회적 존중과 인간다운 삶을 위해 필수적이라는 믿음을 갖게 된다. 이 것이 주관적인 신념으로 왜곡되거나 비합리적인 신념으로 굳어지면 진로에 방해 요소로 작용한다. 내 스스로 선택했다고 여기지만 타인의 시선에서 보았을 때 번듯해 보이는 직업을 선택함으로써 일반화에 의해 진정으로 자신이 원하는 것과는 다른 선택을 했을 가능성이 높다.

사람은 직업을 선택하는 데 있어 선택의 기준이 연봉, 대기업 등 세상 사람들이 인정하는 기준을 충족하기 위한 강력한 유혹에 이끌린다. 때로는 학업성적이나 부모의 영향에 의해 자신의 특성에 맞지 않는 직업을 선택하기도 한다. 우리는 하루 중 가장 많은 시간을 일로 보내야 한다. 그러기에 일과 삶은 분리될 수 없다. 일이 즐겁지 않다면 퇴근 후의 삶도 즐겁지 않다. 반대로 일을 즐긴다면 그 만족감은 생활에도 영향을 미친다. 즉, 자신의 내적인 동기와 특성에 잘 맞는 직업을 선택했을 때는 덜 후회하는 인생을 살게 되지만, 사회에서 인정하고 존경하는 직업을 가졌다고 해도 내가 열정을 가지고 할 수 있는 일이 아니라면 불행하다고 느낀다는 말이다. 사람은 보통 사회에서 좋다고 평가받는 직업군을 선택한다. 일반화된 사고로 '이 직업은 안정적이고, 많은 사람들이 선망하니 나도 만족할 것이다'라고 생각한다. 일반화된 생각이 실제로 나에게 맞는지는 불확실하다. 사회의 기준이 내 삶에 그대로 적용될 것이라는 가정이 일반화의 오류이다.

시대나 환경에 따라서 직업에 대한 사회적 평가와 가치도 변한다. 사회적으로 인정받는 직업이 다른 때에는 낮게 평가될 수 있고 그 반대의 경우도 있다. 디지털화로 인해 일부 금융 관련 직업의 사회적 평가가 변화하고 있다. 단순 반복적인 창구업무와 전산처리 직무의 평가는 하락하고 핀테크 전문가, 디지털 자산관리자와 같은 기술을 보유한 전문 직무의 사회적 평가는 상승하고 있다. 최근 만화가라는 직업은 디지털 기술의 발전으로 고부가가치를 창출하는 직업으로 재평가되고 있다. 일러스트나 웹툰뿐만 아니라 웹툰 원작 드라마도 성행하여 해외 수출도 많아지는 추세이다. 건강과 웰빙에 대한 관심의 증가는 헬스트레이너라는 직업의 전문성과 발전으로 이어졌다.

자신이 진정으로 원하는 직업선택

타이드만과 오하라(Tiedeman & O'Hara)의 '진로발달이론'에서는 개인이 자신의 특성을 파악하고 자신의 자아실현을 할 수 있는 일이 무엇인지 인식해 가는 과정을 중시한다. 개인의 진로발달은 단순히 한 번의 결정이 아니라, 여러 단계를 거쳐서 직업정체성을 형성해 가는 지속적인 과정으로 본다. 새로운 경험을 쌓으면서 분화와 통합의 과정을 거쳐 개인의 정체감이 발달한다는 이론이다. 분화란 여러 가지 직업을 구체적으로 학습하는 과정이며, 통합은 개인의 고유성과 직업 세계를 일치시키는 과정이다. 개인의 고유성과 직업의 고유성이 일치되면 통합이 이뤄지고 이러한 과정은 예상기와 실천기로 구분된다. 진로의사결정 단계인 '예상기(탐색-구체화-선택-명료화)와 실천기(적응-개혁-통합)'의 연속적 관계는 진로선택을 할 때마다 거치는 과정으로 이 과정을 거치면 내적 직업가치를 실현하기 위해 보다 신중하게 자신의 선택을 검토해 일반화의 오류를 피할 수 있다.

외부 세계에 맞추어 살면서 불행하다고 느끼는 사람이 있다. 진로발달이론에 따르면 삶의 만족도는 직업이 개인의 능력, 흥미, 성격 특성, 가치와 얼마나 잘 맞는지에 따라 달라진다. 그렇기 때문에 자신의 특성에 잘 맞는 일의 유형과 작업환경을 확보하는 것이 중요하며, 과거의 경험을 통해 축적된 일을 토대로 일관되고 적합한 역할을 수행해야 한다.

내적 직업가치를 실현해야 하는 이유는 개인이 의사결정을 하고 결정된 과업에 잘 적응해 나감으로써 성취감과 자신감이 높아져 자신에 대한 긍정적 자아개념이 형성되기 때문이다. 자신의 내적가치를 실현하여 정체성을 형성해 나간다면 개인의 행복감이 커지게 되고, 반대로 일시적 유행이나 존경을 포함한 타인의 인정을 쫓아다니느라 허둥댄다면 자신에 대한 불안과 무력감이 증가하여 차후 결정에 부정적 영향을 미치게 된다.

　행복의 필수 요소는 통제감과 몰입감이다. 주변을 둘러보면 자신의 분야에서 끝없는 완성을 추구하며 행복하게 살아가는 사람들이 있다. 열심히 노력하여 완성의 수준에 도달하면 또다시 새로운 완성을 향해 발돋움한다. 끝없는 완성에 대한 자발적 동기부여로 꾸준한 발달과정을 거쳐 크게 성장한다. 볼링, 바둑, 피아노, 컴퓨터 게임 등으로 여가 활동을 즐기는 사람들과 건축가, 인류학자 등의 직업에 일생을 바치는 사람들에게서 발견할 수 있다.

　"나는 생각한다. 고로 존재한다"라는 유명한 말을 남긴 철학자 데카르트는 인간의 사유능력과 자유로운 의지를 중요시했다. 그는 "사고의 자유는 영혼의 자유다"라고 말했다. 모든 것을 의심해야 되지만 오직 자기 자신만은 의심할 수 없는 유일한 존재라는 뜻이다. 많은 사람이 실질적 행복을 가져오지 못하는 지위, 권력, 돈을 쫓는데 삶을 허비하며 불만족스러운 삶을 살아간다. 만족한 삶을 살기 위해선 타인이 인정하는 사회적 기준보다는 내적 직업가치를 추구하여 얻은 직업을 통해 자아실현을 해야 할 것이다.

6

드라마를 보고 환상에 빠져
직업을 선택하지 말라

청소년기에 드라마나 영화를 보고 그 속에 나오는 직업을 동경해 끝내 자신의 직업으로 택하는 사람들이 있다. 이들은 단지 겉모습에 이끌려 자신이 진정으로 원하는 직업으로 착각해 선택한 경우다. 드라마 속에 등장하는 주인공의 직업이 뜨는 직업으로 추천됐던 적도 있었다. 드라마에 나오는 직업들은 특별한 설정으로 스토리가 구성되는데 실제 현실을 다 보여주지 못하다 보니 우리는 전체적인 직업의 면모를 보지 못한 채 멋진 환상만 갖게 된다. 만약, 드라마 속의 직업이 마음에 공감을 일으키는 부분이 있다면 어떤 면인지 잘 파악해 봐야 한다. 단지 화려해 보이는 모습이 좋아서가 아니라 내 성향과 잘 맞는지를 알아야 실제 직업으로 마주했을 때 실망하지 않기 때문이다.

드라마에 나온 직업이 유행했던 적이 있다

10여 년 전쯤 드라마에 나온 직업이 크게 흥행했던 적이 있었다. 드라마 속 인기 있었던 직업인 제빵왕 김탁구와 커피프린스 1호점이다. 2010년에 「제빵왕 김탁구」라는 드라마가 방영되었는데 극 중 뛰어난 후각을 가진 주인공 김탁구가 시련을 겪으며 제빵업계 1인자로 성공하는 모습을 보여줘 제빵사라는 직업이 화두에 올랐다. 그 당시 KBS뉴스에 따르면 2010년 드라마 방영이 되고 나서 제빵학원 문의가 폭주하고 제빵학원 경쟁률이 10대 1로 치열했다. 전체 제빵시장 매출이 20~30% 성장했다고 전했다.

드라마 속 직업이 뜨면 사람들이 몰려서 경쟁이 치열해지기도 한다. 실제 제빵사라는 직업의 수요와 업무의 강도 등 직업의 세계는 드라마 속 직업과는 다르다. 제빵업체의 채용 수요는 한정되어 있다. 새벽에 빵을 만들어야 하므로 새벽에 출근해야 하고, 빵 반죽을 치대는 일에는 엄청난 힘을 써야 한다. 정말로 힘든 직업이다. 하지만 그러한 직업의 특성에도 불구하고 자신이 진정으로 빵을 좋아하고 만드는 것을 좋아한다면 도전을 해볼 수 있다.

2007년에 방영된 「커피프린스 1호점」은 바리스타를 다룬 드라마다. 지금은 흔한 직업이 되었지만 그 당시에는 바리스타가 그렇게 많이 알려지지 않았다. 이 드라마가 인기리에 방영되고 나서 바리스타 자격증에 대중들의 관심이 쏠렸다. 그때를 기점으로 해서 바리스타 자격증은 매년 인기가 상승했다. 한국커피협회에 의하면 2005년 바리스타 자격증이 시행된 이래 2021년까지 국내에서 바리스타 자격증을 취득한 사람이 31만 명이었다. 우리나라에서 커피가 기호식품이 되었고 우후죽순으로 많은 커피 브랜드가 생겨났다.

최근에는 신생 직업이나 이색 직업들도 많이 등장했다. (2016년 TVN에서 방영되었던 인기) 드라마 「또 오해영」에서는 남자 주인공인 박도경(에릭 분)의 직업이었던 음향감독이 소개되었다. 그 당시 음향감독이라는 직업에 대한 대중의 관심이 높았다. 2018년 JTBC 드라마 「내 아이디는 강남미인」에서는 주인공 강미래(임수향 분)가 다소 생소했던 조향사라는 직업으로 출연하기도 했다. 이처럼 (드라마나 영화 등 매스컴에서) 다양한 직업 세계를 폭넓게 다룬다면 더 많은 정보를 제공해 줄 수도 있을 것이다. 드라마 속 직업들은 유행을 만들기도 하고 실제 수요를 창출하기도 한다. 그러나 유행은 유행일 뿐이다. 언제 인기가 없어질지 알 수 없다. 인기만으로 자신의 직업을 고른다면 그 흐름에 따라 자신의 운명도 따라갈 수밖에 없다. 유행에 따라 흔들리는 직업이 아니라 자신에게 어울리는 직업을 선택해야 할 것이다.

드라마 속 직업군은 한정적이고 편향적이다

실제 조사에 따르면 드라마 속의 직업들은 사회적 편견을 조장하거나 화려한 직업 위주로 방송이 편성이 되는 경향이 있다.

　민언련(민주언론시민연합) 방송모니터위원회는 2019년 한 해 동안 10개 방송사에서 방영된 드라마 123편을 대상으로 500여 명의 주요 등장인물들의 직업을 조사해서 직업 현황을 분석하였다. 이 보고서에 따르면 "재벌·기업가, 법조인·경찰, 의료인, 언론인, 정치인, 금융업 종사자 등 통상적으로 높은 임금을 받는 전문직 등장인물의 비율은 46% 가까이 된다. 반면 회사원, 학생, 구직자, 무직 등의 직업군 비율은 20%에 불과하다"라고 밝혔다. 등장인물들의 직업 중에는 웹툰작가, 인플루언서 등 신종 직업도 등장했지만 재벌·기업가, 법조인·경찰 등의 직업군의 비중이 월등히 높았다. 특히 무직자나 하위계층 노동자의 삶을 다룬 드라마는 극히 소수라고 발표했다.

　실제로 통계청에서 발표한 '2019년 8월 경제 활동 인구조사 근로 형태별 부가 조사 결과'에 따르면, 전문가 및 관련 종사자는 15.5%에 불과하며, 임금 노동자의 40%는 비정규직으로 나타났다. 이러한 통계적 사실에도 불구하고, 드라마 속에 등장하는 주인공들의 직업은 재벌과 전문직 등에 편중되어 현실과는 큰 차이를 보이고 있음을 알 수 있다. ■출처 미디어오늘 2020.02.05.

　위의 내용으로 알 수 있듯이 TV드라마는 직업 세계를 다양하게 반영하기보다는 대중에게 인기가 있고 화려한 직업 위주로 방송편성을 한다. 드라마 속 주인공들의 외형적 화려함에 사람들의 마음이 이끌리게 되고 청소년들의 경우 직업의 다양성보다는 특정 직업에 대한 기대와 환상에 젖게 된다.

드라마 속에는 직업 편견이 존재한다. 드라마 속에 나오는 직업의 본모습은 무엇일까?

드라마에 나오는 직업은 종종 현실 세계와는 다르게 로맨틱하게 그려진다. 때로는 흥미를 더하기 위해서 직업의 전반적인 면을 보여주기보다는 이상적인 모습으로 그려지기도 한다. 실제 현실과는 아주 멀리 떨어져 있다는 이야기다. 특히 드라마 속 등장인물들의 직업에서 어떤 면을 보여주는지 그 일면을 드러내는 표현이 있다. 미국 드라마에서는 전문직 주인공은 일만 하고 일본 드라마는 교훈을 주며, 한국 드라마 주인공들은 연애만 한다는 것이다. 한국 드라마가 전문 직업을 배경으로만 사용하고 연애 위주의 애피소드로 구성하고 있는 면을 꼬집은 말이다.

그 밖에도 직업에 대한 편견과 정보의 왜곡이 있다. 드라마에서 최근 많이 등장하는 CEO는 성공과 부의 상징으로 멋지게 차려입은 모습을 주로 보여준다. 직업 외적인 극히 작은 한 부분이지만 이렇게 CEO의 극히 일부분이 크게 부각이 되다 보니 그 모습이 일반화된다. 실제 CEO는 한 회사의 경영을 책임을 지는 사람으로 여러 가지 복잡한 일을 처리해야 한다. 너무 바빠서 연애나 집안일에는 소홀하다. 특히 창업 초기에는 매출이 안정적이지 않기 때문에 밤새는 일이 다반사다. 매출이 저조할 때는 직원들의 급여나 회사 운영에 문제가 생겨 엄청난 경영난을 겪기도 한다. 드라마에서 보여주는 외제차에 좋은 집에서 화려하게 사는 멋진 모습만은 아니라는 것이다.

교육부가 2021년~2023년 조사한 학생 희망 직업의 자료를 보면 중·고등학생 직업순위 10위 안에 경영자가 포함된다. 단지 외형적인 모습에 이끌려 선택하지 않았으면 한다. 실제 경영자가 겪을 수 있는 위험이나 어려움도 충분히 고려해야 한다. 알고 그 일을 겪는 것과 모르고 그 일을 겪는 것은 천지 차이다. 힘듦이 예상되더라도 경영자라는 꿈을 향해 나아가는 도전정신이 필요하다.

성신여대 미디어커뮤니케이션학과 노동렬 교수는 「TV드라마 주인공 직업의 변화가 스토리에 미치는 영향」이라는 논문에서 주인공의 직업은 단순한 스토리 배경설정 기능으로부터 드라마 주요 사건과 갈등 구성으로 변화해 왔다고 밝혔다. 멜로드라마가 장르성·갈등 구조로 바뀌어 직업의 세계에 대해 자세한 묘사가 이뤄지는 발전을 하고 있음을 시사했다. 주인공들이 연애 중심의 스토리 구성에서 벗어나서 해당 직업의 세계를 다각도로 심도있게 반영한다면 직업에 대한 실제적인 정보를 접할 가능성이 높아질 것이다.

작년에 방영되어 큰 화제가 되었던 OTT드라마 「더 글로리」

에 나왔던 등장인물 중에 승무원이 있었다. '스튜어디스 혜정아'를 유행시키며 승무원이라는 직업이 미디어를 통해 부정적인 영향을 끼쳤다. 극 중 인물 캐릭터인 혜정은 탐욕적이고 섹슈얼한 모습으로 묘사되었다. 2023년 6월 27일 「오마이뉴스」의 '스튜어디스 혜정아? 미디어가 발목 잡네요'라는 제목의 기사를 살펴보았다. 항공운항과 재학 중인 3명의 승무원 지망생과 인터뷰를 진행한 기사로, 실제 승무원을 준비하는 학생들은 승무원의 프로페셔널한 모습과 다양한 문화의 교류 등의 꿈을 가지고 있었지만 드라마 속에서 비친 승무원의 부정적 이미지와 편견으로 인해 피해를 입고 꿈마저 흔들렸다는 내용이었다.

어떤 직업이든지 드라마에 나오는 직업의 이미지는 각색되고 일부분만을 보여주기도 한다. 방송국의 노력에도 불구하고 한 직업의 전체적인 모습과 다양한 직업들을 보여주지 못한다. 드라마에 나온 직업의 일부 면모만을 참고해서 나의 직업을 고른다면 실패할 확률이 높다. 만약 영화나 드라마에서 관심이 가는 직업을 발견했다면 먼저 그 직업에 대해 꼼꼼히 조사하고 나와 잘 맞는 일인지를 확인해야 한다. 그 직업을 가졌을 때 미래의 내 모습이 잘 그려진다면 선택을 해도 좋다. 단지 인기가 있어서, 좋아보여서 선택하면 안 된다. 직업의 유행은 변하지만, 나의 본성이 무엇을 좋아하는지는 변하지 않기 때문이다.

남과의 경쟁보다는 나의 성취에 집중하라

경쟁이 나쁜 것은 아니다. 적당한 경쟁은 좋은 동기유발에 필요한 요소로 적당히 사용하면 득이 된다. 경쟁에는 두 가지 경쟁이 있다. 득이 되는 좋은 경쟁과 독이 되는 나쁜 경쟁이다. 자신이 원하는 것에 집중하지 않고 남을 비교 대상으로 여기고 경쟁할 때는 비교 대상이 없어지거나 자신이 우위를 얻게 되면 목표점이 없어진다. 즉, 특정 상대를 이기는 것이 목표가 되면 자신의 한계를 정하게 되고 그렇게 되면 자신을 더 발전시키고 향상할 수 있는데도 노력을 안 하게 된다. 경쟁 대상이 가진 능력과 환경도 나와 대등하지 않다. 그래서 무리한 경쟁에 에너지를 다 쏟게 되면 자신이 더 좋은 성과를 낼 수 있는 일에 집중할 수 없게 되고 결국 자신이 가진 능력을 발휘하지 못하게 된다.

경쟁을 적절하게 활용하라. 그리고 성장하라

"인간은 항상 무언가를 원하며, 그 욕망이 시기심과 함께 존재한 다."(알베르 카뮈)

"시기심은 타인의 성공에 대한 우리의 자연스러운 반응 중 하나 이다."(루이스 시프트)

"시기심은 인간의 본성적인 감정 중 하나로, 이를 이해하고 자신 을 통제하는 것이 성숙함의 일부이다.(칼 융)

철학자들은 대부분 인간의 시기심에 대해 자연스러운 감정 내지는 극복해야 할 것으로 표현한다. 우리 마음속에는 다른 사 람을 시기하고 질투하는 감정이 있다. 이 감정을 품으면 나쁘다 는 부정적인 이미지가 강해져 우리 스스로 이 감정을 숨기고 아 무렇지 않은 척한다. 만약 시기와 질투하는 마음이 생기면 자신 의 성장을 이루기 위해서 이것을 긍정적으로 활용할 수 있는 방 법으로 변화시켜야 한다.

그리스 신화에서 시기심이 적절한 자극이 되어 새로운 것을 창조한 이야기가 있다.

그리스의 새로운 도시인 아크로폴리스를 통치하는 것을 놓고 지혜의 신 아테나와 바다의 신 포세이돈이 격렬히 싸웠다. 포세 이돈은 아테나 강을 만들어 신들의 환심을 사려고 했고 아테나는 시기심이 발동해 포세이돈이 만들어 놓은 강 옆에다 올리브나무를 심었다. 아테네 시민들은 두 가지가 우열을 가리기 어려운 선물이었지만 아테나 편을 들어주었다. 결국 아테나는 포세이돈을 물리치고 아테네의 수호신이 되었다. 아테네 시민들이 선택한 올리브나무는 아테네 시민들에게 시원한 그늘과 영원한 먹을거리를 제공해 주었고 도시를 번성하게 한 근간이 되었다. 만약 아테나가 포세이돈을 시기하지 않고 순순히 물러났다면 좋은 결과를 얻지 못했을 것이다. 올리브 열매는 오늘날에도 유용한 식재료로 사용되고 있듯이 경쟁심을 적절하게 사용한다면 인류에게 도움이 된다는 것을 보여준 좋은 이야기다.

경쟁이 심한 지나친 비교는 성장을 저해한다

미국의 사회심리학자 레온 페스팅거(Leon Festinger)는 '사회비교이론'에서 사람은 타인과 비교하면서 자기 자신을 평가한다고 주장했다. 남과 비교하여 자신을 높이고자 하는 인간의 심리가 담긴 말이다. 사람은 남과 끊임없이 비교하면서 경쟁한다. 남보다 잘하기 위한 동기부여는 자신의 성장에 도움이 되지만 지나친 경쟁이나 시기심으로 인해 타인에게 해를 가한다면 사회에 악영향을 미치고 결국 그것은 자신에게 돌아와 자기 자신을 파괴한다.

취업을 준비하는 시기에 많은 사람들이 불안과 두려움을 가지고 있다. '내가 선택한 이 진로가 잘못된 선택이면 어떡하나?'

'그 직무를 내가 잘할 수 있을까.' 하는 걱정이 앞선다. 중요한 결정의 순간은 누구에게나 힘든 시기이다. 취업도 이직도 대신해 줄 수 없다. 혼자만의 힘든 싸움을 하는 시기에 주변의 시선은 따갑다. 그 시기에 시간적, 금전적인 여유가 있다고 느끼는 사람은 극히 드물다. 각자가 처한 상황은 위기감을 부추긴다. 그 시기에는 '자신이 선택한 진로가 맞지 않아 실패한다면 어떻게 해야 하나?' 불안감이 꽤 크게 작용할 수밖에 없다.

취업을 준비하거나 이·전직을 할 때, 주변의 지인이나 또래의 다른 사람과 비교하면서 경쟁하는 마음은 자신을 위축시키고 조급함을 더 크게 만들기도 한다. 그 시기에는 자신의 상황과 객관적인 현실을 외면한 채 다른 사람의 눈치를 보며 기업을 선택하고 직업을 선택한다. 대기업에 들어갔거나 높은 연봉을 받는 사람을 보면서 큰 좌절감과 상대적인 박탈감을 느낀다. 유독 자의식이 높은 경우에는 자신의 처지를 비관하게 된다. 동시에 자존감도 급강하한다. 지나친 우월의식도 문제지만 타인과의 비교로 지나친 열등의식을 갖는 것 역시 자신감을 떨어트리는 큰 요인이다.

우리나라는 과도한 경쟁사회이다. '입시 수험생-취업 준비생-직장 승진'이라는 패턴의 사회 경쟁 구도에 따라 살다 보니 타인을 유난히 의식한다. 시대가 변하고 있고 가치 기준도 바뀌고 있다. 인기 있는 학과, 인기 있는 직업도 달라진다. 남과의 경쟁에 자신의 기준을 맞추면 자신이 어디로 가는지도 모른 채 질질 끌려가게 된다. 다시 말해, 선의의 경쟁은 약간의 동기부여를 제공하지만 지나친 경쟁은 스트레스로 인해 오히려 자신을 파괴하는 독이 된다.

경쟁하지 않고 자신의 목표에만 집중하면 반드시 성공한다

『끈기보다 끊기』의 저자 유용만 교수는 직(職)·업(業)을 이같이 정의하였다.

"직(職)은 아마추어이고 자리(Position)를 뜻하며, 승진해서 직함을 얻거나 타인과 경쟁하는 반면 업(業)은 일의 진정한 의미가 무엇인지를 고민하며, 경쟁 상대는 어제의 '나'이다. 직(職)을 가진 사람은 경쟁이 치열한 아마추어의 세계에 있고 업(業)을 가진 사람은 자신만의 색깔을 가진 프로의 경지에 있어서 밤잠도 자지 않고 열정적으로 공부한다."

다른 사람과 경쟁하지 않고 자기 능력을 깨달으면서 연구에 매진하여 큰 성과를 올린 조선 전기 세종 때의 과학자가 있다. 바로 장영실이다. 그는 자신이 잘하는 것에 집중하여 혁신과 발명에 성공하였다. 해시계, 물시계, 측우기 등 다양한 발명품을 만들었다. 스티브 잡스도 마찬가지이다. 애플의 제품을 개발할 때 타사와 경쟁하지 않았다. 오직 그 제품을 왜 만들어야 하는지에 대한 것만 고민하고 애플만의 고유한 제품을 만들었다. 사람들에게 주고 싶었던, 세상에 없는 변화와 가치를 주고 싶었던 스티브 잡스의 생각은 제품에 담겼고 세상을 바꾸었다.

취업을 준비하는 내담자들 중에는 늘 남과 비교하며 자신의 처지를 비관하는 사람들이 있다. 그들은 목표는 있는데 주눅이 잔뜩 들어 있어 태도를 바꾸지 않으면 어떤 목표도 성취하기 힘들었다. 그럴 때마다 나는 그들의 변화된 모습을 상상하며 자주 이런 이야기를 해주었다.

"남과 비교하면서 살지 마세요. 남을 경쟁 상대로 여기지 마세요. 남과 비교하고 다른 사람보다 앞서려고 하는 것은 '인간 보편적 심리'이지만 남이 아닌 자신과의 싸움을 치열하게 해서 목표를 달성하세요. 지금 조금 뒤처져 있다고 그것이 영원한 게 아니에요. 지금 자신이 목표한 것에 집중하고 노력한다면 시간이 지났을 때 현재 잘 나간다고 생각한 친구보다 본인은 더 높은 위치에 있을 수도 있어요. 그러니 지금 시간과 열정을 투자하고 금전적 기회비용을 미래에 투자하세요. 그리고 나서 투자한 것이 헛되지 않기 위해 더 몰입하고 능력을 향상하기 위해 최선을 다하세요. 이젠 인생을 낭비하지 마세요."

남과 비교하다 보면, 남보다 잘하기 위해 노력은 하지만 진정 자신이 원하는 것이 무엇인지 알 수 없게 된다. 자신이 가진 것보다 아직 갖지 못한 것에 집착하면서 자신의 처지를 남과 비교하여 부정적인 감정을 갖게 된다. 우리는 가끔 SNS를 하면서 불행하다고 느낄 때가 있다. SNS에는 자신의 안 좋은 모습보다는 의

도적으로 자신이 가장 잘 나갈 때, 가장 행복할 때의 모습만을 노출하기 때문이다. 화면상에 보이는 이미지는 그 사람의 일면일 뿐이다. 기준을 사회의 비교에 두지 않고 자신의 가치와 능력에 집중한다면 경쟁에서 오는 스트레스를 줄일 수 있고 정서적 안정 감도 취할 수 있다. 초(初) 불확실성의 시대를 사는 지금 다른 사람들의 눈치를 보며 타인과 경쟁해서는 답이 없다. 사람은 각자 재능과 특징이 다르다. 경쟁하지 말고 자신의 꿈과 강점을 살려 도전하는 것이 답이다. 분명 좋은 결과로 이어질 것이다.

PART 3

직업선택의

기준

II

실패와 도전은 성장의 필수 조건이다

실패라는 단어는 성공이라는 단어의 반대말일까? 모든 사람은 성공이라는 단어를 좋아하고 실패라는 단어를 두려워한다. 그래서 실패하고 싶지 않아 어떤 일에도 쉽게 도전하지 못한다. '실패를 열 번만 반복하면 반드시 성공한다'라고 하면 실패를 두려워할 이유가 없다. 사실 많은 성공의 열매들은 실패와 도전의 결과 값이다. 사람의 인생에는 다양한 경우의 수가 있어 1+2=3이나 2×3=6 등의 수학 공식처럼 숫자가 정확히 딱딱 맞아떨어지는 것은 아니다. 어쩌면 실패 빈도와 성공 간의 확률(실패의 빈도∝ 성공의 확률: ∝는 비례 기호) 문제로 접근하는 것이 좀 더 과학적이다.

실패를 거듭할수록 성공이 가까워진다

실패를 반복하라는 말을 듣는 순간 자신의 실패가 작게 느껴진다. 직업상담을 했던 한 청년의 사례이다.

이직을 준비했던 청년은 전문직 직장 경력자였다. 코로나가 발생하기 전, 자신이 하고 싶었던 항공기조종사에 도전하기 위해 직장을 퇴사했다. 어렵게 자격증을 취득하여 파일럿의 꿈을 실현하려고 하는 찰나 갑자기 코로나19가 발생했다. 아무도 예견하지 못했던 천재지변 앞에서 망연자실할 수밖에 없었다. 2019년 시작된 코로나로 인해 항공기 운항이 축소되고 채용이 취소되었다. 언제 정상 회복이 될지 알 수조차 없는 상황이었다.

그는 코로나가 장기화 조짐이 보이자 마냥 손 놓고 기다릴 수만은 없었다. 전에 했던 경력 직무로 이직을 결심하고 직업상담에 참여했다. 상담 초기, 청년은 경력자라서 재취업이 어렵지 않을 거라는 생각을 했다. 입사지원서를 내고 불합격 통보를 받기 전까지는 어느 정도 자신이 있었다. 그러나 여러 차례 구직에 실패하게 되자 큰 실망에 빠졌다. 점점 의기소침해지는 모습이 보였다. 경력자라고 해도 기업문화나 담당 직무가 약간씩 다르다 보니 구직기간이 길어졌다. 퇴사 후의 자격증 준비로 인한 경력의 공백기도 서류 불합격 요인으로 작용했다.

나는 그에게 "최소 열 번은 탈락한다고 생각하세요. 여러 번

도전을 해봐야 자신에게 맞는 기업을 찾을 수 있어요. 지금 바로 취업이 되지 않는다고 조급해 하지 마세요. 시간이 더 필요한 것뿐이니 실패를 두려워 마세요"라는 말을 건넸다. 내가 본 청년은 태도와 인성이 바른 인재였다. 잘될 거라는 확신이 있었다. 나는 청년에게 그의 강점인 예의 바른 인성과 전문성은 기업이 선호하는 인재라는 것을 명확한 단어로 알려주고 격려했다. 청년은 신기하게도 10번째 도전에서 자신이 원하던 기업에 합격했다. 자신의 실패를 확대해석하여 좌절하고 주저앉았더라면 원하는 회사에 입사하지 못 했을 수도 있었다. 그는 자신을 믿고 여러 번 실패할 수도 있다는 것을 인정하고 도전했기에 합격의 영광을 얻을 수 있었다.

구직의 성패는 본인이 최선을 다했더라도 기업에서 원하는 인재와 얼마나 부합하느냐는 것이 관건이다. 경력이 좋음에도 불합격한다면 역량이 부족해서라기보다는 기업과 안 맞는 부분이 있기 때문이다. 구직자 입장에서는 구직 실패를 전적으로 자신이 '능력이 부족해서'라고 생각한다. 그렇게 크게 확대 해석은 안 된다. 그럴 때일수록 객관적인 자료가 더 필요하다. 왜 탈락했는지 이유를 알아야 한다. 물론, 불합격 통보를 받는 것은 꽤나 큰 충격으로 다가오기 때문에 구직자 입장에서는 가볍게 넘길 일이 아니다. 그렇다고 낙담만 할 일도 아니지 않는가. 9번이 아니라 99

번의 거절과 실패도 있을 수 있는 일이라고 생각한다면 그것만으로도 위로가 될 것이다. 실패를 반복하다 보면 내성이 생기고 새로운 전략이 쌓이는 법이라는 사실을 기억하길 바란다.

사소하고 다양한 경험과 시행착오를 반복하라

인생은 선택의 연속이라고 하지 않는가. 선택의 순간 우리는 고민을 한다. '직업을 선택함에 있어서도 이것을 할까 저것을 할까. 또 어느 것을 선택하는 것이 합리적인 선택일까'를 고민한다. 이 물음에 대한 해답은 '내 적성과 잘 맞는 직업을 선택하라'고 말할 수 있겠다. '나와 잘 맞는 직업은 어떻게 알 수 있을까?'라고 재차 묻는다면 '경험하지 않고는 알 수 없다'라고 답하고 싶다.

우리는 유한한 시간과 물리적인 제약으로 인해 많은 경험을 할 수가 없다. 직접적인 경험만으로 많은 직업정보를 얻을 수도 없다. 그렇다고 해도 가능한 한 빨리 빈번한 체험과 경험을 통해 자신의 적성을 발견해야 할 것이다.

우리나라의 경우 2016년부터 중학교 공교육에 '자유학기제'라는 시스템을 전면 도입했다. 다양한 체험 활동과 진로 탐색의 기회를 제공한다는 취지이다. 동아리 활동과 직업체험 프로그램 참여를 통해 미래의 직업이나 학과를 결정하는 데 도움이 될 것이다. 아직은 실효성이 크지 않다는 의견이 있지만, 교육의 변화를 시도한 것 자체는 긍정적이다.

그 밖에도 어린이와 청소년이 직업체험을 할 수 있는 사설로 운영하는 직업체험관이 있다. 대표적으로 '잡월드'와 '키자니아'에서 다양한 직업체험을 할 수 있다. 유료로 이용할 수 있고 미리 홈페이지에서 예약하면 된다. 또한 온라인 사이트를 통해서도 직업에 관한 정보를 손쉽게 얻을 수 있다. 유튜브에서 '교육부TV'를 검색하여 '드림주니어탐사대 직업체험'을 보면 여러 직업 관련 영상이 있다. 원격영상 '진로멘토링(https://mentoring.career.go.kr)'에서도 다양한 직업의 멘토들이 올린 온라인 강의를 볼 수 있다. 창업에 관한 정보를 알고 싶다면 'YEEP'이라는 온라인 창업 체험 교육 플랫폼에 들어가 보라. 창업동아리 활동과 창업경진대회 등 많은 프로그램에도 참여할 수 있다.

　　다양한 진로와 직업체험 활동은 자신이 조금이라도 관심이 있는 것을 위주로 해도 좋고 혼자 하는 것이 부담되면 친한 친구와 같이 해도 좋다. 막상 고등학교를 졸업하면 많은 경험을 할 수 있을 것 같지만 대학생활도 스펙을 쌓고 취업을 준비하느라 녹록지 않은 게 현실이다. 대학 졸업 후에는 취업을 바로 해야 하므로 무엇을 경험해 볼 시간이 없다. '대2병'이라는 말이 있다. 중학생 시절 사춘기로 힘든 '중2병'에 빗대어 새로 생겨난 말로, 대학생들이 전공과 불확실한 미래에 대한 불안감으로 무기력과 우울감을 갖는 것을 말한다.

　　잡코리아에서 대학생을 대상으로 조사한 결과에 따르면, 대학생 64.6%가 취업 진로 불안으로 초조해 한다고 밝혔다. 조사에 참가한 대학생의 39.9%는 현재의 전공이 마음에 안 들어서 다른 전공을 택하고 싶다고 했다. 그들 중 전공 선택했던 계기를 알아보니 전공 만족도가 가장 낮았던 학생들은 성적에 따라 선택한 경우가 64.1%였다. 그 외에 주변 권유가 57.2%, 취업이 잘될 것 같아서가 42.9% 순이었다. 이 결과로 알 수 있듯이 대학 입학이 목표가 되면 대학 입학 후의 전공에 만족하지 못하게 된다. 전공 선택의 후회를 줄이기 위해서라도 자신이 하고 싶은 일을 일찍 찾아야 한다. 그래야 시행착오를 줄일 수 있다.

합리적인 선택을 하기 위한 도전은 아름답다

직업선택 당시에는 합리적이라고 생각해서 결정했지만 실상 그 일을 해보니 나랑 잘 맞지 않는다는 것을 알았다면 그것은 비합리적인 선택이었을까?

꼭 그렇지만은 않다. 앞에서도 말했듯이, 자신에게 맞는 소질과 적성을 파악하기 위해서는 많은 경험이 필요하다. 한정된 정보 안에서 나에게 맞는 직업과 나에게 맞는 직장을 구하기란 쉽지 않다. 각고의 노력 끝에 최적의 합리적 선택을 한 직업이었지만 자신과 안 맞다면 또 다른 선택을 할 수 있어야 한다. 인생은 선택의 연속이고 합리적 선택을 하기 위한 과정이다. 한 번의 선택이 끝이라고 생각하면 자신을 사면초가의 상황에 빠트릴 위험이 있다. 그러니 자신을 위해 또 다른 선택이 있다는 유연한 사고를 지니고 끊임없이 자신이 원하는 것에 주의를 집중해야 할 것이다.

　'유퀴즈'라는 TV 예능프로그램에 출연했던 진기주 배우는 공대 컴퓨터공학과 출신이지만 컴맹이라고 자신을 표현했다. 점수에 맞추어 대학에 들어갔고 전공을 선택했다고 한다. 전공이 자신에게 안 맞았지만 참고 졸업해 대기업에 입사했다. 하지만 직장생활이 쉽지 않았다. 입사 3년 차에 점점 표정이 어두워지는 걸 보다 못한 부모님이 "하고 싶은 걸 해보는 것이 어떻겠느냐?"고 제안을 해 고민 끝에 직장을 그만두었다.
　퇴사 후, 유년기 시절부터 꿈꾸었던 기자 시험에 도전하여 수습기자가 되었다. 수습기자 생활 3개월 만에 이것 역시 적성이 맞지 않아 그만두었다. 밤마다 일자리를 찾다가 우연히 슈퍼모델 선발대회에 나가서 배우로 뽑혔는데 한동안 어떤 배역에도 캐스팅되지 못했다. 때로는 캐스팅이 되었다가 촬영 직전에 배역을 교체당하기도 하는 등 여러 우여곡절을 겪었다. 배우생활을 하는 동안 상처도 많이 받고 자존감도 많이 떨어졌다고 한다. 하지만 긴 노력 끝에 개성 있는 배우로 자리를 굳혀갔다. 지금은 자신이 하고 싶은 일을 하고 있어서 행복하다고 한다. 어렵게 자신의 적성을 찾은 그녀의 도전하는 삶의 이야기는 감동적이었고 아름다웠다.

진기주 배우처럼 사회생활을 하다가 뒤늦게 자신에게 맞는 일을 찾는 사람도 있지만, 대부분은 현실적인 문제에 부딪혀 여러 직업을 도전하고 경험하는 것에는 많은 제약이 따른다. 그렇다고 도전을 멈춘다면 자신이 원하지 않는 일을 하면서 불행한 인생을 살 것이다. 직접경험이 자신과 맞는 일인지 알 수 있는 가장 확실한 방법임에는 틀림이 없지만, 상황이 여의치 않다면 간접경험을 통해서 다양한 정보를 얻도록 노력해야 한다. 다행히 지금은 예전과 같지 않게 정보가 넘쳐나는 시대에 살고 있다. 다양한 직업인들이 자신의 경험담을 이야기하는 프로그램이 기존 방송이나 유튜브에 많이 있다. 직업이나 미래를 탐색해 볼 수 있는 관심 콘텐츠를 골라서 들어보면 더 빨리 배우고 더 빨리 성장할 수 있을 것이다.

실패를 반복하다 보면 되는 날이 온다. 언젠가는 자신이 하고 싶은 것을 찾게 된다. 그리고 성공한다. 우리의 미래는 훨씬 열려 있고 훨씬 다양하며, 많은 가능성이 있으니까.

포기하지 않는다면 성공의 주인공이 된다

지방대를 나온 송 과장은 평범하지 않았던 자신의 대기업 취업 성공담을 들려주었다. 그는 심지어 어려서부터 ADHD를 앓고 있었다. 학창 시절 내내 남들은 쉽게 하는 것에도 집중하지 못해서 모자란 사람처럼 보였다. 대학교 다닐 때까지도 주변 사람들에게 가장 많이 들었던 말이 "네가 할 줄 아는 게 뭐냐." 하는 면박이었다. 뭐 하나 제대로 할 줄 아는 게 없는 학창 시절을 보냈고 지방대학교에도 간신히 입학했다. 졸업 후 취업에 자신은 더더욱 없었다. 점점 자신의 삶은 희망이 없다고 느껴 죽는 것만이 자신을 구제할 방법이라는 생각에 이르렀다.

몇 날 며칠 죽을 방법을 생각하고 계획을 짰다. 어느 새벽녘 인적이 없는 곳으로 차를 몰고 나가서 눈을 슬며시 감아버렸다. 그러나 죽는 것조차도 마음대로 되지 않았다. 자살을 시도했으나 어설픈 해프닝으로 끝나고 말았다. 자살 시도는 실패했고 그것을 계기로 부모님 손에 이끌려 정신과 치료를 받게 됐다. 진료를 받으면서 처음으로 자신이 아주 어려서부터 ADHD 정신질환을 앓고 있었다는 사실을 알게 됐다. 그전까지는 자신의 질병을 전혀 알지 못해 약간 부족한 사람이라고만 여겼는데, 정신과 상담을 통해서 자신이 어릴 적에 피아노를 잘 치고 좋아했었다는 사실을 떠올렸다.

그 후 그는 친척 집에서 안 쓰는 피아노를 얻어 와서 피아노를 다시 치며 뭔가를 다시 해볼 용기를 냈다. 레스토랑의 합주단에서 피아노 연주 아르바이트 구인 공고를 보고 간절한 마음으로 악보를 외워서 면접을 보러 갔다. 레스토랑 사장은 면접 오디션에서 훌륭한 연주는 아니지만 간절함이 느껴져서 채용한다며 연주단에서 일할 기회를 주었다. 뭔가를 해냈다는 느낌은 그에게 엄청난 기쁨을 주었다. 그때부터 그는 연주곡을 틀리지 않기 위해 악보를 악착같이 외워서 성공적으로 합주를 해냈다. 자신에게 특출한 것이라고는 끈기와 연습뿐이라는 것을 알게 되었다. 이렇게 몇 개월 동안 연주를 하면서 자신감을 얻었다. 여러 기업에 입사지원서를 내어 마침내 외국계 기업에 당당하게 합격했다. 그러고 나서 몇 년 뒤에는 자신의 최종목표인 대기업에 경력직으로 이직했다. 회사에 다니면서 60억 자산을 목표로 부동산 투자를 했다. 관련 서적을 틈틈이 읽고 쉬는 날에는 발품을 팔아가며 부동산에 대해 익혔다. 결국 10년 만에 목표를 달성했다.

이 이야기는 송희구 작가의 저서『서울 자가에 대기업 다니는 김부장 이야기』의 주인공인 송 과장의 이야기다. 직업상담을 하다 보면 정서적 문제를 가지고 있는 내담자들이 꽤 있다. 학창 시절 왕따로 자존감이 낮아지고 우울증이나 불안장애가 있는 사람, 거듭되는 시험 탈락으로 인해 좌절감과 무기력증을 호소하는 구직자들도 많다. 구직 실패와 인간관계의 어려움은 취업 장애요인 중에 가장 크다. 취업에 성공하기 위해서는 정서적 안정과 자신감 회복, 그리고 진심 어린 공감과 지지가 필요하다. 송 과장의 이야기는 자신이 겪은 경험을 토대로 작성하였다고 한다. 인간 내면의 본성을 표현하고 싶었다는 작가의 말에서 '포기하지 않는다면 누구든지 취업 성공의 주인공이 될 수 있다'라는 희망이 강하게 느껴졌다.

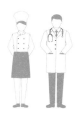

좋아하는 일과 잘하는 일,
어떤 일을 선택할 것인가?

좋아하는 것과 잘하는 것을 자신이 안다는 것은 그 자체만으로도 직업선택의 절반 정도는 왔다고 해도 과언이 아니다. 둘 중 하나도 모르는 사람이 많기에 두 가지를 다 아는 것에 박수를 보낸다. 좋아하는 것을 선택할 것인지, 잘하는 것을 선택할 것인지에 대해서는 전문가들도 의견이 나뉜다. 한마디로 이것이 정답이라고 말할 수 없다. 각자가 처한 상황에 따라 우선순위가 다르다. 자신의 상황에 맞는 선택을 하는 것이 현명한 방법이다.

좋아하는 일을 선택하라는 이유가 무엇인가?

자신이 좋아하는 분야를 선택하면 그 일을 하고자 하는 동기가 커 밤을 새워 일해도 질리지 않고 재미가 있어 몰두하게 된다. 그런 사람들은 결국 그 분야에 전문가가 돼 인생의 절반 이상의 시간을 그 일에 종사하는 경우가 많다. 자기만족도가 높아 처음에는 조금 서투르더라도 계속하다 보면 잘하는 사람이 된다.

얼마 전 인기리에 방영된 OTT드라마 「정신병동에도 아침이 와요」에서 간호사 민들레는 입사한 지는 얼마 안 됐지만 수간호사 후보라고 불릴 만큼 일을 잘했다. 이에 반해 신입 간호사 정다은은 환자들을 진심으로 대하는 것 말고는 실수하는 일이 많았다. 민들레는 먹고 사는 문제로 이 직업을 택해서 그런지 일하면서도 즐겁다는 생각을 해본 적이 없었다. 결국 정다은 간호사가 일하는 모습을 보고 간호사를 그만두기로 결심한다. 그녀는 간호사 일은 잘했지만 좋아서 한 일이 아니었기에 흥이 나지 않았기 때문이다.

물론 생계를 위해서 일을 시작했어도 그 일을 하다 보니 좋아졌다는 사람들도 있다. 일하면서 천직을 만난 경우이다. 자신이 좋아하는 일은 오랫동안 할 수 있다. 계속 노력하여 성장하고 나중에 전문가가 되기도 한다. 어떤 일을 할 때 잘하기만 하고 즐겁지 않은 사람은 지겨워하는 표정이 역력하다. 그러나 일은 서투르지만 좋아하는 일을 하는 사람은 위의 드라마에서 간호사를 맡은 정다은(박보영 분)처럼 얼굴에 즐거운 표정이 드러난다. 표정에서 안정감이 느껴져 잠재역량이 훨씬 커 보인다. 좋아하는 일을 할 때 사람들은 더 큰 행복을 느끼기 때문에 다른 사람에게도 그 에너지가 전해지는 것이다.

좋아하기는 하지만 계속 노력해도 잘하지 못한다면 다른 분야를 탐색해 보아야 한다. 좋아하는 일에 재능이 없다면 환상을 버려야 한다. 그 일을 계속 붙잡고 있으면 무능하다는 소리를 듣게 된다. 예를 들어, 노래는 좋아하는데 음정 박자도 엉망이고 노래 실력도 보통이라면 가수를 할 수가 없다. 이런 사람은 가수가 아닌 음악 산업에서 자신이 잘하는 분야를 찾아보는 것이 좋다. 언어능력이 있다면 작곡가를 할 수 있고, 음악 지식과 소통능력이 있다면 드라마나 영화에서 음악을 연출하는 음악감독도 잘 맞을 것이다.

잘하는 일을 선택하라는 이유가 무엇인가?

자신이 잘할 수 있는 일을 하면 그 분야에서 성과를 내기 쉽고, 유능하다는 소리를 들을 수 있다. 설령 처음에는 그 일을 좋아하지 않았더라도 잘하는 일을 열심히 하다 보면 결국 인정을 받게 되고 그 일에서 성취감과 만족감을 느끼게 된다. 자신의 강점을 이해하고 잘하는 일을 선택하는 것은, 업무에 대한 긍정적인 태도와 지속가능성을 높여주기 때문이다. 잘할 수 있는 일을 선택하여 성공한 경우가 많다. 대표적인 예로, 수영 능력을 타고난 마이클 펠프스는 뛰어난 수영 실력으로 올림픽에서 남들은 하나도 따기 힘든 메달을 28개나 획득하였다. 국내 사업가로는 현대그룹을 글로벌 기업으로 성공시킨 정주영 고 현대그룹 회장을 들 수 있다. 뛰어난 사업적 감각과 리더십의 소유자인 그는 '불가능은 없다'라는 도전정신으로 성공 신화를 만들었다. 직업상담에 참여했던 구직자들 중에도 자신이 잘할 수 있는 강점 분야를 활용하여 빨리 취업에 성공한 사례들이 있다. 디자인을 전공했지만 미술보다는 SNS 마케팅과 홍보 분야에 실력을 갖춘 한 청년은 디자인 강점을 활용하여 화장품회사의 마케팅 직무로 빠른 성과를 내기도 했다.

경찰관이 꿈이었던 한 청년은 직업상담을 시작한 후 1개월이 안 되어 자신이 전공한 기술직에 취업했다. 그는 공업고등학교를 우수한 성적으로 졸업한 후 2년간 중소기업에서 기술직으로 근무했으나 일한 만큼 정당한 수당을 받지 못해 결국 그만두었다. 심리검사 결과 성취도가 높고 야망도 크게 나왔다. 그의 어렸을 적 꿈은 경찰관이 되는 거였지만 가정형편이 좋지 않아 당장 취업하지 않으면 생계를 꾸려나가기가 무척 어려워 지금은 꿈을 접었다고 했다.

그는 자신이 잘할 수 있는 분야로 취업 목표를 설정했다. 그래서 직업 안정이 보장되고 구직자의 능력을 인정받을 수 있는 기업을 추천해 주었다. 나는 청년에게 중견기업의 기술직 취업 정보를 제공해 주고 입사지원서를 내보라고 제안했다. 그는 서류 작성은 물론 입사지원서 수정 및 요청 사항에 대한 피드백이 누구보다 빨랐고 성실했다. 매사에도 긍정적이었다. 무엇을 하든 운이 따르는 사람임을 직감적으로 느낄 수 있었다. 지원 분야에서 잘할 수 있다는 자신감도 엿보였다. 그래서인지 지원하자마자 바로 취업에 성공했다. 상담사로서 매우 뿌듯했고, 그 청년의 성공 비결이 무엇일까 분석해 봤다. 우선 본인이 잘하는 분야를 선택하여 경쟁력이 있었고, 다른 사람에게 없는 패기가 있었다. 최선을 다하되 실패를 두려워하지 않는 태도도 지녔다.

그는 지금 회사에서 인정받는 기술직 사원으로 근무하고 있다. 회사 담당자로부터 좋은 인재를 소개해 주어 고맙다는 인사를 받을 정도로 직무에 빠른 적응력을 보였다. 시스템이 안정적인 중견기업으로 복지도 좋은 편이고 성과에 대한 인센티브도 제공되어 직업만족도가 좋았다. 나중에 여유가 생기면 경찰관의 꿈에 꼭 도전해 보겠다고 한다. 자신감이 넘쳐 보였다. 친화력이 좋고 실행력이 빠르며 책임감이 강한 성품이 경찰관이나 소방관도 잘 맞았다. 언젠가 그가 어릴 적 꿈에 도전하여 꼭 성공하기를 응원한다.

지금 할 수 있는 일을 하라

직업상담에 참여한 구직자들 중에는 자기 능력보다 목표를 높게 설정하고 현실과 타협하지 못하는 경우가 꽤 있었다. 그들은 현실과 이상의 격차를 좁히지 못해 점점 고립되고 위축되었으며,

처음에 보였던 당당함은 우울감으로 바뀌고 자존감마저 낮아져서 상황이 악화되었다. 나는 그들에게 가끔 '지금 할 수 있는 일을 시작해 보라'고 조언을 했다.

교세라를 세계 초일류기업으로 키운 이나모리 가즈오는 그의 저서 『왜 일하는가?』에서 이렇게 적고 있다.

"나는 20대 초반까지 특별한 재능도 없었고, 집안 형편도 넉넉하지 않아 바로 취업해서 생계를 꾸려야 했다. 그 당시 나는 어떤 일에도 흥미를 느끼지 못했고, 종종 무료한 시간을 보냈다. 대학 졸업 후 운 좋게 유명한 회사에 입사했지만 회사 분위기가 썩 좋지 않았다. 직원들이 하나둘씩 회사를 떠나 혼란스러웠다. 나중에서야 회사 사정이 좋지 않다는 사실을 알게 되어 회사를 그만두고 싶었지만 그럴 수가 없는 상황이었다. 그때 마음을 굳게 다잡았다. '이왕 계속 다니기로 한 이상 열심히 해보자'고 결심하고는 제품 연구에 집중하기 시작했다. 그 후, 해당 산업에서 중요한 세라믹 부품을 발명했고 회사를 위기에서 구해냈다. 이를 계기로 내 삶은 성공의 길로 접어들게 되었다."

이나모리 가즈오는 좋아하는 일로 시작하지 않았다. 그는 끝까지 버텨 내서 좋아하는 일로 만들었다. 좋아하는 걸 오랫동안 하다 보니 잘할 수 있을 거라는 확신이 생겨 주어진 일에 집중할 수 있었고 누구보다 성실히 일했다. 즉, 몰입하여 성과를 내면서 일을 즐겼던 것이다. 그가 20대 초반부터 50년 넘게 한 가지 일에 매달리며 꾸준하게 일할 수 있었던 것은, 하는 일이 좋아지도록 스스로 마음을 다스렸기 때문이다. '천직은 우연이 아니라 스스로 만들어 내는 것'이라고 한다. 이나모리 가즈오 역시 좋아하지 않은 일을 천직으로 만들었다. 그는 지금 하는 일을 좋아하려고 노력했으며 사랑했다. 그런 마음은 많은 일을 가능하게 한 원동력이 되었고 끝내 성공으로 이어졌다.

작년에 직업상담을 진행했던 내담자가 있었다. 그는 건축설비공학을 전공한 사람으로서 취미로 음악 밴드 활동을 했다. 도구와 기계를 잘 다루는 공간지각능력이 높았고 논리수학지능과 음악지능도 높은 편이었다. 건축설비 분야와 음악 분야 둘다 적성이 맞지만 음악을 더 좋아했으며 다양한 악기를 다룰 줄 알았다. 피아노와 기타 연주는 꽤 잘했다. 그러나 본인이 당장 취업할 수 있는 분야는 전공 분야인 건축설비 분야이지 음악은 아니었다. 건축설비기사로 사회인이 된 그는 목소리에 생기가 넘쳤다. 주어진 일에 잘 적응하면서 틈날 때마다 취미로 음악도 즐기고 있었다. 사회초년생인 그가 음악을 계속하여 언젠가는 음악가로도 활약할 모습이 기대된다.

자신의 최종목표는 무엇인가? 현재 주어진 상황에 최선을 다하자. 그리고 진정 원하는 것을 추구하자. 잘하는 것을 해서 돈을 벌면 좋아하는 것에 투자할 수 있지만, 좋아하는 일을 하다가 돈을 못 벌어 생계유지마저 어렵게 되면 좋아하는 일조차 할 수 없다. 좋아하는 일은 직업으로 하지 않아도 괜찮다. 취미로라도 해볼 수 있다.

만약 좋아하는 일을 먼저 할 것인지 잘하는 일을 먼저 할 것인지가 고민이라면 상황에 맞추라고 대답할 것이다. 좋아하는 일이 잘하는 일이라면 고민할 필요도 없다. 그렇지 않은 경우가 많기에 답은 하나가 될 수 없다. 시간과 경제적 여유가 있다면 좋아하는 것을 하나씩 시도해 보면서 자신과 맞는지 알아볼 수 있다. 그럴 여유가 없다면 잘하는 일을 택하여 성과를 내기 바란다.

'닭이 먼저냐, 달걀이 먼저냐?'라는 물음에 명확하게 답을 내놓지 못하듯이 좋아하는 일을 먼저 할 것인지 잘하는 일을 먼저 할 것인지 명확하게 답을 내기가 어렵다. 무엇을 하든 성실히 하는 태도가 중요하다. 자신이 선택한 일을 열심히 하다 보면 좋은 결과가 있을 것이다.

3

아직도 하고 싶은 일이 없다면 어떻게 해야 할까?

꿈이 뭐냐고 물어보면 잘 모르겠다고 대답하는 친구들이 많다. 그들은 자신이 뭘 잘하는지 뭘 하고 싶은지 모른다. 꿈을 직업이라고 생각하는 경우가 많다. 꿈은 자신이 하고 싶고, 이루고 싶은 것으로 일종의 버킷리스트와 같다. 내가 이루고 싶고 내가 진정으로 하고 싶은 것이 꿈이다. 이는 직업만 의미하는 게 아니다. '지금 뭘 하고 싶어?, 커서 어떤 사람이 되고 싶어?'라고 물어보았을 때 대답 못 하는 것도 마찬가지다. 꿈이 직업이라는 고정관념이 깊게 뿌리박혀 있기 때문이다. 하지만 지금부터라도 '꿈은 좋아하는 것, 이루고 싶은 것, 재미있는 것'이라고 생각하자.

꿈의 목록

재미있다고 생각하는 일과 하고 싶은 일은 사람마다 다르다. 재미있는 것을 발견하는 것은 눈을 크게 뜨면 가능하다. 재미있는 것을 찾는 것은 미래의 일이 아니다. 현재 내가 무엇이 재미있는지를 알면 되는 것이다. 현재 내가 재미있다고 생각하는 일을 하나씩 적어보자. 만약 관심이 있는 일을 해봤는데 조금 해보니 흥미가 떨어졌다면 그것은 내가 진짜로 하고 싶은 일이 아니다. 그럴 때는 다른 것을 찾아보면 된다. 자신이 하고 싶은 것 100가지를 한번 적어보자.

미국의 탐험가인 존 고다드(John Goddard)는 『존 아저씨의 꿈의 목록』이라는 책에서 자신이 꿈을 이루게 된 이야기를 소개한다. 존 고다드는 열다섯 살에 우연히 할머니가 지난날을 회상하며 후회하는 소리를 들었다. 그는 어느 비 오는 날 종이를 가져다가 꿈의 목록을 적기 시작했다. 탐험에 관심이 많았던 그는 그 자리에서 탐험하고 싶은 장소, 등반하고 싶은 산, 그 밖에 해내고 싶은 일 등 127개를 단숨에 적어 내려갔다. 그 중 무려 111개를 이뤘다. 보통 사람들은 꿈이나 하고 싶은 일을 적으라고 하면 10개 이상 적는 것이 힘들다. 고다드는 어려서부터 탐험심이 많았고 관심 있는 분야를 비롯해 다양한 책을 읽는 것을 좋아했다. "아는 만큼 보인다"라는 말이 있듯이 아는 것이 없다면 어떤 일이 세상에 있는 것조차 모른다. 꿈꾸는 것도 불가능하다.

『멈추지마, 다시 꿈부터 써봐』의 저자인 김수영은 EBS캠페인 'Make your dream'에 출연하여 꿈에 관한 이야기를 했다. 그는 중학교 때 가출과 탈선을 반복한 불량 학생이었다. 검정고시로 중학교를 졸업하고 특성화고를 입학하게 되었는데 우연히 신문 기사를 보고 기자가 되고 싶다는 꿈을 갖게 되었다. 그때부터 남들이 버린 참고서를 주어 공부를 해 대학에 입학했다. 25세 때에는 전혀 생각지도 못한 암 선고를 받고 투병 끝에 완치 판정을 받았지만 그 후 삶에 대해 생각이 많아졌다. 73가지의 꿈 목록을 적고 하고 싶은 것을 해보자는 결심을 했다. 1년 동안 전 세계를 돌아다니며 365명을 만나 꿈 인터뷰를 했다. 그는 전 세계인을 만나면서 '꿈은 비록 작을망정 소중하지 않은 꿈은 없다'라는 사실을 알게 되었다.

꿈은 거창하지 않더라도 하나하나 이루어 가다 보면 자신감이 생겨 큰 꿈을 이룰 수 있다. 그에게 꿈은 인생의 징검다리와 같은 것으로 삶의 방향을 알려주었다. 우리도 해보고 싶은 것을 적어보고 하나씩 경험해 보자. 지금부터 하나씩 해나가다 보면 다양한 경험이 축척돼 자신이 진정으로 하고 싶은 것을 발견할 수 있을 것이다. 아무것도 하지 않는다면 아무 일도 일어나지 않는다. 존 고다드처럼 자연을 탐험하는 것에 흥미가 있는 사람도 있고, 김수영 작가처럼 세계에서 벌어지는 사건에 흥미를 가질 수도 있다. 사람마다 흥미 있는 분야가 다르다. 그러니 어떤 것에 자꾸 눈이 가고 마음이 쓰이는지 그것을 눈여겨보자. 지금 조금 방황하더라도 탐험해 보자. 책을 읽거나, 신문을 보거나, 여행을 가자. 보고 듣고 느끼는 것들이 많을수록 자신이 하고 싶은 일이 보이기 시작한다.

청소년기는 견문을 넓히면서 자신의 흥미와 관심을 찾아가는 시기이다. 하고 싶은 일이 없다고 해도 괜찮고, 하고 싶은 일이 많다고 해도 괜찮을 때이다. 아직 꿈을 찾지 못했다고 초조할 필요 없다.

자기효능감과 근자감(근거 없는 자신감)

좋아하는 것이 무엇인지 잘 모르겠다면 자기효능감부터 올려보자. 자기효능감은 자신이 뭔가를 잘 할 수 있다는 자신감이다. 미국의 심리학자 앨버트 반두라((Albert Bandura)는 "개인이 무엇을 해낼 수 있다는 자신감이 행동의 실행을 결정한다"고 말했다. 능력이 있으나 능력에 대한 자신의 믿음이 없으면 행동으로 옮기지 못한다. 그래서 자기효능감을 높이기 위해선 성공 경험, 대리학습, 언어적 설득 등을 통해 정서적 불안과 긴장감을 해소시켜야 한다.

수학계 노벨상인 필즈상을 수상한 프린스턴대 허준이 교수는 서울대 강연에서 자신의 성공 비결은 '근자감'(근거 없는 자신감)이라고 했다. 한 학생이 '이 길이 맞을까?' 하는 불안감을 어떻게 대처했냐고 묻자 허 교수는 '근거 없는 자신감'이라고 대답했다. 근거 있는 자신감은 언제든지 부서질 수 있다. 자신이 필즈상을 받았다고 해서 수학에 재능이 있다고 확신하지는 않는다. 그러면서 근거 없는 자신감이 유연성을 준다고 했다. 진로를 설정하기 전에 자기효능감(자신감)을 먼저 높이는 것이 중요하다. 원하는 결과를 얻을 수 있다는 자기 능력에 대한 기대는 무엇이든 도전해 볼 용기를 가져다주기 때문이다.

직업상담을 진행했던 한 청년은 초기상담에서 자신이 어떤 사람인지 모르겠다고 했다. 그는 '6년 동안 판매 서비스직에서 일하며 열심히 살아왔음에도 세상 속에서 자신이 한없이 작게만 느껴진다'고 주눅 들어 있었다. 나는 그에게 '자신이 잘하는 것, 주변 사람들에게 잘한다는 칭찬을 받았던 것이 있나요? 있다면 그게 무엇인가요?' 하고 질문했다. 그는 대답을 못 했다.

그는 배려심이 깊은 사람으로 매우 작은 친절에도 감사함을 표현하는 사람이었다. 하지만 사회생활을 하는 동안 인간관계에서 극심한 스트레스를 받아 자존감도 낮아지고 자신이 무엇을 잘할 수 있다는 자신감마저 상실했다. 싫은 내색을 밖으로 표현하거나 남들이 부탁하는 것을 거절하지 못했다. 한 번도 자신의 장점에 대해 생각해 보지 않았고 장점보다는 단점을 더 크게 지각하고 있었다.

그는 자신감 회복이 구직활동에 앞서서 필요한 내담자였다. 나는 그에게 자신감 회복을 위해 가족이나 친한 친구로부터 자신의 장점에 대해 긍정적인 피드백을 받아보도록 했다. 그리고 스스로 자신의 장점을 인식하고 '나는 소중한 사람이야. 뭐든지 잘할 수 있어.' 하고 말하도록 했다. 누군가에게 '당신은 이야기를 참 재미있게 잘해.' 하는 말을 여러 번 들었다면 당신은 자신도 모르게 점점 그런 사람이 되어가는 경험을 해봤을 것이다.

하고 싶은 일이 없다고 해서 자신이 쓸모없는 사람이라는 뜻은 아니다. 아직 자기 자신에 대해서 깊이 생각할 시간을 갖지 못한 것뿐이다. 조금만 더 자신에게 관심을 가지면 자신이 꼭 하고 싶은 일을 찾을 수 있다. 한 사람으로 존재하는 것 자체가 소중하다는 것을 잊으면 안 된다. 본인 스스로 좋은 사람이라는 걸 믿고 오늘부터 재미있는 일을 찾아보자.

인간 중심 치료의 아버지인 심리학자 칼 로저스(Carl Rogers)는 "자기 마음에 진심으로 공감하는 상담자를 만난 사람은 자신의 세계를 완전히 새롭게 바라볼 수 있으며, 이를 원동력 삼아 앞으로 나아갈 힘을 얻는다"라고 말했다. 당신이 무슨 일을 하기 전에 필요한 것은 '자신을 찾는 일이다.' 또 '언젠가는 자신이 좋아하고 잘하는 일을 찾아 당당하게 살아갈 것이다'라는 믿음을 갖는 것이다.

4

직업에 대한 환상과
현실의 괴리를 좁히는 방법

일하기 전에 그 일에 종사하는 사람 3명 이상을 찾아 직접 이야기를 들어보자

직업을 선택할 때는 그 직업에 거는 기대가 있다. 그러나 우리에게 알려진 직업과 실제 직업에는 차이가 있다. 미디어나 책에서 보여주는 직업에 대한 정보는 수박 겉핥기만큼 피상적이다 보니 직업 전반적인 내용을 깊이 알지 못한 채 몇 가지 대표적인 직무만으로 전체를 판단하게 된다. 예를 들면, 의사는 안정적이고 높은 사회적 지위에 있는 직업이다. 하지만 환자의 생명을 책임지는 압박감이 심한 환경에서 일을 한다. 때로는 환자를 만나면서 긴장감과 어려운 상황에 직면하기도 한다.

의사라는 직업뿐만 아니다. 많은 직업에는 직무기술서에 서술

한 업무 이외에 다양한 일과 환경이 존재하므로 우선 자신의 성향, 선호하는 환경, 가치관이 맞는지를 파악하는 것이 중요하다. 그렇다면 해당 직업의 실제 업무와 필요한 역량 등을 파악하기 위해서는 어떻게 해야 하는가? 가장 좋은 방법은 해당 직업에 종사하는 사람들로부터 직접 현장의 목소리를 들어보는 것이다. 한 사람의 이야기만으로는 편견이 있을 수 있으니 최소 3명 정도는 만나서 그 직업의 현실을 알아봐야 한다. 직접 만나보는 게 가장 좋지만 그게 힘들 경우에는 채용사이트의 현직자 인터뷰가 도움이 된다. SNS나 유튜브를 통해 해당 직업인들에게 문의를 해보는 것도 좋다.

직업상담사를 희망하는 내담자들이 있다. 자신은 상담을 좋아하고 들어주는 것을 좋아하여 직업상담 분야가 잘 맞을 것 같다고 한다. 그들은 자신이 얼마나 다른 사람들을 도와주고 싶은지를 이야기한다. 친구들의 이야기를 들어주는 것과 직업으로 내담자의 다양한 문제를 해결해 주는 것은 다르다. 직업상담사 업무는 직업상담 업무 이외에 취업 알선, 기업체 발굴, 행정업무, 민원업무 등 다양한 업무들을 처리해야 한다. 국가에서 하는 사업을 민간에서 위탁을 받는 경우에는 참여자 발굴 및 홍보업무도 해야 한다. 상담만 잘한다고 직업상담사가 잘 맞을 것이라고 하는 것은 한 면만 보고 전체를 못 보는 것과 같다. 직업상담사가 되겠다고 나를 찾아온 내담자들이 직업상담사의 장단점을 물어보는 경우는 드물었다. 직업상담의 현실을 알려주더라도 귀담아

듣지 않고 꿈에 부풀어 자격증 취득에만 몰두한 채 취업하고 나서야 현실에 당면한다. 그리고 갈등한다.

현직자와 직접 대면하지 않더라도 해당 직업 관련 온라인 커뮤니티 등을 방문하면 최신 동향을 확인할 수 있다. 현직자들의 실제 업무에 관한 일화(넋두리)도 들을 수 있다. 기회가 된다면 인턴 프로그램이나 현장 투어, 채용설명회(특강) 등을 찾아서 참여해 보라. 전부는 아니더라도 실제 어떤 업무를 하는지의 많은 부분을 알 수 있다. 다양한 루트를 통해서 그 직무가 자기 능력이나 가치관과 맞는 직무인지도 평가해 보아야 한다. 그 직업에 진입하는데 장벽은 없는지 절대적으로 필요한 것(학사 혹은 석사학위를 요하거나 전공자가 필수인 분야가 있다)들에는 무엇이 있는지 정확하게 파악하고 나서 해볼 만하다고 결심이 서면 그때 취업에 필요한 자격증, 외국어, 경험, 특정 기술이나 지식 등을 하나씩 갖춰나가면 된다.

직업의 장단점을 파악하여 단점이 자신과 치명적으로 맞지 않다면 다시 생각해 보아야 한다. 큰 기대를 해도 안 된다. 단점을 알고 있음에도 불구하고 도전해 볼 만하다고 판단된다면 일이 아무리 힘들어도 실망하지 않을 것이다. 직업을 선택할 때는 우선순위가 급여이다. 급여를 보장받지 못하는 직업이나, 직업의 특성이 경쟁적인데 협력을 중요시하는 평화주의자라면 직무가 안 맞는다. 가족과의 시간이 중요하다고 생각하는 사람이 야근이 많은 직업을 가지면 힘들 것이다. 이런 모든 조건을 확인했음에도 가장 하고 싶은 일이고, 다른 것을 포기할 만큼 흥미로운 일인지 먼저 자신에게 물어보라.

목표하는 것과 현실성 사이에서 줄타기를 잘해야 한다
희망 직업과 내 능력 사이의 간극이 얼마나 되는지를 파악하는 것이 중요하다. 능력이 아무리 출중해도 경쟁자가 많다면 자신의 꿈을 이루게 될 확률이 떨어진다. 한 해 두 해 시간이 흐르면 경쟁력이 점점 떨어진다. 목표를 정해놓고 도전하되 결과가 좋지 않다면 다른 방법을 생각해 보아야 한다. 계속 안 되는 것에 매달리다 보면 힘이 빠지고 현실 감각이 무뎌지는 결과를 낳게 된다. 좌절감과 패배감으로 무기력에 빠질 수도 있다.

　대학 졸업 전부터 특정 대기업을 목표로 1년간 취업 준비에 전력 질주를 했으나 최종면접에서 탈락하여 직업상담에 참여한 내담자가 있었다. 그는 불합격으로 인한 충격 때문에 몇 개월 동안 집 밖으로 나가지도 못했다고 한다. 가족과 친지들은 물론이고 학교 동창, 선후배들도 그의 합격을 당연하게 여길 만큼 철저하게 준비했건만 최종 탈락이라는 결과를 얻게 되어 그 패배감이 너무나 컸다. 그는 초기상담에서 자신의 힘든 상황을 호소했다. 그러면서 상담을 받고 자신에게 맞는 직업을 꼭 찾고 싶다고 말했다.

나는 직업상담을 진행하면서 입사시험에 탈락하게 된 요인을 분석해 보았다. 그가 잘할 수 있는 일도 찾아보았다. 그는 본인 스스로 목표를 세우고 달성하려고 하는 성취감이 높았다. 타인으로부터 인정받는 것도 중요시했다. 또 문제상황에 잘 적응하고 체계적으로 해결 계획을 세우는 편이며, 규칙에 맞게 성실하게 임하고 책임을 기꺼이 받아들이는 회복탄력성이 높았다. 그에게는 한 기업에만 목표를 두지 않고 다양한 방향으로 진로를 탐색하고자 하는 의지가 보였다. 이러한 유연한 태도는 문제에 대한 접근을 쉽게 하여 많은 기회와 도전을 가능하게 한다.

내담자의 구직에 가장 큰 장애요인은 직무 경험이 부족한 것으로 파악되었다. 대안으로 목표 기업 공채 이외에도 공공기관 인턴과 공기업 및 대기업 계약직 등에 지원하여 직무 경험을 쌓아보기로 했다. 마침 공공기관의 인턴 채용에 응시하여 3개월 동안 근무할 기회가 주어졌다. 짧은 기간이었지만 기관에서 근무하는 직원들로부터 다양한 정보를 얻을 수 있었고 실제 직무에 필요한 문제해결력과 변화에 대응하는 적응력 등 직업 인성을 습득할 수 있었다.

인턴 수료 이후에는 대기업 계약직에 응시하여 면접에 참여했으나 아쉽게 탈락했다. 그 후 목표 기업 공채가 시행되어 입사 지원서 작성과 면접시험에 그동안의 직무 관련 경험과 다양한 준비 과정을 효과적으로 전달하였다. 그 결과 상담 참여 1년 만에 본인이 목표했던 1순위 대기업에 최종 합격하였다. 자신의 약점을 보완하여 좋은 결과를 낳은 사례이다. 한 기업만 고집했다면 그 부담감으로 인해 상황이 더 어려워졌을 것이다. 실패 요인을 파악하려는 본인의 노력과 눈높이를 조절하여 다양한 시도를 해보고 필요한 스펙을 보완하여 재도전한 것이 성공으로 이어졌다.

목표로 하는 기업에 들어가기 위해선 그 기업의 인재상과 본인 능력을 잘 파악하여 괴리를 줄여나가는 노력이 필요하다. 기업은 채용에서 직무 경험과 대인관계 기술을 중요하게 본다. 자신이 실력을 충분히 갖추었음에도 입사시험에서 탈락했다면 문제 요인을 정확하게 파악한 후에 적절한 대책을 세워야 한다. 남들에게 좋은 것이 나에게 좋은 것은 아니다.

커리어 닻을 확인하여 직업에 대한 환상과 현실과의 괴리를 극복하라

자신의 직업을 선택할 때 절대로 포기하고 싶지 않은 직업가치는 무엇인가? 자신이 중요하게 생각하는 가치를 충족할 수 있는 일을 할 때는 그 직업에 더욱 만족하게 된다. 물론 시대적 흐름에 따라 중요하게 생각하는 가치도 조금씩 달라지고 개인별로도 가치가 다르다. 자신이 창의성을 펼치고 도전하는 것을 좋아하는 사람이 있고, 안정적이고 오랫동안 일할 수 있는 직업 안정을 선호하는 사람도 있다. 만약 인정욕구가 중요하다면 자신이 하는 일에서 타인의 인정을 받고 존경받을 수 있는지를 중요하게 여긴다.

유치원 교사로 일했던 지인은 4년 동안 성실하게 경력을 쌓았다. 그는 아이들을 너무 좋아했다. 그래서인지 유치원 업무가 자신에게 잘 맞았다. 유치원에 근무하면서 학부모 교육이 중요하다는 걸 느낀 그는 소중한 아이들의 인성을 책임지는 부모들에게 보육 상담을 지원해 주는 일을 하고 싶다는 꿈을 갖게 되었다. 꿈을 이루기 위해 일과 공부를 병행했다. 1년 동안 직업상담사 자격증 시험을 준비했다. 얼마 후 자격증을 취득하고 직업상담사로 이직했다. 급여는 유치원보다 적지만 자신의 최종목표인 직업가치를 실현하고 싶어서였다. 그는 지금 직업상담사로 다양한 내담자를 만나고 전문 상담 역량을 키워나가고 있다.

『어떻게 나의 일을 찾을 것인가』의 저자 야마구치 슈는 에드가 샤인(Edgar Schein)의 '커리어 앵커(career anchor, 경력 닻)'를 소개했다. 에드가 샤인은 "자신의 앵커를 제대로 알지 못하면 보수나 직함 등 외부 자극 요인의 유혹을 받게 되어, 나중에 후회와 불만 투성이의 취직과 이직을 감행하게 될 것이다"라고 지적했다. 커리어 앵커는 자신의 직업을 선택할 때 가장 중요하게 여기는 절대로 희생하고 싶지 않은 가치관이나 욕구를 말한다. 커리어 앵커의 8가지 유형으로는 ① 전문·직능별 역량, ② 전반적인 관리역량, ③ 자율·독립, ④ 보장·안정, ⑤ 창조성, ⑥ 봉사·사회 공헌, ⑦ 순수한 도전, ⑧ 생활양식 등이 있다.

　8가지 커리어 닻 중에 당신은 직업선택 시 포기할 수 없는 것은 무엇인가? 또는 가장 먼저 고려하고 싶은 가치는 무엇인가? 남을 위해 봉사하고 돕는 것을 좋아하는 봉사 가치가 높은 사람이라면 사회복지사, 인권운동가, 간호사 등과 같은 직업이 최상이될 수 있다. 만약 봉사를 최고의 가치관으로 여기는 사람이 이윤추구를 중시하는 영업직 등 가치관과 일치하지 않는 직업을 선택한다면 직업의 특성과 가치관이 일치하지 않기 때문에 직업 자체에서 가치관을 충족시키기는 어렵다. 이런 사람은 여가 시간을 활용하여 자원봉사 활동을 하거나 사회단체 등에 꾸준히 기부하는 방식으로 자신의 가치관을 충족시키는 방법을 고려해 볼 수 있다.

　사람들은 중요하다고 생각하는 가치가 충족되는 직업에 종사할 때 더욱 만족하게 되고 강한 자부심을 느낀다. 세상이 인정하는 직업과 남들이 중요하다고 여기는 것을 자신의 욕구로 착각하여 무작정 그것을 쫓아가다 보면 본래의 나를 잃어버릴 수 있다. 현재 자신이 가장 중요하게 생각하는 가치가 무엇인지, 그 가치를 실현하기 위해서 지금 어떤 노력을 하고 있는지? 생각해 보라. 내가 지금 처한 현실이 진로 미결정이거나 취업 준비에 있다면, 현재 자신이 할 수 있는 것이 무엇인지? 자신의 가치에 부합하는 최선의 선택과 대안적인 삶은 무엇인지? 생각해 보면서 오늘 하루를 충실하게 살아가야 할 것이다.

5

직업선택은 돈도 중요하지만
내적동기가 더 중요하다

동기부여는 '사람의 마음을 움직이는 힘'을 의미한다. 동기부여에는 두 가지 종류가 있다. 내적동기와 외적동기이다. 내적동기는 사람의 내면에서 나오는 동기이며, 외적동기는 외부에서 오는 동기이다.

내적동기는 자신의 욕망, 흥미, 열정, 가치관 등 내면에서 느끼는 것들에 의해 행동하는 것으로 외부 보상이나 처벌보다는 자신의 가치관, 즐거움, 만족감 등이 행동을 이끄는 경우이다. 반면, 외적동기는 금전적인 보상, 칭찬, 다른 사람들의 기대 등 외부 요인에 의해 동기부여 되는 경우를 말한다.

내적동기와 외적동기 모두 어떤 행동을 하게 만드는 요인이다. 어느 쪽이 더 중요하다고 쉽게 단정할 수는 없다. 개인의 목표나 상황에 따라 중요도가 다를 수 있다. 내적동기와 외적동기를 적절히 조합하여 사용하는 것이 필요하다. 그럼에도 불구하고 성공한 사람들은 내적동기를 잘 활용해야 한다고 강조한다. 예를 들어, 스티브 잡스는 "돈을 좇지 말고, 좋아하는 일을 찾아라"고 말했으며, 벤자민 프랭클린은 "돈은 좋은 도구이지만 나쁜 주인이 될 수 있다"라고 말했다.

학창 시절에는 평범했던 사람들이 어떻게 성공할 수 있었을까? 『평범했던 그 친구는 어떻게 성공했을까?』의 저자 토마스 A. 슈웨이크(Thomas A. Schweich)는 성공한 사람들 100인을 인터뷰하여 무엇이 성공을 가능하게 했는지를 알아내고자 했다. 토마스 A. 슈웨이크는 연예인부터 대통령까지 다양한 분야의 사람들을 직접 또는 간접 인터뷰한 결과 그들의 말과 행동에서 비슷한 통찰력을 발견했다. 그 중의 하나가 외적동기보다는 내적동기가 중요했음을 강조하고 있다.

그는 인터뷰한 100명 모두 부자가 됐지만 처음부터 돈을 목표로 시작하지 않았다고 한다. 또 그들은 최고의 자리나 직함에 연연하지 않고 자신이 하는 일에 꾸준히 관심을 가지며 지적 만족을 추구했다고 전한다.

이 책에서 저자는 다음과 같이 존 댄포스 상원의원의 말을 인용했다.

"시간이 지나 은퇴할 때 과거를 돌아보면서 시간을 낭비했다는 생각이 들어서는 안 된다. 낭비하지 않기 위해 직업을 바꿔야 하는 상황이 생기면 당장 바꿔라. 돈을 덜 벌게 되더라도 바꿔야 한다."

그는 성공하기 위해서는 처음부터 돈을 많이 주는 곳을 찾지 말고 자신이 가진 재능을 발휘하고 즐겁게 일할 수 있는 곳을 찾으라고 조언하고 있다. 성공한 사람의 일부는 처음부터 자기가 좋아하는 일을 한 것은 아니지만 자기가 하는 일을 좋아하도록 노력했고, 자신에게 주어진 일을 열심히 하다 보니 성공했다고 한다.

미국의 심리학자 프레드릭 허즈버그(Frederick Herzberg)의 '2요인 이론'에서 내적동기와 외적동기를 동기요인과 위생요인으로 구분했다.

동기요인은 성취감이나 인정, 책임감 등 개인의 내적요구를 말한다. 위생요인은 지위, 보상, 근무환경, 직장 내 인간관계 등 외적인 보상과 관련된 요소가 해당된다. 사람은 외적동기인 위생요인이 충족되더라도 불만족은 감소할지언정 만족감이 높아지지는 않는다는 것이다. 개인의 만족감을 높이기 위해서는 내적욕구인 동기요인을 충족시켜야 한다고 주장했다.

이는 일에서 의미를 찾고 전문가로 성장할 수 있는 기회를 제공하는 것이야말로 개인의 동기를 강하게 자극하는 만족 요인으로 작용한다는 이론이다. 회사는 직원들의 사기를 높이기 위해서 보너스와 승진이라는 보상 제도를 활용한다. 그러나 보상 제도는 일시적인 만족은 줄 수 있지만 직원들이 역량을 최대한 발휘하게 하는 내적동기는 이끌어 주지 못한다.

외부 조건에 영향을 덜 받는다고 가정한다면, 나의 마음을 자발적으로 움직이게 하는 진짜 동기는 무엇일까? 세상에 눈치를 보지 않고 내가 하고 싶은 것이 있다면 그것이 무엇일까? 남에게 잘 보이고 싶고, 부모님을 기쁘게 해드리기 위해서 해야 하는 걸 **빼**면 진짜로 내가 하고 싶은 것을 알 수 있다. 돈은 하고 싶은 것을 할 수 있게 만들어 주는 수단이고 도구로 사용되었을 때 그 진가가 발휘된다. 돈을 많이 벌면, 승진을 하면 그다음은 무엇을 이루고 싶은가?

인센티브가 창조적인 일을 수행하는데 역효과를 낸다

미래학자 다니엘 핑크(Daniel Pink)는 TED강연을 통해 동기부여에 관한 흥미로운 사실을 밝혔다. 경제학자들이 MIT 학생들을 대상으로 연구 한 결과, "단순기계 작업은 보상이 클수록 빠른 결과를 냈지만 인지능력을 요하는 작업에서는 더 큰 보상이 주어지자 오히려 성과가 떨어졌다"고 말했다. 또한 런던정경대(LSE · London School of Economics) 경제학자들은 성과주의를 도입한 51개 기업의 사례를 조사한 결과, '경제적 인센티브가 전체 성과에 부정적 영향을 미칠 수 있다'는 사실을 밝혀냈다.

　이렇게 사회과학이 밝혀낸 사실이 현재 경제 시스템과 차이를 보이고 있다. 금전적 보상과 같은 외적동기는 20세기 단순노동에는 동기부여가 되어 업무성과를 높이는 효과가 있지만 21세기의 복잡하고 창의적인 일에는 효과가 없다. 창의적인 일에서는 높은 상여금을 줄수록 성과가 낮게 나타나고 역효과를 냈다. 이 조사에 참여한 학자들은 지금의 경제 위기를 벗어나고 높은 성과를 내려면 내재적인 동기부여가 훨씬 더 효과적이라고 강조한다. 21세기식의 개념적인 문제를 해결하기 위해서는 새로운 동기부여가 필요하다는 것이다.

　다니엘 핑크는 직무 성과를 높이기 위해서는 내적욕구를 충족시키는 것이 중요하며, 내적동기 3요소로 주도성(Autonomy), 전문성(Mastery), 목적성(Purpose)을 제시했다. 주도성은 개인 스스로 자기 삶의 방향을 이끌어 나가고 싶어 하는 욕망이고, 전문성은 이익은 없더라도 재미와 만족감을 주기 때문에 무언가를 좀 더 잘하고자 하는 욕망이다. 그 예시로 위키피디아를 들었다. 위키피디아는 금전적 보상이 없음에도 전문가를 포함한 전 세계 사람들이 자발적으로 참여하여 성공한 글로벌 온라인 백과사전이다. 목적성은 개인이 자신의 삶에서 더 큰 무언가를 향해 기여하고 싶다는 열망이다.

　호주의 애틀라시안(Atlassian)이라는 소프트웨어 회사의 페덱스 데이 이벤트는 직원들의 자발적인 참여로 혁신을 이끄는 사례다. 이 회사는 일 년에 몇 번씩 특별한 이벤트를 한다. 이날은 24시간 동안 회사나 회사 밖 어디서나, 누구나 원하는 일을 하도록 했다. 무슨 일을 하든 자신이 하고 싶은 일을 하면 되는 것이다. 엔지니어들은 이 시간 동안 코드를 수정하거나 엄청난 제품 아이디어를 만들어 냈는데 그때 이뤄낸 성과가 전체의 20%를 끌어올릴 만큼 대단했다. 자신들에게 시간과 업무에서 자율적, 재량적 주도권이 주어지자 엄청나게 많이 소프트웨어들을 개발하게 됨으로써 그 날을 페덱스 데이(FedEx Day)▪라고 부른다.

20세기 방식의 당근과 채찍 같은 외적 보상을 통한 동기부여 방식은 단순한 공식이 있는 한정된 범위에서만 적용이 가능하다. 높은 성과를 내는 비결은 상벌체계에 의한 것이 아니라 인간의 내적욕구에 의한다. 자신이 하고 싶어 하는 욕망, 중요한 사람이 되고 싶은 욕구가 창의성을 발휘하고 성과를 내는 데 큰 요인이 되는 것이다. 21세기에 주도적이고 창의적인 인간으로 살아가기 위해선 우리의 마음을 움직이는 내부의 작동 기제를 잘 파악하는 것이 중요하다. 자신의 내적동기에 의해 선택한 일을 하는 사회가 된다면 스스로가 창의력을 발휘할 것이고, 세상을 바꿀 수 있는 동력이 될 것이다.

▪ FedEx(페덱스)라는 용어는 원래 세계적인 택배회사 이름으로, 이 회사는 전 세계 어디든 밤새 움직여서 다음 날 반드시 신속하고 안전하게 배송한다는 가치를 실현하고 있다.

돈은 단지 수단이 되어야 할 뿐 맹목적으로 좇아가다 보면 삶의 목적을 잊어버린다. 삶의 지향점이 없어지면 생활이 아무리 편해져도 그것을 즐기는 데는 한계가 있다. 많은 돈을 벌었을 때 무슨 일을 할 것인가라는 근본적인 물음이 없다면 허탈감을 느낀다. 같은 일을 하더라도 자신이 그 일을 왜 하는지를 생각하며 의미를 부여한다면 어려움이 생기더라도 더 잘 극복할 수 있다.

TV나 영화를 보면 유난히 자신에게 끌리는 내용이나 장면이 나온다. 새로운 곳을 탐험하는 장면, 리더로서 조직을 성공으로 이끄는 일, 창작 활동에 대한 열정, 사회정의를 실현하는 일 등 당신에게 눈길이 가는 것은 어떤 것들인가? 반복적으로 선호하는 것에서 공통점을 찾아보라. 거기에 자신이 하고 싶은 일의 내적인 동기가 숨어 있다. 대수롭다고 그냥 지나치지 말고 문득문득 자신에게 말을 걸어오는 내면의 목소리에 귀를 기울여보라. 진로선택과 자기이해에 중요한 힌트가 된다.

6

축구를 좋아한다고 해서
반드시 축구선수가 될 필요는 없다

운동을 좋아하고, 하고 싶은 일을 좋아하는 것은 건강한 일이다. 누구나 꿈을 꾸고 그 목표를 이루기 위해 도전할 수 있다. 현실적으로 축구선수가 되려면 열정, 노력, 그리고 뛰어난 기술이 필요하다. 얼마 전 나는 「공부가 머니」라는 TV 프로그램을 시청했다. 그 프로그램에 한 연예인의 아들이 출연해서 축구선수가 되고 싶다는 이야기를 했다. 그 아들은 유명한 축구코치에게 균형, 리프팅, 볼 컨트롤 등의 능력 테스트를 받았다. 하지만 결과가 매우 낮아 코치는 그에게 다른 진로를 고려해 보라고 조언했다.

좋아하면서도 잘 할 수 있는 일을 사고하라
꿈을 이루는 방법은 다양하다. 축구와 관련된 직업도 다양하다.

운동에 관심이 많으나 선수로서 활동할 만큼 뛰어난 능력을 갖추지 못했다면 아무리 노력해도 선수로서 성공할 수 없다. 그럼에도 운동을 포기하지 못할 정도로 좋아한다면 선수가 되지 않더라도 축구로 자신의 열정을 잘 살릴 수 있는 일을 하면 된다. 다양한 진로를 탐색하여 자신에게 잘 맞는 길을 찾아가보자.

꿈을 향한 열정만 있다면 축구선수는 안 되더라도 운동과 관련된 멋진 직업을 가질 수 있다. 신체능력과 더불어 언어능력이 높다면 스포츠해설가, 스포츠저널리스트를 하면 좋다. 논리수학 능력이 있는 학생이라면 스포츠에이전트, 스포츠마케터 등의 직업을 추천한다. 그 밖에도 스포츠매니저, 스포츠트레이너, 스포츠심리상담사 등이 있다. 사람에게는 한 가지 이상의 능력이 있다. 그 여러 가지 능력 중 좋아하는 분야에서 펼친다면 멋진 일이 되지 않겠는가.

빠르게 변화하는 지금 시대에는 다양한 방향으로 생각할 수 있는 유연한 사고가 필요하다. 수요가 있어서 수입 창출이 된다면, 남들이 하지 않는 직업으로 창직이 가능한 시대이다. 호기심을 가지고 자신이 관심 있는 곳을 파고들면 직업으로 연결할 수 있다. 좋아하면서도 잘할 수 있는 것을 융합할 수 있는 분야는 생각보다 무궁무진하다. 요즘 대표적으로 여행, 요리, 뷰티, 게임 분야에 관심 있는 사람이 콘텐츠를 제작하여 수익을 창출하는 사례가 늘고 있다. 독서, 학문, 먹방 등 다양한 취미 활동들 역시 콘텐츠로 활용할 수 있는 좋은 예이다. 그러니 좋아하는 것과 잘하는 것의 교집합을 찾아서 직업으로 선택해 보라. 누구보다도 뛰어난 역량을 펼칠 수 있다.

어려운 사람을 돕는 일에 가치를 둔다면 반드시 사회복지사가 되어야 하나? 사회복지사가 어려운 사람을 돕는 대표적인 직업으로 보이지만 우리 사회에는 어려운 이웃을 도울 수 있는 직업이 다양하게 있다. 사람들의 심리적인 어려움을 해결하는 심리치료사, 어려운 이웃들에게 무료로 법률상담을 지원하는 법률자문가, '국경없는의사회' 같은 구호단체에서 활동하는 수많은 의사, 간호사들도 있다. 그들 모두 여러 분야에서 어려운 사람들에게 손을 내밀어 도움을 주는 의미 있는 일을 한다. 환경운동을 통해서 사람들의 삶을 개선하고자 하는 일, 교육 재능 기부나 무료나눔 등 자원봉사를 통해서도 이웃과 함께하는 가치를 실현할 수 있다.

공부에는 흥미가 없는데 무엇을 해야 할지 모르겠어요

"축구선수가 꿈이었어요. 어려서부터 축구밖에 모르고 자랐는데 집안 형편이 좋지 않아서 선수의 꿈을 접었어요. 공부에는 관심도 없고 다른 잘하는 것도 없고 무엇을 해야 할지 모르겠어요."

지인의 자녀인 고등학교 1학년 학생이 상담하면서 한 말이다. 승민이는 성격이 무척 활달하고 다방면에 관심이 많은 아이이다. 초등학교 때는 운동을 좋아해서 매일 운동장에서 살다시피 했다. 축구에 빠져 매일 축구를 했다. 날렵한 몸놀림이 감독의 눈에 띄어 초등학교 때는 축구선수 생활을 1년 넘게 했었다. 전지훈련도 가고 꽤 적극적으로 했지만 집안 형편이 어렵고 본인도 힘들어서 그만두었다. 중학교 때는 부모님의 설득에 못 이겨 공부하는가 싶더니 고등학생이 되자 CEO라는 꿈이 생겼다. 그의 부모님은 허황된 꿈을 꾼다며 아들을 미덥지 않게 생각했고 나에게 상담을 요청했다.

지인은 승민이가 공부를 열심히 해서 좋은 대학을 가고, 대학 졸업 후에는 안정적인 곳에 취업하기를 바랐다. 그러나 승민이는 일단 CEO라는 꿈을 갖게 되자 하루라도 빨리 이루고 싶었다. 장사 경험을 해보고 싶어서 주말에 아르바이트를 하게 해달라고 지인을 졸랐다. 지인은 아침잠이 많아 학교도 간신히 가는 승민이에게 한 달 동안 새벽 5시에 일어나서 매일 운동장을 돌고 오면 허락해 주겠다고 했다. 아르바이트를 너무 하고 싶었던 승민이는 1개월 동안 자발적으로 새벽 5시에 일어나 운동장을 뛰었다. 결국 부모님은 아르바이트를 허락할 수밖에 없었고 승민이는 샌드위치 가게에서 주말 아르바이트를 하게 됐다.

나는 승민이에게 물었다.

"운동선수에서 갑자기 음식점 사장이 되고 싶은 이유가 뭐냐?"

승민이가 대답했다.

"돈을 많이 벌고 부모님께 효도하고 싶어요."

돈은 갑자기 많이 벌 수 있는 것이 아니다. 시간이 필요하다. 또 어떤 일을 해서 돈을 벌 것인가도 중요하다. 어떤 시련이 와도 포기하지 않으려면 자신이 좋아하는 분야에서 노력해야 한다. 나는 승민이에게 이렇게 말했다.

"좋아하는 운동과 접목을 시켜서 사업을 할 수 아이템을 생각해 보면 좋겠어."

승민이의 강점지능은 신체운동능력 외에도 언어능력과 수리논리력이 높았다. 그래서 이렇게 덧붙였다.

"운동선수 이외에 스포츠트레이너, 운동용품 판매자, 코치, 스포츠에이전트, 체육교사, 스포츠해설가, 스포츠저널리스트 등 다양한 분야가 있으니 관심 있는 분야에 도전해 봐."

승민이는 스포츠에이전트나 스포츠마케터 등에 관심을 보였다. 우선 시작한 아르바이트를 열심히 하면서 두 가지 직업을 탐색해 보기로 했다. 돈 버는 것이 목적이라면 취업해서 열심히 돈을 모아 작은 가게라도 하면 된다. 하지만 본인이 꾸준히 하고 싶은 일이 아닌 경우에는 일이 힘들면 금방 포기할 수 있다고 말해 주었다. 나는 적극적으로 일을 경험해 보고자 하는 승민이의 열정과 추진력이 멋지다고 응원해 주었다.

3개월이 지나서 다시 만난 승민이는 샌드위치 가게 아르바이트를 그만두었다. 샌드위치 가게 사장님이 장사하는 것을 보니 장사라는 게 그리 만만하지 않다고 하면서 스포츠마케터가 되기 위해 스포츠사이언스 학과에 진학하고 싶다는 거였다. 목표하는 학교와 학과가 생기게 되었다.

승민이는 상담을 받으면서 자신의 꿈을 찾은 것 같아 정말 좋다고 했다. 게을리했던 공부도 열심히 하고 있다. 자신이 좋아하는 운동 분야에서 멋지게 활약할 승민이의 미래가 보이는 것 같다. 청소년기는 여러 가지를 해보면서 자기 자신을 발견하는 때다. 다양한 분야에 관심이 있다면 다양한 시도를 해볼 수 있다. 승민이처럼 학생 신분으로 할 수 있는 다양한 직·간접적인 직업 체험을 해보는 것도 진로를 결정하는데 있어서 시행착오를 줄일 수 있는 좋은 방법이다.

운동선수가 진짜 꿈일까?

우리나라 청소년 중에 축구선수와 야구선수를 꿈꾸는 아이들이 많다. 교육부와 한국직업능력연구원의 조사에 따르면 2023년도 초등학생 희망 직업 1위가 운동선수였다. 중학생은 순위가 조금 밀리지만 운동선수가 3위였다. 스포츠지원포털에 2023년 12월 기준으로 등록된 초등학생 축구선수는 21,865명, 야구선수는 3,804명이었다. 축구가 압도적으로 많았고 다음은 야구선수였다. 매년 등록 선수가 증가하고 있는 추세다.

초등학생이 중·고등학교를 거쳐 K리그에 입단할 확률은

0.03%로 서울대 입학보다 어렵다고 한다. 그만큼 경쟁률이 높아 축구선수의 화려한 모습만 보고 도전을 하기에는 큰 어려움이 예상된다. 많은 고난과 시련이 있어도 꼭 축구선수로 성공하기를 원한다면 뛰어난 실력은 물론이고 끊임없는 열정과 노력이 있어야 할 것이다.

운동선수가 되고 싶은 이유가 무엇일까? 운동선수를 희망하는 청소년들에게 왜 프로 선수가 되고 싶은지 물어보았다. 팀을 이뤄서 친구들과 어울리는 것이 좋고 팀 내에서 주어진 역할을 책임감 있게 해냈을 때 보람을 느낀다고 한다. TV에서 보는 높은 연봉과 화려한 자동차 등을 소유한 스타가 되길 꿈꾸기도 한다. 유명 선수가 되길 바라면서 피나는 훈련과 연습은 즐겁지 않다면 진짜 선수가 되고 싶기보다는 다른 이유가 있다. 친구들과 함께 하는 팀플레이를 좋아하고 스타 선수들의 화려한 모습에 이끌리기도 한다.

축구만 생각하면 밥 먹는 것도 잊힐 정도로 가슴이 뛰는가? 연습하는 것이 그리 좋은가? 손흥민 선수를 세계 최고의 축구선수로 키워낸 사람은 손흥민 선수의 아버지 손웅정 씨이다. 그도 축구선수로 시작하여 지금은 코치로 활동하며 46년 동안 축구를 해왔다. 지금도 축구공과 운동장을 보면 가슴이 뛴다고 한다.

운동을 좋아하는 이유를 자세히 들여다보라. 그것이 없으면 안 될 정도로 간절하다면 어떤 어려움이 있어도 극복할 수 있다. 하지만 그 정도 각오가 아니라면 더 큰 어려움이 닥쳤을 때 이겨내지 못할 것이다. 운동을 좋아하는 데 운동을 월등히 잘하지 못한다면 꼭 운동선수가 되어야 하는 것은 아니다.

공부 못한다고 해서
성공 못 하는 거 아니다

가끔 공부가 제일 쉽다고 말하는 사람이 있다. 공부는 선택할 수 있는 일의 폭을 넓혀주는 역할을 한다. 학교 공부를 잘하면 자신감이 생기고 하나의 성공 경험이 축적된다. 그러나 공부만 잘한다고 해서 반드시 성공하거나 자기에게 맞는 일을 찾을 수 있는 건 아니다. 공부를 밑거름으로 내가 하고 싶은 것을 찾아가야 한다. 공부 못해도 자신이 좋아하는 것을 찾아 그것을 열심히 하면 성공할 수 있다. 뒤늦게 사회에 나와서 자신이 하고 싶은 공부를 하는 사람들도 있다. 그들은 악착같이 한다. 자격증시험에 도전하거나 필요한 공부를 하는 경우 공부가 즐겁기까지 하다.

뭐든 열심히 하는 사람이 성공한다

1인 크리에이터 시장이 활발해지면서 '유튜버' 직업이 뜨고 있다. 유튜브로 자신만의 개성 있는 콘텐츠를 올려서 성공한 사람들이 많다. 그들이 학교 다닐 때 공부를 다 잘했던 것은 아니다. 자신이 좋아하고 재미있어하는 분야에 몰두하여 사람들에게 도움이 되고 필요한 콘텐츠를 개발했다. 유튜버로 성공하기 위해서는 엄청난 노력과 꾸준한 열정과 끈기가 필요하다.

자신이 좋아하지 않는 것에 많은 시간과 노력을 기울이기는 힘들다. 공부는 꼴찌지만 내가 좋아하는 분야에서 열정을 가지고 파고들 수 있는 끈기가 있다면 성공할 수 있다. 그런 시대가 열렸다. 학교 공부를 못한다고 모든 걸 못하는 것이 아니다. 우리는 행복이 성적순인 나라에 살고 있다. 성적 순위와 대학만이 목표가 되는 분위기이다. 외모도 준수하고 잘하는 것이 많은데도 한사코 자신은 잘하는 게 없고 꿈도 없다고 말하는 중·고등학생들이 있다. 공부를 못한다고 모든 능력이 떨어지는 것은 아니다. 누구나 잘할 수 있는 것이 하나 이상은 있다. 그러니 자신감을 가지고 여러 가지를 시도해 보자.

상담을 받았던 중학교 3학년 서현이는 공부를 좋아하지 않는다. 평균은 하고 싶어서 학원도 다니고 과외 공부도 했지만 시간을 투자하는 만큼 성적이 올라가지 않았다. 계속 중하위권을 맴

돌았다. 시험 때만 되면 큰 스트레스를 받았고, 성적이 나오면 항상 자존감이 저 바닥으로 떨어졌다. 서현이는 공부 말고는 의외로 잘하는 게 많았다. 운동을 잘해서 초등학교, 중학교 체육대회에서 계주 선수를 한 번도 놓친 적이 없었다. 상상력이 풍부해서 그림도 잘 그렸다. 초등학교 때는 네일아트에 관심이 많았다. 중3이 되면서부터는 화장품과 패션에 관심이 부쩍 늘었다. 서현이는 신체운동능력이 좋고, 패션 감각과 그림으로 사물을 잘 표현하는 공간지능이 높았다. 친구들의 힘든 점을 잘 들어주는 인간친화능력도 높은 편이었다. 그래서 패션감각과 대인관계 능력을 살릴 수 있는 뷰티 디자인 관련 직업을 추천해 주었다. 서현이는 좋을 것 같다고 했으나 여전히 시무룩했다. 고등학교 진학을 앞두고 공부할 자신이 없었고 입시 스트레스 때문에 힘들기 때문이었다.

많은 고민 끝에 특성화고 뷰티학과를 지원해 보기로 했다. 특성화고에 진학하면 과도한 입시 위주의 공부에 대한 부담감을 줄일 수 있고, 서현이가 관심 있는 뷰티 기술도 배울 수 있다. 대학에 들어가고 싶으면 특성화고 특별전형을 통해 수시지원을 할 수 있다. 서현이 부모님 역시 서현이의 특성을 잘 파악하고 있었다. 특성화고로 진학하여 네일아트, 헤어, 메이크업 등 뷰티 분야의 다양한 수업을 통해 적성을 찾는 것도 좋은 방법이라고 생각했다. 한류의 영향으로 국내 뷰티 산업의 전망이 밝아 뷰티 아티스트라는 직업도 고려해 볼 만하다. 성적이 좋지 않더라도, 대학을 가지 않아도 자신이 하고 싶은 뚜렷한 목표가 있다면 잘 준비해서 열심히 노력하면 된다. 뭐든 열심히 하는 사람이 성공한다. 자신만이 가진 독특한 개성을 살리면 할 수 있는 일이 많다.

스티븐 스필버그 감독은 어린 시절 책을 잘 읽지 못했고 수줍음도 많았다. 그가 유일하게 관심 있었던 분야는 영화였다. 영화에 엄청난 열정을 쏟아서 세계적인 영화감독이 되었다. 마이크로소프트 창업자 빌게이츠는 대학을 중퇴했지만 자신의 역량과 열정을 통해 성공을 이루었다. 알버트 아인슈타인은 3살까지 말을 잘하지 못했고, 7살 때까지도 인지발달이 늦었다. 청소년기에는 학교생활에 적응하지 못했으나 수학과 물리학에 천재성을 보였다. 결국 물리학자로 성공했다.

이들을 봐라. 사회는 달달 외어 답안지 잘 써서 점수 받는 곳이 아니다. 진짜 공부는 살아나가는 법을 스스로 터득해서 고수가 되려고 열정과 노력을 쏟는 것이다. 이들이 증명하지 않는가.

중졸이지만 전문가가 되고 싶어요

상담을 진행했던 윤진이는 초등학교 졸업 후 중학교에 들어갔다. 그런데 학교생활에 적응하지 못해 자퇴하고 말았다. 난독증이 있어서 공부를 따라갈 수가 없었다. 자퇴 후 편의점이나 PC방에서 아르바이트를 하면서 검정고시로 중학교를 졸업했다. 처음 상담

할 때 희망 직업이 요양보호사였다. 요즘에 뜨는 직업이라서 자격증을 따두면 좋을 것 같다고 했다.

요양보호 업무는 몸이 불편한 어른들을 직접 보살피는 직업으로 실제 현장 직무를 안내하자 윤진이는 바로 포기하고 말았다. 그 외에 관심 있는 직업은 사회복지사와 심리상담사였다. 이제 성인이 되어 아르바이트만 하지 않고 전문적인 일을 하고 싶다고 하는데, 두 직업은 대졸 이상의 학력을 요구하고 있어서 당장 취업을 희망하는 청년에게 맞지 않았다.

직업 탐색을 하던 중, 평소 피부 트러블로 피부에 관심이 많다는 것을 알았다. 그래서 피부관리사와 메이크업 자격증을 안내하자 도전해 보고 싶다고 했다. 우선 자격증 취득을 목표로 직업훈련에 참여하기로 했다. 난독증 때문에 필기시험에 어려움이 예상되었다. 하지만 최근 한국어에 서툰 결혼이주여성들도 자격증 취득에 성공한 사례가 있으니 직업훈련기관에서 수업을 받는다면 어렵지 않게 자격증 취득이 가능할 것으로 예상됐다.

윤진이는 피부관리사 자격증과 피부미용 실무과정의 직업훈련을 받으며 5개월 동안 성실하게 꿈을 향해 도전하였다. 필기는 첫 번째 도전에 실패하였으나 재차 도전하여 합격했다. 실기시험도 피부 모델과 시간 조율이 안 돼 여러 차례 우여곡절을 겪었다. 결국 3번 만에 합격해 자격증을 받고 나서 얼마 되지 않아 피부관리숍에 취업이 되어 교육 연수를 받았다.

피부관리사는 향후 5년간 고용이 다소 증가할 것으로 전망되는 분야이다. 생활 수준이 높아지고 외모와 자기관리에 관심과 투자가 증가하고 있다. 경력을 잘 쌓고 최고가 되도록 열심히 한다면 이 분야에서 충분히 성공할 수 있다. 나는 이 직업이 최종직업은 아니라는 말도 덧붙였다. 경력을 쌓으면서 다른 뷰티 유관분야로 폭을 넓힐 수도 있다. 피부관리사를 시작으로 피부숍을 오픈할 수도 있고 또 다른 미래의 직업을 준비할 수도 있다. 본인이 원한다면 검정고시로 고등학교 졸업 후 학점은행제를 통해 사회복지사나 심리상담사에도 도전할 수 있다.

공부는 왜 하는가?
게임 중독, 고등학교 중퇴; 막노동꾼 서울대에 가다!

공부를 왜 하는지 물으면 미래를 좀 더 편하게 살고 싶어서, 좋은 대학을 가고 싶어서, 지금 할 수 있는 것이 공부밖에 없으니까 그냥 열심히 한다고 대답한다. 공부를 안 하는 이유는 무엇일까? 단지 노력을 하지 않아서일까? 질병이 있어서 안 할 수도 있고, 게임 중독 때문일 수도 있다. 그러나 가장 많은 이유는 '왜 공부를 해야 하는지?'를 모르기 때문이다. '내가 하고 싶은 것이 있어서 공부한다'라고 대답한 학생들은 꿈을 이루기 위해 목표를 세우고 열심히 공부하며 성취감을 느낀다.

몇 년 전에 게임 중독에 걸린 두 아들을 서울대에 보낸 중졸 아빠의 사연이 방송에 나왔다. 그 아빠는 어려서부터 난독증을 심하게 앓았고 초등학교 때도 글씨를 읽지 못해서 따돌림을 받았다. 중학교도 간신히 졸업했다. 글을 읽지 못해 막노동판에서 일을 했는데 어딜 가나 갑질을 당하고 바보 취급을 당했다. 다행히 지인의 소개로 아내를 만나서 결혼하고 두 아들을 두었다. 아내의 권유로 나이 40세에 한글 공부를 시작하여 3년 만에 한글을 뗐다. 그때부터 공부에 재미를 붙여 공사장에 나갈 때도 초등 교과서와 영어단어장을 가지고 다니면서 공부를 했다. EBS 교재로 7년 동안 수능 공부를 하여 수능 모의고사에서 만점이 나왔다.

아빠는 공사장에서 하루 종일 일하고 엄마는 식당에서 새벽까지 일하는 곤궁한 생활을 이어갔다. 그러는 동안 두 아들은 게임 중독에 빠졌다. 첫째 아들은 게임 중독으로 중학교 졸업 후 고등학교에 진학하지 않았고, 둘째는 고1 때 아토피가 심해서 자퇴를 했다. 둘만 집에 있으니 할 것도 없고 게임 중독이 더 심해졌다. 심지어 게임을 더 편하게 하고 싶어서 가출을 반복했다. 어느 날 형제는 자전거를 팔아서 돈을 마련해 기차를 타고 부산으로 갔다. 돈을 다 써버렸는데 가방에 20만 원을 발견하게 된다. 가출해서 어려운 일이 생길 것을 대비해서 아버지가 넣어놓은 거였다. 두 형제는 그 길로 집으로 돌아갔다고 한다.

두 아들은 몸을 다친 아버지를 돕기 위해 공사장 막노동을 따라다녔다. 아버지를 따라 전국을 다니며 공사장, 주유소, 세차장에서 닥치는 대로 일을 했다. 쉴 때마다 게임을 하기는 했지만 몸이 힘들어서 게임 시간이 자연스럽게 줄었다. 공사장에서 일을 해보니 중졸 학력으로 좋은 직업을 선택하기가 어렵다는 것을 알았다. 자신의 처지를 바꾸려면 공부를 해야겠다는 생각이 들었다. 아버지는 직접 아들들에게 공부를 가르치기 시작했다. 첫째 아들은 공부를 시작한 지 2달 만에 고졸검정고시를 통과하고 2년 7개월 만에 서울대에 합격했다. 둘째도 뒤이어 서울대에 합격했다. 이 드라마틱한 이야기는 실화다.

꼭 서울대를 가야 성공했다고 말하는 게 아니다. 지금 공부를 못하더라도 자신이 하고 싶은 것이 있다면 그것을 도전해 보자. 그것이 무엇이든 목표가 생기면 반드시 성공한다. 공부만 잘해서 부모님이 원하는 직업을 가졌더라도 그것이 자신이 원하는 것이 아니라면 뒤늦게 후회하는 경우가 많다. 특히 지금은 직업이 다양해져서 자신이 잘하는 분야에서 특별함을 개발하면 성공할 수 있다. 성공을 이루는 요소는 자신만의 특별함을 찾고 꾸준히 노력해야 한다는 것이다. 자신을 믿고 하나씩 실천해 나가자.

사회생활은 단지 공부만 잘한다고 잘하는 것이 아니다. 나 또한 학창 시절에는 공부를 잘하는 친구들이 가장 부러운 대상이 됐다. 공부 잘하면 모든 걸 잘한다고 생각했다. 공부를 잘하는 친구 중에는 운동을 못하는 친구도 있고 그림을 못그리는 친구도 있다. 공부 잘한다고 모든 걸 잘한다고 볼 수는 없다. 물론 공부를 잘하면 좋은 대학에도 들어갈 수 있고, 좋은 직장에도 들어가 안정된 삶을 살 수 있는 확률이 높다. 그러다 보니 우리나라 모든 교육이 대학 입시 교육에 맞춰 진행되어 경쟁의식이 생기고, 서열이 정해지고 그 서열에 따라 인생이 정해진다. 하지만 인생은 대학 입시에 멈추지 않는다. 본인이 원하는 진로에 나아갈 수 있고 사회생활을 잘하기 위해서는 바른 인성과 성실함을 키워야 한다. 그리고 자신에 대한 가치를 인정하고 자존감을 높게 가져야 한다. 그런 사람이 좋아 보이지 않는가.

PART 4

미래 직업 전망과

올바른 직업선택

방법

1

미래 유망 직업과
빠르게 사라져가는 직업

4차 산업혁명 시대 기술의 발전은 빠르게 진화되고 있다. 인공지능 컴퓨터와 인간의 첫 대결은 1996년 IBM이 만든 딥블루와 체스의 고수 카스파로프와의 승부였다. 대국은 1승 3패 2무였다. 2016년 알파고와 이세돌의 바둑 대결을 앞두고 학자들은 세계최강의 바둑 고수인 이세돌의 우승 또는 50:50으로 비길 것이라는 예견을 내놓았다. 바둑은 경우의 수가 많아 기계가 인간을 앞지르지 못한다는 생각이었다. 그러나 그 예상을 뒤엎고 알파고는 4승 1패로 압도적인 승리를 거뒀다. 이 세기의 대결 이후에 세계는 '인공지능(AI) 기술이 어디까지 갈 것인가?'라는 화두로 연일 시끄러웠다. 이처럼 AI가 많은 일자리를 대체하는 지금 '인간은 무슨 일을 하며 살 것인가?'에 대해 살펴보자. AI가 내 일자리를

대체할 수 있다는 두려움보다는 '도구'라는 관점으로 활용하는 것
이 좋겠다.

4차 산업혁명 시대, 인공지능의 진화

인류가 시작되었을 때 우리 인간들은 원시수렵생활을 했다. 그러
다가 대략 12,000년 전부터 동물을 가축화하고 식물을 재배하는
영구 정착 생활이 시작되었다. 이것을 농업혁명이라고 한다. 그
후 1543년 코페르니쿠스에 의해서 지구가 태양을 돈다고 하는 지
동설이 나왔고 유럽인들이 아메리카 대륙 정복을 시작하였다. 그
때부터 과학혁명으로 불릴 만큼 과학이 비약적인 발전을 이뤘다.
약 2백 년 전에는 기계식 생산 기술의 도입과 증기기관차의 개발
로 산업이 혁신적으로 발달하였다. 이를 산업혁명이라 불렀다.
'산업혁명'이라는 용어는 산업 분야뿐만 아니라 사회 구조 등의
전반적인 혁신적 변화를 일으킨 것을 정의한다.

　　1차 산업혁명부터 4차 산업혁명까지 각 시기에 큰 변화가 일
어났다. 1차 산업혁명은 (18세기 후반~19세기 초반) 기계와 증기
의 도입으로 수공업의 생산 방식이 공장 기계화로 전환되었다. 2
차 산업혁명은 (19세기 후반~20세기 초반) 전기와 대량 생산 기
술이 도입되었다. 3차 산업혁명은 (20세기 후반~21세기 초반) 전
자와 정보기술의 발전으로 디지털화되었고, 4차 산업혁명은 (21
세기 이후) 사물인터넷과 인공지능 등의 기술 발전이 이뤄졌다.

1세기마다 산업의 혁신이 이루어졌고 발전의 속도는 갈수록 빨라지고 고도화되고 있다.

21세기로 바뀐 최근 20년 동안 가장 큰 변화를 주도한 역사적인 사건은 스마트폰의 출현과 인공지능의 등장이다. 2007년 애플이 아이폰을 출시하여 스마트폰 시장에 혁명을 일으켰고 엡스토어를 통해 다양한 어플리케이션을 제작, 배포할 수 있는 플랫폼 시대를 열었다. 스마트폰은 이미 전 세계 인구의 60%~70%가 소유하고 있는 기기가 되었다. 2016년 3월 알파고와 이세돌 9단의 바둑 대결은 인공지능에 대한 놀라움을 선사했다. 인공지능이 사람들을 지배하게 되는 건 아닌지 불안이 급속도로 퍼졌다. 학계에서는 기계로 대체 할 수 있는 직업은 사라지고 기계가 대신할 수 없는 직업만 살아남게 될 것이라고 전망했다. 인공지능이 어느 정도로 우리 삶을 지배할 것인가가 초두의 관심사이다. 싫든 좋든 간에 인공지능과 함께 살아가야 할 우리가 준비해야 할 것은 무엇이고, 미래의 직업은 어떻게 바뀔 것인지를 알아야 하는 이유다.

일부 학자들은 인공지능의 혁명적인 진출에 아직 준비할 시간은 충분하다고 말한다. 유엔미래한국 대표인 박영숙은 그의 저서『일자리 혁명 2030』에서 싱귤래리티 허브 인공지능 및 로봇공학 부문 전 공동의장인 닐 야콥스타인과의 인터뷰 내용을 소개했다. 인공지능과 로봇이 일터에서 보편화되는 것에 대해 닐 야콥스타인은 낙관적인 기대를 한다고 밝혔다. 그는 "수십 년 전부터 이미 인공지능과 로봇은 일터에 도입이 되었습니다. 사람들이 이를 준비하고 교육을 받는다면 인공지능 혼자서 또는 인간 혼자서는 가능하지 않았던 생산성을 가능하게 할 것입니다"라고 말했다. 인간의 생물학적 한계와 기계의 능력을 공동으로 진화시키는 인식 전환이 필요함을 강조하면서 인간과 기계가 상호작용과 협력을 기반으로 성장하는 미래를 제시한 것이었다. 반복적이고 힘든 일은 기계에게 맡기고 인간은 좀 더 가치 있고 창조적인 일을 즐기며 조화롭게 사는 세상을 기대해 본다.

미래 사회를 주도할 기술은 무엇이고, 미래 기술로 대체하기 어려운 것은 무엇인가?

4차 산업혁명은 직업 세계에 큰 변화의 물결을 일으키고 있다. 미래 사회를 주도할 핵심기술로 알려진 것은 사물인터넷, 빅데이터, 블록체인, 3D프린팅, 자율주행차를 비롯한 스마트 모빌리티, 인공지능 등이다. 기술의 발전에 따라 단순 반복적인 일은 기계화, 자동화로 대체된다. 현재 빠르게 변화를 목격할 수 있는 곳은 은행이다. 은행에서 사람이 하던 창구 업무가 축소되고 ATM과 인터넷뱅킹 자동화로 바뀌었다. 인력이 불필요하게 된 은행 지점들의 수가 줄어들고 있다. 블록체인 기술이 발달되어 개개인 간의 거래가 가능하게 되면 은행원은 더 줄어들게 될 것이다.

하지만 기존에 없던 새로운 것을 구축하거나 인간에 대한 관계와 이해가 필요한 부분은 기계가 대체하기 어렵다. BBC NEWS 코리아에 따르면, 세계적인 투자은행 '골드만삭스'는 "AI가 일자리의 4분의 1을 대체할 수도 있다"는 보고서를 발표하여 자동화로 인한 많은 일자리들이 사라질 수 있다고 내다봤다. 이에 대해 미래학자인 마틴 포드(Martin Ford)는 그의 저서『로봇 규칙: AI는 어떻게 모든 것을 변화시킬까』에서 "로봇의 일자리 대체는 단지 개인의 문제가 아니라 사회 시스템 전반에도 영향을 미칠 수 있다"고 경고했다.

그러나 마틴 포드는 인간의 정서 지능, 틀을 벗어나 문제를 해결해야 하는 업무는 상대적으로 안전하다고 설명했다. 그는 AI로부터 비교적으로 안전한 일자리 3가지 유형을 제시했다. 첫 번째는, 과학·의학·법률 분야에서 새로운 아이디어를 내거나 혁신적인 전략을 설계하는 창의적 업무다. 두 번째로는, 간호사·컨설턴트·언론인 등 인간의 정교한 상호작용이 중요한 직업이다. 세 번째로, 전기기술자·배관공·용접공 등과 같이 예측 불가능한 환경에서 순발력과 상황대처 능력이 요구되는 직업이다. 이런 직업은 기계가 대신할 수 없고 여전히 인간의 영역으로 남을 가능성이 크다고 분석했다. 다만, 포드는 3가지 종류의 업무가 당분간은 인간의 고유의 영역으로 남겠지만 AI의 발전 속도를 주의깊게 살펴봐야 한다고 덧붙였다. ■출처 BBC NEWS 코리아, 2023.05.10.

그럼 가까운 미래에 인공지능에 의해서 대체되기 쉬운 일은 어떤 것이 있을까? 고등 교육을 받은 화이트칼라 직장인들이 하는 일 중에서 예측 가능하고 정형화된 일이 있다. 예를 들면, 회계업무 중 금융 자료를 처리하고 재무 보고서를 생성하는 일은 인공지능이 훨씬 잘한다. 법률서비스 중에도 문서 검색이나 법률 규정 검토 등 법률 조력 업무가 자동화될 가능성이 높다. 회사나 학교에서도 단순 행정업무는 인공지능이 대신 할 수 있는 일이다. 고객상담, 콜서비스는 현재도 대화형 챗봇이나 자동응답시스템으로 바뀌는 추세이다. 인공지능 기술은 계속 업그레이드가 되고 있어서 앞으로 일자리의 더 많은 부분이 대체된다. 중요한 의사결정을 하는 일을 제외한 다수의 업무가 이에 속하게 된다.

미래의 유망 직업 톱10과 사라질 직업 톱10

어떤 직업이 유망하고 어떤 직업이 사라질 것인지에 대한 궁금증이 커지고 있다. 많은 기존의 직업들이 새롭게 재편되고 있다. 데이터가 쌓여있고 정형화된 직업들은 AI가 가장 먼저 대체할 수 있는 직업이다. 많은 전통적인 직업들이 사라지거나 새로운 방식으로 바뀌고 있어서 세상의 변화에 맞춰 미리 준비해 나가지 않으면 위기에 처할 수 있다. 세계경제포럼(WEF)은 빠르게 증가할 직업과 빠르게 사라질 직업을 분석하여 지난 2023년 5월에 다음과 같이 발표했다.

미래의 유망 직업과 사라질 직업		
	가장 빠르게 증가할 직업 TOP 10	가장 빠르게 사라질 직업 TOP 10
1	AI 및 머신러닝 전문가	통계, 재정 및 보험사무원
2	재생에너지 및 지속가능성 전문가	입법자와 공무원
3	비즈니스 인텔리전스 분석가	가전제품 설치 및 수리공
4	정보 보안 분석가	회계, 부기 및 급여 사무원
5	핀테크 엔지니어	자료기록 및 재고관리 사무원
6	데이터 분석가 및 과학자	행정 및 비서
7	로보틱스 엔지니어	데이터 입력 사무원
8	빅데이터 전문가	출납원 및 매표원
9	농업 장비 운영자	우체국 사무원
10	디지털 트랜스 포메이션 전문가	은행 및 관련 사무원

■ **출처** 세계경제포럼(WEF) 2023 일자리미래보고서

　　세계경제포럼에서 발표한 일자리미래보고서에 따르면 향후 5년(2023~2027) 동안 8,300만 개의 일자리가 대체되고 6,900만 개의 일자리가 창출될 것으로 예상했다. 빠르게 수요가 증가할 것으로 예상되는 직업은 위의 표에 제시한 대로 AI 및 머신러닝 전문가, 지속가능성 전문가, 비즈니스 인텔리전스 분석가, 정보보안 전문가 등 기술 관련 직업이다. 자동화에 의해 빠르게 감소할 것으로 예상되는 직업은 사무직, 비서, 은행 및 관련 사무원, 우체국 사무원, 출납원 및 매표원, 데이터 입력원 등의 일자리이다. 매크로트렌드(Macrotrend, 어떤 현상이 3~5년 이상 지속되어 사회 전반에 영향을 미치기 시작하는 수준)와 자동화로 인해 노동시장의 구조가 재편되고 있음을 시사했다.

산업 분야에서는 온라인 전자상거래 및 디지털 분야, 환경 에너지 분야, 고급 기술 분야에서 대규모 일자리 증가가 예상되며, 교육산업의 일자리도 약 10% 증가할 것으로 예상된다. 또한 지속가능성과 기후변화에 따른 환경보호 관련한 수요가 증가하고, 생산기술 발전과 더불어 농업 전문가의 일자리 수요가 15%~30% 증가할 것으로 예상한다. 단순 조립 노동자는 감소하는 반면 기계 및 건설 노동자는 다소 증가할 것을 보인다. 공급망과 물류 부분은 고용의 성장과 감소를 동시에 기대하는 직종이다. 공급망의 현지화는 일자리의 증가에 크게 기여하는 요인일 뿐만 아니라 일자리를 감소시키는 요인이 될 것으로 예상했다.

조 바이든 전 미국 대통령은 세상은 하루가 다르게 급속도로 변화될 것이라고 하면서 이같이 말했다.

"우리는 더 많은 기술 변화를 보게 될 것입니다. 여러분 중 일부는 저보다 더 많이 알고 있습니다. 우리는 지난 50년 동안 보았던 것보다 향후 10년 동안 더 많은 기술 변화를 보게 될 것입니다. 그만큼 인공지능과 그 이상의 것들이 빠르게 변화하고 있습니다."

지금 세상의 트렌드는 우리의 의지와 무관하게 인공지능 기술의 기하급수적 발전으로 일자리 생태계가 바뀌고 있다. 변화의 흐름을 주도하기 위한 준비는 지금이라도 늦지 않았다. 인터넷이나 스마트폰을 사용할 수 있다면 챗GPT를 활용하여 학교 과제를 하고 블로그 글을 작성하며 앱 코딩을 할 수 있다. 생성형 AI를 이용하여 그림은 물론 노래를 만들고 디자인도 할 수 있다. 이러한 서비스들은 누구나 쉽게 활용할 수 있다.

미래를 정확하게 100% 예상하는 것은 불가능하다. 미래의 기술 변화만큼이나 빠르게 일자리 전망이 속속 나오고 있다. 앞으로의 삶은 스마트한 인공지능과 함께 살아가야 할 것임은 분명하다. 인공지능과 조화롭게 살아가려면 인간만이 가진 강점을 활용해야 한다. 자료화된 지식 관련 기술은 기계가 훨씬 효율적이어서 어디까지 기계가 대체할 수 있을지는 알 수 없다. 기계가 대체할 수 없는 것은 창의력, 감성지능 등 인간만이 가질 수 있는 것들이다. 머지않은 미래에 자율주행 자동차로 출퇴근하고 하늘을 나는 자동차가 상용화될 때 자동차 안에서 '앞으로 나는 무엇을 하며 살 것인지, 나는 어떤 일을 하고 싶은지'라며 미래를 준비하는 사람과 뒷짐지고 있는 사람과의 격차는 계속 벌어질 것이다.

2

AI와 함께 일하는
미래의 인재상이 있다

"당신에게 간청하는 바입니다. 부디 질문 그 자체를 사랑하려 노력하십시오. 지금 답변을 찾으려 들지는 말아야 합니다. 당신이 답변을 얻지 못하는 까닭은 당신이 그 '답변'에 따라 살 수 없기 때문입니다. 대신 '질문'에 따라 살기 바랍니다. 그러면 당신은 언젠가 먼 훗날에 살아가다가 답변과 마주할 날이 올 것입니다."

(라이너마리아 릴케의 『젊은 시인에게 보내는 편지』에서)

AI와 함께 살아가야 하는 미래에 필요한 역량과 소질을 가진 인재가 되려면 어떤 노력이 필요할까? 안정성이 보장되지 않는 변화무쌍한 지금의 시대를 뷰카(VUCA)의 시대라고 한다. 뷰카(VUCA)란 불안정(Volatility), 불확실(Uncertainty), 복잡(Complexity), 모호(Ambiguity)를 가진 사회 환경을 말한다. 어떤 직업을 선택하더라도 머무는 시간이 짧아지고, 어떻게 변화해 나갈지 예상을 할 수 없다. 미래학자들은 "우리가 상상한 것이, 곧 미래가 될 것이다"라고 말한다. 세상의 흐름에 수동적으로 대처하면 세상에 의해 지배당하게 된다. 내가 설 자리를 만들 수 있는 것은 나 자신만이 할 수 있다. 꿈을 크게 가지고 인간다움을 발휘하여 행복한 인생을 살려면 '어떻게 해야 할까?'를 깊이 고민해 보아야 한다.

21세기형 인재상

지금 세상은 초연결 사회를 이루고 있다. 디지털 기술의 발전으로 사람들은 인터넷, 스마트폰, 소셜미디어 등을 통해 빠르게 소통한다. 소셜미디어 플랫폼이나 매신저 앱을 통해 사람들은 실시간으로 메시지를 주고받는다. 가상현실(VR)과 증강현실(AR) 기술은 물리적 공간을 벗어나 가상세계를 다양하게 만나는 경험을 하게 한다. 예전과 같이 한 장소 한 나라에서 일하던 때와는 달리 나의 독특함이 세계 어디로든 뻗어나갈 수 있는 길이 열렸다. 온라인 네트워크를 이용해서 수많은 사람들을 만나고 다양한 경험을 통해 자신의 역량을 폭넓게 확장하는 것이 가능하다. 불확실성은 불가능이 아니다. 이제는 어떤 직업으로 그 사람을 평가하지 않고 그 사람이 어떤 됨됨이를 가지고 사회에 어떤 도움을 주는 사람인지를 중요하게 평가할 것이다.

4차 산업혁명 시대의 21세기 미래 인재상으로 자주 거론되고 있는 것은 4C이다. 4C는 '의사소통능력(Communication), 창의력(Creativity), 비판적사고력(Critical thinking), 협업력(Cooaboration)'이다. 많은 국가들이 교육현장에 도입하고 있으며 중요한 역량으로 알려졌다. 세계경제포럼 '2023 직업의 미래 보고서'에서도 중요해지는 핵심역량 26가지를 발표했다. 창의적 사고 이외에도 분석적 사고, 호기심과 평생학습, 탄력성과 유연성 및 민첩성, 리더십과 사회적 영향력, 공감과 적극적인 경청, 글로벌 시민의식 등이 소개되었다. 우리나라 교육에서도 창의적 사고와 문제해결능력을 비롯해 핵심역량을 키울 수 있는 교육이 시급하다. 학생들이 마주할 새로운 변화에 신속히 대응할 수 있게 해주는 데 꼭 필요한 기술이기 때문이다.

자동화는 직업 자체를 바꾸는 게 아니라 업무 활동 범위의 변화를 가져온다. 미래에는 안정적인 직업이 보장되지 않기 때문에 각자가 가진 독특한 개성으로 자신만의 전문성과 경쟁력을 키워 나가야 한다. 소통능력, 창의력, 협업능력, 리더십 등의 이른바 소프트 스킬을 갖추어야 하고 본인이 잘할 수 있는 분야가 무엇인지 찾아야 한다. 공부 잘하는 학생은 수리논리능력이 좋고 언어능력이 좋을 수 있다. 그러나 음악이나 공간능력이 좋을지는 알 수 없다. 자신이 잘할 수 있는 분야를 찾기 위해서는 우선 관심 분야의 목록을 모두 작성한 다음 하나씩 도전해 보는 것이 좋다. 테트리스 게임을 할 때 블록을 배치하고 줄이 다 맞춰지면 흥겨운 사운드와 함께 블록이 클리어되면서 점수가 올라간다. 그때 문제를 해결한 것과 같은 성취감을 맛본다. 어떤 일을 게임과 비교할 수는 없지만 자신이 잘하는 분야를 일찍 찾는다면 남들보다 더 안정되고 도파민이 나오는 행복한 인생을 즐길 수 있다. 사람은 관심 있는 분야를 더 잘한다. 뇌에서 도파민이라는 신경전달물질이 활성화되어 열정을 쏟아붓기 때문이다. 결론적으로 관심 분야를 찾게 된다면 남들보다 더 집중하고 더 많은 성과를 낼 수 있다.

21세기 인재가 되기 위한 역량

첫째, 융합형 인재가 되어야 한다. 제너럴리스트가 돼라.

데카르트는 근세 철학을 대표하는 철학자이다. 그는 수학과 과학 분야에서 중요한 개념인 좌표계를 발견하고 함수의 원리를 처음 계발했다. 수학자, 의학자, 물리학자로도 활동한 그는 한 분야에서 특별한 재능을 발휘한 것에서 멈추지 않고 다양한 분야로 관심 범위를 넓혀서 학문을 연구했다.

해리포터 시리즈에 출연해서 스타덤에 오른 영국 배우 엠마 왓슨은 영화배우이면서 인권운동가로 활동하고 있다. 그는 UN 여성 친선대사로 여성 인권신장 캠페인을 진행하기도 했으며 그 덕분에 2015년에는 「가디언지」가 선정한 올해의 진정한 영웅들

25위에 올랐다. 우리나라 탤런트 이순재·장미희, 모델 김동수, 가수 장혜진은 연예인 활동을 하면서 대학교수를 병행하고 있다. 영화, 음악, 모델 등 연예인 지망생이 많아지면서 대학교수로 활동 범위를 넓히게 된 연예인이 많아졌다. 그들은 자신의 분야에서 전문성과 실력을 쌓고 한 단계 더 나아가서 후학을 양성하는 일을 하고 있다.

요즘에는 다양한 분야의 지식을 갖춘 제너럴리스트가 요구되고 있다. 분야를 넘나드는 융합적 사고와 문제해결능력이 더욱 필요해진 시대다. 직업을 선택하고 일을 맡게 되면 실제로는 한 사람이 허드렛일을 포함하여 여러 가지 일을 맡는다. 역사학을 전공하고 문화재 연구원으로 박물관에 취업한 어떤 사람은 출근하면 역사 자료를 검토하고 유적 발굴과 관련된 업무를 할 것으로 생각했다. 그러나 막상 출근해서 한 일은 빅데이터 툴을 활용하여 데이터를 수집하는 일이었다고 한다. 학교에서 빅데이터를 다뤄본 적이 없었던 그는 단순 반복되는 일을 1년 넘게 한 후에 박물관 전시기획 업무를 맡았다. 전시기획은 문화재를 전시하는 것에만 끝나는 것이 아니었다. 전시를 보러오는 사람들의 심리 파악은 물론이고 날씨나 사회 환경 변화에 대한 분석도 잘해야 성과가 나는 업무였다. ■출처 『내일은 내 일이 가까워질 거야』, 곰곰

하나의 직업에는 이렇게 다양한 업무가 포함될 수 있다. 그런 일들을 잘 해내려면 다양한 분야에서 관심을 가지고 융합할 줄

알아야 한다. 보통 한 분야에서 성공하려면 10년 정도 지나야 전문성을 갖추게 된다. 최고의 경지에 이르기 위해서는 20년 이상 소요될 수도 있다. 이제는 소요 시간이 점점 앞당겨질 것이다. 전문성이 갖춰지면 한 분야만 고집하여 머무르기보다는 직업적 융통성을 가져야 한다. 스페셜리스트에 집착하지 말고 다양하고 폭넓은 경험이 필요하다. 인문학과 과학이 만나고, 인문학과 IT기술이 만나고 예술 분야와도 융합되어야 한다.

둘째, 창의적이고 혁신적인 인재가 되어야 한다. 질문력을 키워라.
창의력은 언제 발휘되는가? 어린아이들은 유난히 호기심이 많고 질문이 많다. 어른이 되면 자신이 형성한 지식과 경험에 의해 고정관념과 선입견을 갖게 된다. 급격히 질문도 없어지고 일상적인 루틴과 습관에 따라 살게 된다. 지금 새삼 질문력이 중요해지는 것은 질문을 통해 새로운 정보를 얻고 지식을 확장하는 데 도움이 되기 때문이다. 다른 사람들과의 소통에도 중요한 역할을 한다. 처음 만난 자리에서 어색함을 깨려면 아이스브레이킹으로 가벼운 질문을 한다. 창의적 아이디어를 내기 위해서는 브레인스토밍을 많이 활용한다. 자유롭게 의견을 제시하고 질문하다 보면 발상의 전환이 일어난다.

일상생활 속에서 사소한 것도 그냥 넘어가지 말고 호기심을 가지고 왜?라는 질문을 통해 자신을 성장시켜보자. 책을 읽거나 여행하면서 관심 있는 것들에 대한 지식을 넓혀나가 보자. 알아야 질문을 하게 된다. 창의력을 키우기 위해 가장 많이 추천되는 것이 '독서'이다. 성공한 사람들 중에는 꾸준한 독서를 한 사람이 많다. 워런 버핏은 하루에 500페이지를 꾸준히 읽는 독서광이다. 빌 게이츠는 초등학생 시절부터 1주일에 한 권씩 책을 읽는 루틴이 있다.

모든 창의적인 것은 모방에서 시작된다. 모방을 넘어서 새로운 것을 만들기 위해서는 독서를 통해 읽고 쓰고 생각하면서 통찰력을 키워야 한다. 『몰입』의 저자 황농문 교수는 몰입의 경지에 도달하면 창의적으로 문제를 해결할 수 있다고 한다. 몰입하게 되면 전두엽이 발달된다. 사람의 뇌에는 스냅스 회로가 있다. 태어날 때 가장 많이 사용한 것이 활성화가 되고 사용하지 않는 것은 없어진다. 스냅스 회로가 활성화되면 도파민이 나와서 그 일을 더 잘하게 되어 창의적이 된다는 것이다.

셋째, 소통하는 인재가 되어야 한다. 인간적인 역량을 갖추어라.
소통을 잘하려면 공감과 경청이 중요하다. 공감능력이 뛰어난 사람은 타인의 감정에 민감하게 반응하여 상대방을 잘 배려한다. 언어적 표현뿐만 아니라 비언어적 표정까지도 잘 읽는다. 공감능력을 기르기 위해서는 사람의 마음을 깊이 이해하려고 노력해야 한다. 서로의 다름을 이해하면 사소한 오해로 갈등을 겪지 않을 것이다. MBTI는 사람들의 성격특성을 측정하는 심리검사 도구이다. 자신의 유형을 말하고 타인의 유형을 확인하는 것이 우리 사회에 유행처럼 번지고 있다. 다른 사람을 알고 싶은 욕구가 크기 때문이다. 자신과 다른 사람의 성격 차이를 이해하고 소통하려는 측면에서 긍정적인 신호이다.

프랑스인 중에서 가장 존경받는 인물로 꼽히는 사람은 피에르 신부다. 그는 타인에 대한 공감능력이 매우 뛰어난 사람이었다. 그는 부유한 가정에서 태어났지만 한평생 빈민과 노숙자들을 위해 살았다. 그의 자전적 에세이 『단순한 기쁨』에서 "타인들 없이 행복할 것인가, 타인들과 더불어 행복할 것인가, 혼자 만족할 것인가, 타인과 공감할 것인가? 이 선택이 우리의 삶을 결정짓고 우리를 만든다"라고 했다. 2차 세계대전 때 레지스탕스에 가담하여 인종적 박해에 대항했고 전쟁이 끝난 후에는 국회의원에 출마하여 빈곤과 사회적 불평등을 타파하기 위해 힘썼다. "타인이야말로 내 삶의 '단순한 기쁨이다"라는 말을 남겼다. 타인을 얼마만큼 사랑하고 아꼈는지 알 수 있다.

"선한 사람은 없고 선해지려고 노력하는 사람만이 있을 뿐이다"는 말이 있다. 직업상담에서도 내담자와의 소통이 매우 중요하다. 상담 장면에서는 여러 부류의 다양한 내담자들을 마주한다. 호감이 가는 사람도 있지만 불평불만이 가득한 사람도 있다. 상담할 때 편견을 가지고 사람을 대해서는 안 된다. 인간을 존중하고 사랑하는 마음이 무엇보다 기본이 되어야 올바른 상담을 할 수 있다. 인본주의 심리학자 칼 로저스는 '인간중심 상담'을 강조했다 "인간에게는 스스로 자신의 길을 발견하고 성장해 갈 수 있는 잠재능력이 있기 때문에 상담자의 역할은 내담자가 자신의 문제해결능력을 스스로 되찾고 인간적인 성숙을 가할 수 있도록 도와주는 것이다"라고 상담을 정의했다. 인간은 충분히 잠재적 역량이 있고 그럴만하다고 정의하고 있는 이 문장은 언제 봐도 감동적이고 나는 그 말을 확신한다.

　우리 사회가 목표지향적인 특성을 지니고 있다 보니 거기에 미치지 못하면 자존감이 낮아진다. 초등학교 때부터 입시교육의 영향으로 서열화되고 취업과 승진으로 평가에 익숙한 환경이다. 그 흐름에 맞춰 살아가려면 '나'라는 사람은 없고 공부만 잘하면 되는 학생으로, 취업만 잘하면 되는 취준생으로, 또 돈을 벌기 위한 직장인인 '나'로 존재해야 한다. 인간은 규격에 맞춘 것처럼 잘 짜진 인생을 살 수 없다. 다른 사람들에게 완벽하게 보일 필요도 없다. 자신이 못하는 것은 인정하고 자신이 가진 강점을 최대한 발휘하여 더 인간다운 면모를 개발해야 한다.
　자동화로 인해 기술의 수명주기는 점점 줄어든다. 내가 지금 습득한 기술이 언제라도 인공지능에 의해 대체될 가능성이 있다. 그러나 여전히 인간만이 할 수 있는 일이 있다. 서로 협력하고 융합하며 인간성을 지키는 것이다. 인간성을 지킨다는 말은 상대방을 서로 배려하고 존중하여 서로 잘될 수 있도록 협력하는 일이다. 도덕성과 윤리성도 중요한 덕목이다. 기술 발전으로 인해 점점 황폐화되어 가는 지구 환경을 지키기 위한 노력과 글로벌 시민의식도 필요하다. 그것이야말로 지구와 공감하고 사람들과 공감하는 그런 자세가 아닐까.

3

변화의 흐름에 편승하라.
창직이 가능한 시대가 열렸다

피터 드러커는 "미래를 예측하는 가장 좋은 방법은 미래를 창조하는 것"이라고 말했다. 예전에는 공부 잘하는 사람이 좋은 대학에 가고 성공했다. "기술만 있으면 먹고 산다"라는 말도 있었다. 그러나 이제는 공과대학을 나와도 취업을 걱정해야 하는 시대에 살고 있다. 대학이 미래를 보장해 줄 것이라는 막연한 기대는 이제 어려운 현실이 되었다. 좋은 직장에 취업하려면 수백 대 일의 경쟁률을 뚫어야지만 들어갈 수 있다. 이쯤 되면 취업을 못 하는 이유가 단지 개인의 역량 부족이 아닌 사회 전반적인 문제라는 것을 알 수 있다. 현 트렌드를 직시하여 자신이 잘할 수 있는 것에 도전하라. 새로운 직업 생태계 구축은 이미 시작되고 있다.

일자리 빈곤 시대, 변화의 흐름

1997년 IMF 이후에 우리나라는 대규모 실직과 사업 실패 등의 어려움을 겪었다. IMF를 겪은 부모들을 둔 자녀들은 혹독한 한파를 눈으로 보았고 그들이 지금 부모 세대가 되었다. 우리 부모 세대는 현재 청년이 된 자녀들에게 안정된 일자리를 가지라고 부추기고 있다. 그 여파로 청년들은 공무원, 공공기관, 대기업의 안정적인 일자리를 선호하는 경향이 높다. 공무원시험에 합격하거나 공공기관의 경쟁을 뚫고 입사하기는 매우 힘들다. 대기업은 경기 침체가 장기화되면서 채용 규모를 줄이고 있다. 인건비 등의 부담을 줄이기 위해 수시 채용의 비중을 늘려서 경력직 채용을 선호하는 경향을 보이고 있다.

통계청 발표에 따르면 청년고용률이 2024년 1월 기준으로 46.5%였다. 청년고용률은 만 15세에서 29세까지의 생산가능인구 중 취업자의 비율을 나타낸다. 생산가능인구는 구직 활동을 하고 있는 경제활동인구와 학업과 취업준비생을 포함하는 비경제활동인구를 말한다. 최근 취업 준비가 장기화되거나 아예 구직 활동을 하지 않고 쉬고 있는 니트족이 늘어나서 비경제활동인구가 증가하고 있다. 청년층의 고용시장 진출이 매우 부진하여 청년고용률은 저조하다. 2010년 중반 이후부터 니트족이 증가하였고 2020년에는 코로나가 급증하면서 전체 청년층 비경제활동인구가 급증했다. 최근 전문대졸 이상의 학력을 가진 니트족이 급증하고 있다.

테일러 피어슨(Taylor Pearson)은 자신의 저서 『직업의 종말』에서 "고학력자들의 일자리가 부족한 현실을 누구나 이해하며 공감하고는 있지만, 어느 누구도 왜 그런지 명쾌한 답을 내놓지 못하고 있다"라고 말했다. 근래에는 대학을 졸업하고도 취업을 하지 못하는 사람들이 늘어나고 있다. 과학, 기술, 공학 분야조차도 예외는 아니다. 이에 테일러 피어슨은 "지금 세상은 복잡하고 혼란스러운 체계에서 문제를 파악하고 해결하는 능력, 즉 창업가 정신이 갈수록 중요해지고 있다"고 역설했다.

산업혁명 이후에는 대량 생산 체계에 맞는 노동자를 양성해야 할 목적으로 교육이 실시되었다. 하지만 지금은 보통의 평범한 노동자를 양성하는 교육이 가치 없게 되었다. 최신 기술과 자동화 기계가 발달되어 규격화된 일로 해결할 수 없는 복잡한 문제들이 있다. 개인의 다양한 아이디어와 가치 실현을 통한 사회적 문제들을 해결하는 능력이 필요하다. 일자리의 빈곤에 대처하고 산업의 변화에 대응을 위해 창업을 하거나 창직이 필요한 시대이다.

창업 또는 창직 괜찮을까?

창업은 기존에 있던 업종으로 개업한다는 것을 의미하지만 창직은 기존에 없던 새로운 직업을 창조한다는 뜻이다. 국가적으로 고용불안과 일자리 감소 등의 이유로 창업과 창직을 많이 독려하고 있는 분위기이다. 창업 관련 지원을 해주는 곳이 많이 늘어나 중소벤처기업부 장관은 2023년 기준으로 3조 6607억 원 규모의 창업지원 사업을 시범적으로 운영한다고 밝힌 바 있다. 중소벤처 기업부에서는 창업지원포털 K-start up(www.k-startup.go.kr) 사이트를 운영하면서 예비 창업자와 초기 창업자 및 기존의 창업자들에게 필요한 사업화 자금을 지원하고 있다. 멘토링 프로그램 및 보육 프로그램도 운영하고 있다.

그 밖에도 창업을 지원하는 기관들이 있다. 소상공인진흥공단(www.semas.or.kr)에서도 각종 창업지원 혜택을 확인할 수 있으며, 한국창직협회(http://jobcreation.or.kr)에 들어가면 창직 아카데미, 창직 동아리 등의 활동에 참여할 수 있다. 청소년들의 창업에 관한 정보를 알고 싶다면 교육부에서 지원하는 YEEP(www.yeep.go.kr)이라는 온라인 창업체험교육 플랫폼에 들어가 창업동아리 활동과 창업경진대회 등을 참여할 수 있다. 워크넷 고용노동부 사이트에서도 다양한 미래 직업과 창직 관련한 정보들이 다수 탑재되어 있다.

워크넷(www.work.go.kr)에 들어가면 직업인 인터뷰 코너에 창직자들을 인터뷰한 내용이 실려 있어서 창직 분야와 창직 노하우를 확인하는데 도움이 된다. 신직업·미래 직업에서는 신생된 103가지 직업을 소개한다. 우리에게 상당히 친숙한 직업들도 있지만 나무의사, 집합건물관리사, 어촌정착상담사, 스마트양식체험장

코디네이터 등 들어보지 못한 다양한 직종의 새로운 직업들이 있다. 신직업들을 살펴보면, 친근하면서도 우리가 쉽게 생각할 수 있지만 직업으로 만들 생각을 하지 못했던 것들이 많다.

창직 사례집에는 새로운 직업을 창직한 사람들과의 인터뷰가 실려 있다. 그들은 예술치유콘텐츠개발자, 로컬출판전문가, 무인도테마개발자, 이색스포츠마케터 등의 직업을 발굴했다. 그들의 인터뷰를 살펴보면 처음부터 전에 없던 '새로운 직업'을 만드는 결과에 치중하지 않았다. 자신이 특별히 좋아하고 잘할 수 있는 일이 무엇인지를 탐색하였고 그 길을 따라가다 보니까 자신만의 직업이 만들어졌다고 한다. 창직을 하는 가장 좋은 소스는 세상이 필요로 하는 일을 발견하는 것이다. 새로운 직업을 창조하는데 어떻게 아이디어를 내고 어떻게 시작했는지를 읽어보면, 자신이 생각하는 분야에서 아이디어를 창출하는데 도움을 받을 수 있다. 워크넷 자료실에서 창직자 사례집을 무료로 다운로드해 볼 수 있다.

어떤 것이 창직이 될 수 있을까?

창직은 지금까지 없던 새로운 직업을 발굴하는 것을 말한다. 기존의 직업들이 해결하지 못하는 문제가 있다면 새로운 시장을 창출하고 도전해 볼 만한 가치가 있다. 가장 널리 아이디어를 얻는 방법으로는, 외국에는 있지만 우리나라에는 없는 직업들이 뭔지 알아보는 것이다. 세계의 이색 직업들을 찾아보고 우리나라의 특성에 맞게 들여올 수도 있다. 이색 직업이 직업으로 정착하려면 돈을 벌 수 있어야 하고 실현 가능해야 한다. 우리나라에는 없지만 외국에 있는 직업 중에는 '사과(謝過)전문가'가 있다.

세상에 가장 어려운 것은 인간관계이다. 어떤 사람과의 관계에서 오해가 생겼을 때, 섣부르게 대처했다가 오해가 더 커져 면전에서 거절당할 수도 있다. 그런 리스크를 줄여주고 화를 풀어주는 중간 매개 역할을 하는 직업이 '사과전문가'가 하는 일이다. 앞으로의 세상에서도 관계에서 오는 스트레스는 행복에 큰 영향을 주기 때문에 그런 직업이 있으면 좋을 것 같고 서비스 구축을 잘한다면 이용자도 늘어날 수 있을 것이다.

시사캐스트 뉴스에서 2020년에 세계 이색 직업을 소개했다. 그 중에 고민 들어주고 함께 공감해 주는 '포옹전문가', 수면 상태를 체크하고 평가해 주는 '수면전문가', 연못에 빠진 골프공을 잠수로 수거하는 '골프공다이버', 쿠키 안에 간결한 메시지를 적어서 긍정적인 메시지를 전달하는 '포춘쿠키작가'가 있다. 망가진 인형을 최대한 원래의 형태로 수선해주는 '인형의사'라는 직업도 소개되었는데 실제로 미국의 한 인형병원이 운영되고 있다고 한다. 인터넷에 남아있는 기록들을 찾아 지워주는 '디지털장의사'는 현재 한국직업사전에 등재되어 있고 우리나라에서도 활동하는 직업인이 있다.

창직을 하는 가장 좋은 소스는 세상이 필요로 하는 일을 발견하는 것이다. 불편을 해소하기 위해서 꼭 있었으면 좋겠다고 생각하는 것이 있는지 살펴보자. 처음부터 이 아이템이 세계를 깜짝 놀라게 할 것이라고 생각하지 않더라도 자신이 평소에 관심 분야에서 꼭 필요하다고 생각되는 것이 있다면 아이디어를 찾을 수 있을 것이다. 세상에 아직 없는 것을 만들어 내는 데에는 어느 정도의 실패와 모험이 필요하다. 기존의 것을 따르지 않기 때문에 어떤 룰도 없고 매뉴얼도 없는 완전히 새로운 것을 만들어 내는 것이다.

창직 분야를 탐색하는 방법은 무엇인가?

첫째는, 자신이 좋아하고 능력을 발휘할 수 있는 분야를 탐색하는 것으로 자신이 잘할 수 있는 것을 전문화하는 과정이다. 자신의 적성과 흥미가 맞지 않다면 중도에 포기할 수 있다.

둘째는, 최신 트렌드를 반영하는 것이다. 시장에서 경쟁력이 있고 잠재수요가 있어야 한다. 아무리 자신이 좋아하는 것이라고 해도 사람들에게 필요해야지 거래가 성립이 되기 때문이다.

셋째는, 플랫폼 서비스를 활용하는 것이다. 대표적인 플랫폼 서비스는 차량, 숙소 등을 사람들과 나누는 공유경제 서비스와 다양한 숙박 예약 서비스, '배달의 민족'과 같은 배달 주문 서비스, 직방 같은 부동산 거래 서비스 등이 있다. 예전에는 직접 가거나 전화로 예약해야 가능했던 서비스들이 이제는 모바일로 버튼만 누르면 해결된다. 사람들이 편리하게 이용할 수 있는 플랫폼 콘텐츠는 아이디어만 있다면 적은 자본으로도 창직할 수 있다.

넷째는, 아날로그에 대한 향수와 관련된 차별화된 서비스를 탐색해 보는 것이다. 래트로 분야는 분명 차별성과 경쟁력을 갖출 수 있다. 옛것을 활용하여 감성을 충족시키는 약간의 아이디어로 획일화되고 정형화된 제품들 속에서 아이디어를 낼 수 있다. 주변에도 옛날 7080감성이 있는 음반이나 만화책, 구형 휴대폰, 구형 텔레비젼 등의 소품을 이용해 실내장식을 한 복고풍 카페들이 생겨나고 있다. 옛 향수를 불러일으켜 일상적인 공간에서 벗어나고 싶은 현대인들의 감수성을 자극한다.

다섯째는, 디지털콘텐츠 인플루언서와 유튜버 크리에이터라는 직업이다. 인기와 더불어 고수익을 거둘 수 있는 직업으로 진입장벽이 낮을 뿐만 아니라 누구에게나 공평한 기회를 제공한다. 자신만의 아이디어와 전문성을 활용하여 차별화된 콘텐츠를 제작한다면 충분히 도전할 만한 가치가 있다. 유튜버로 성공한 사람들은 유튜브가 포화상태인 것 같지만 아직도 영역이 더 확장될 것이라고 한다. 많은 사람들이 1인 크리에이터 시장에 참여하면 콘텐츠가 더 다양해질 것이라며 낙관적인 전망을 하고 있다. 그럼에도 불구하고 이들이 하나같이 하는 말은 모두 "하루아침에 번쩍하고 뜬 게 아니다"라고 한다. 자신의 열정을 몇 년 동안 쏟아부었고, 남들이 알아주지 않을 때에도 피나는 노력을 지속하다 보니 구독자도 늘고 브랜딩이 되었다. 무엇이든지 하루아침에 이루어지지 않는다. 끈기를 가지고 자신이 좋아하는 것을 꾸준히 하다 보면 좋은 결과로 이어진다.

창직을 하는 데에는 정해진 규칙이나 방법은 없다. 이제는 창의성과 열정을 자본으로 창직을 할 수 있게 되었다. 20년 전까지만 해도 소매점을 개업하려면 상권이 번창하는 도심지에 가게를 임대하고 사업자금을 은행에서 대출받아야 했다. 지금은 앱 스토어나 SNS, 플랫폼 서비스 등 다양한 플랫폼을 활용하여 개인의 가치를 다른 사람과 교환 또는 공유하며 수익 창출이 가능하다. 세계적인 스타로 활약하고 있는 우리나라의 음악그룹 BTS가 알려지게 된 것도 유튜브에 올린 영상이 뜨기 시작하면서였다. 데뷔 과정에서 어려움을 겪었던 멤버들은 돌파구 중 하나로 소셜미디어에 자신들의 콘텐츠를 올리고 팬들과 적극적으로 소통하였다. 방송 출연 없이 디지털 플랫폼만으로 콘텐츠 확산을 가져왔다. 지금의 BTS를 있게 한 초석이 되었다.

예전처럼 처음부터 사업에 큰돈이 들어가지 않는 방법으로도 창업 및 창직이 가능해졌기 때문에 자신의 관심 분야에서 콘텐츠를 만들 수도 있고, 제품도 만들 수 있다. 자신의 생활에서 불편을 느낀 것, 꼭 필요하다고 생각하는 것이 있는가? 손쉽게 창업을 하고 손쉽게 돈을 버는 방법을 이야기하고자 하는 것이 아니다. 창업이 쉬워졌다고 하더라도 꾸준한 노력과 열정, 그리고 나만의 특별한 것이 없으면 성공하기가 어렵다. 남들과 비교하여 경쟁우위를 찾기보다는 남들이 하지 않는 것, 나만이 시작할 수 있는 것을 생각해 봐야 한다. 열린 마음으로 취업뿐만 아니라 창직의 세계를 탐색할 수 있는 혜안을 가지고 자신의 가능성을 시험해 보기를 진심으로 응원한다.

4

어떻게 살고 싶은지
삶의 방향을 구체화하라

'여러분은 어떤 꿈을 꾸고 있나요?' '나는 어떤 사람이 되어야겠다고 생각해 본 적이 있나요?' 직업선택에 대한 고민을 많이 하는데 직업을 통해 궁극적으로 이루고 싶은 것이 무엇인지 생각하는 사람은 그리 많지 않다. 미국 시인 랠프 월도 에머슨(Ralph Waldo Emerson)의 시 한 구절을 소개한다.

"자기가 태어나기 전보다 세상을 조금이라도 살기 좋은 곳으로 만들어 놓고 떠나는 것, 자신이 한때 이곳에 살았기에 단 한 사람의 인생이라도 행복해지는 것, 이것이 진정한 성공이다."

인생을 어떤 마음으로 살아야 하는지에 대한 답으로 이보다 더 좋은 답은 없다.

직업을 통해 이루고 싶은 것이 무엇인가?

아주 어렸을 적에는 "어떤 사람이 되고 싶니?" 하고 물으면 "훌륭한 사람이 될래요." 하고 대답했다. 특별히 어떤 생각이 있어서라기보다는 본능적으로 그렇게 대답했다. 그러다 진작 꿈이 뭔지 고민해야 할 중·고등학생 때는 학교 성적과 대학 입시 때문에 직업과 학과를 선택하기에 바빴다. "어떤 사람이 되고 싶냐?"고 물어봐 주는 선생님도 없었다. 한두 번 그런 질문을 받았을지도 모르겠지만 기억에 남아있지 않다. 성적에 맞춰서 대학을 목표로 공부하는 것이 우선이었다.

나는 대학을 졸업하면 취업해서 행복한 삶을 살 것이라는 막연한 생각을 했다. 그렇게 해서 막상 대학에 갔는데 내가 '왜 존재하는지, 무엇을 위해 사는지?'에 관한 문제를 마주하게 되었고 '공부하는 이유가 무엇이고?, 이 세상에서 내가 해야 할 일이 뭐지?'라는 질문을 나 자신에게 했다. 나는 사람들에게 관심이 많았다. 그렇다고 딱히 정치에 관심이 있었던 것도 아니었는데 정치외교학을 전공하게 됐다. 대학 다닐 때부터 30대 초반까지도 적성에 맞지 않는 학과 선택이 내 인생의 실패를 가져왔다고 여겼다. 그래서 적성을 고려하지 못하고 학과나 직업을 선택하는 시행착오를 겪는 사람이 없었으면 좋겠다고 생각했다. 결국 사람들의 직업에 대한 고민을 해결해 주는 커리어 전문가를 꿈꾸며 지금까지 달려왔다.

누구나 '삶이란 무엇인가?'에 대해 진지하게 고민할 때가 온다. 사람은 본인의 삶에 특별한 사건이나 상황이 생길 때 자신의 존재 이유와 삶의 목적이 무엇인지 생각하게 된다. 특히 가정이나 직장생활에서 불편을 느낀다거나, 위기상황이 발생했을 때이다. 그때야말로 신이 내린 자아성찰의 기회이다. 내면의 소리에 귀기울이며, 자신에게 '나는 왜 태어났고? 어떻게 살아야 하는지?' 등을 묻고 통찰을 해보라. 자신이 진정으로 원하는 삶이 무엇인지 발견할 수 있을 것이다.

내가 진정으로 원하는 삶이란, 내가 제일 하고 싶고, 제일 잘할 수 있는 소질을 발견하고 그것에 초점이 맞춰진 삶을 사는 것이다. 그것은 내가 잘하는 것이, 무언가를 만드는 것일 수도 있고 학문을 연구하는 것일 수도 있다. 또 노래일 수도 있고, 사람을 설득하는 것일 수도 있다. 사람을 웃기는 재주가 있고 그걸로 행복해하는 사람도 있다. 어떤 일이 나에게 즐거움을 주고 그 일로 돈도 벌고 세상에 선한영향력을 끼친다면 더할 나위 없이 좋은 일일 것이다.

어떻게 살 것인가?

사람은 태어날 때부터 목적을 가지고 태어난다고 하지만 그 목적을 처음부터 알고 태어나는 사람은 없다. 태어났기에 잘살아보고 싶은 게 사람의 마음이다. 사람답게 잘살다가 떠나고 싶다는 생각은 인간이라서 자연스럽게 한다. 그렇다면 사람답게 잘산다는 게 무엇인가? 너무도 평온하여 흔들림이 없고 마음에 자유와 평화가 흘러넘치며, 부족함이 없는 것이다. 자아를 최대한 자유로운 상태로 만들어서 하고 싶은 일을 하며 축복받는 삶이다.

'현재를 사는 대로 나의 미래가 결정된다' 현재 어떻게 사느냐는 미래에 내가 어떤 사람이 되어 있는가와 연결이 되어 있다. 그래서 자신이 되고 싶은 만큼 현재에 충실해야 한다. 과거의 생각에 집착하는 사람은 더 넓은 세상으로 나가지 못하고 과거의 경험이나 사고에 갇힌다. 고정관념이 신념이 되어 생각을 쉽게 바꾸지 못한다. 나는 어떤 사람으로 기억되고 싶은가? 우리의 피부세포는 하루에 2번 바뀌고 우리 몸을 구성하고 있는 세포는 매일 바뀐다. 어제의 나와 오늘의 나는 똑같지 않다.

이스라엘 와이즈만 연구소에서 인간 신체의 세포회전율을 추정하여 발표했다. 인간의 몸에 있는 전체 세포는 30조 개 안팎이다. 보통 하루에 3,300억 개의 세포를 교체하는 것으로 나타났다. 1초에 380만 개의 세포를 새로 교체한다. 매일 일정 분량의 세포가 죽고 일정 분량의 세포가 새로 태어난다. 세포에 대해서 생각해 보면 신기하다. 내 몸 안에 있지만 느껴지지가 않는다. 그러나 내가 어떤 생각을 할 때나 내가 몸을 움직일 때, 또 내가 살아 숨

쉴 때 온몸의 세포는 반응하고 자기 할 일을 한다. 우리 몸 안에 세포는 계속 바뀌고 있다.

과거의 부정적인 생각을 많이 가지고 있었다면 과거는 과거로 치부해 버리자. 물론 과거를 반추(되새김)하면서 바꿔나가야 하는 것들도 있다. 그러나 과거의 실수나 과거의 잘못으로부터 얽매여서 벗어나지 못한다면 더 이상 발전은 없다. 지금 내가, 어떤 생각을 품고 사느냐가 중요하다. 내가 기억되고 싶은 모습, 긍정적인 생각으로 우리의 세포를 움직여보자.

프랑스의 작가 폴 부르제(Paul Bourget)는 "생각하는 대로 살지 않으면 사는 대로 생각하게 된다"라고 하였다. 이루고 싶은 것이 있는데 노력을 기울이지 않는다면, 좋은 일은 생기지 않는다. 당연한 결과다. 후회와 실망과 부끄러움으로 점철된 자신을 마주하게 될 것이다.

어떻게 죽을 것인가?

만약 내일 당장 죽는다면 '나는 오늘 무엇을 할 것인가?' 어떤 사람은 더 열심히 사람을 만날 것이고, 또 어떤 사람은 더 많이 여행을 갈 것이다. 살면서 아쉬움을 남기지 않기 위해서 이루고 싶은 것을 기록해 보자. 하지 못한 것에 대해 후회가 남지 않도록 다 적어보자. 그리고 하나씩 이뤄 나가보자. 꼭 세상을 바꾸는 큰일이 아니더라도 좋다. 죽음 뒤에 내 모습을 어떻게 남을지 생각해 보라. 삶과 죽음을 동시에 생각해 보는 것은 인생을 바라보는 새로운 관점을 갖게 해준다. 나에게 남은 시간이 많지 않다면 어떻게 시간을 보내는 것이 좋은지 명료하게 생각할 수 있다. 오늘 누구와 시간을 더 많이 보낼지, 어떤 일을 더 해야 할지 새로운 각도로 보게 될 것이다.

죽음을 잘 준비하기 위해서 잘 살아야 한다. 유시민 작가는 자신의 저서『어떻게 살 것인가』에 이렇게 적었다.

"삶은 준비 없이 맞았지만 죽음만큼은 잘 준비해서 임하고 싶다. 애통함을 되도록 적게 남기는 죽음, 마지막 순간 자신의 인생을 기꺼이 긍정할 수 있는 죽음, 이런 것이 좋은 죽음이라고 믿는다. 주어진 삶을 제대로 살면서 잘 준비해야 그런 죽음을 맞을 수 있을 것이다. 때가 되면 나는 그렇게 웃으며 지구 행성을 떠나고 싶다."

마지막을 거룩하게 만들기 위해 잘살아야 하고, 죽음을 잘 맞기 위해 잘살아야겠다는 말이다.

사회생활을 하다 보면, 자신의 본성을 조금씩 숨긴 채 자신의 주어진 역할에 충실하기 위해 페르소나를 갖게 된다. 페르소나는 카를 융(Carl Jung)이 분석 심리학적 관점에서 내놓은 개념으로 사회에서 요구하는 질서나 의무를 따르기 위해 자신의 본성을 감추는 것이다. 사람들은 살면서 자신의 이미지를 좋게 하기 위해 본성과는 다른 가면을 쓰고 연기를 한다. 자신에게 주어진 직장인으로서의 역할, 부모로서의 역할, 자녀로서의 역할, 이웃으로의 역할 등을 잘 해내기 위해서이다. 생애주기(Life cycle: 사람의 출생에서 사망까지 이르는 기간)에 맞춘 다양한 역할을 수행하며 원만한 사회생활을 이어간다. 그러나 연기가 끝난 후에는 자신의 본모습으로 돌아가는 노력과 시간도 필요하다. 내가 나다움을 잃지 않는 것, 삶의 균형을 이루어 후회를 남기지 않는 조화로운 삶을 사는 것이다.

'어떻게 살 것인가'와 '어떻게 죽을 것인가'라는 물음은 일맥상통한다. 우리 삶은 한 치 앞도 내다보기 어렵다. 그렇기에 오늘 하루를 살아갈 때 후회가 남지 않도록 충만하게 살아가야 한다. 조금이라도 좋은 세상을 만들기 위해 선한 삶을 살아간다면 사회는 분명 밝아질 것이다. 좋은 사람들과 좋은 관계를 형성하고 내가 알고 있는 전문 분야를 다른 사람들에게 전달하고 접목하며, 새로운 것을 창조해 낼 수 있는 인재(人才, 人材: 보통 자신의 능력을 이용해서 어딘가에 도움을 주는 사람이라는 뜻으로 사용된다. ■출처:나무위키)로 살아가자.

5

10년 후, 나의 미래를 상상하고 커리어 그림을 크게 그려라

"상상은 지식보다 중요하다. 지식은 한계가 있지만 상상은 우리를 둘러싼 세상의 모든 것들을 끌어안기 때문이다."

(알베르트 아인슈타인)

"상상력은 창조의 출발점이다. 당신이 원하는 것을 상상하고, 상상하는 것을 행동에 옮겨라. 그러면 결국 그것을 창조하게 된다."

(버나드 쇼)

상상이 현실이 되다

현재 상황에 정확히 맞춰서 계획을 짜는 사람이 있고 자기가 할 수 있는 것의 1.5배~2배 상향 조정하여 목표를 설정하는 사람이 있다. 자신의 미래에 대해 더 큰 그림을 그려야 하는 이유는, 현재 상황에만 맞추면 자신의 한계를 보게 되고, 큰 목표를 설정하면 설령 전부 이루지 못하더라도 목표치를 맞추기 위해 노력과 열정을 통해 더욱 성장하기 때문이다. 목표를 낮게 설정하면 스스로 한계를 설정하게 되어 더 할 수 있는데도 딱 정한 기준에 맞추어 노력하게 되며, 자신의 잠재된 능력을 제대로 발휘하지 못하는 결과를 가져온다.

상상력을 동원하여 자신이 10년 후의 모습을 구체적으로 그려보자. 미래는 위험과 기회가 동시에 존재한다. 미국 오하이오 주에서 자전거 정비사로 일하던 라이트 형제는 자전거를 고치면서 하늘을 나는 꿈을 꾸었다. 그들은 1900년부터 많은 실험을 통해 데이터를 축적하고 여러 종류의 글라이더를 제작했다. 하지만 번번이 실패했다. 그러다 많은 시행착오 끝에 1903년 최초로 비행에 성공하였다. 인류가 하늘을 나는 꿈을 실현한 최초의 사건이었다. 우주항공의 서막을 열었다.

라이트 형제의 비행에 대한 동경과 열정이 없었다면 닐 암스트롱은 비행기를 타고 달나라까지 갈 꿈을 꾸지 못했을 것이다. 닐 암스트롱의 어릴 적 꿈은 비행기 조종사가 되어 달나라를 가는 것이었다. 그 꿈을 이루기 위해 항공우주공학을 전공하고 파일럿, 항공공학자로 활약했다. 1962년에는 NASA 우주비행사로 인류 최초의 지구궤도 상에서 우주선 도킹에 성공했다. 우주선이 인류 최초로 달에 착륙한 역사적인 날인, 1969년 7월 20일 아폴로

11호 우주선에는 미국의 우주비행사 닐 암스트롱이 타고 있었다. 닐 암스트롱은 어릴 적 꿈을 이뤘고 인류가 달에 최초로 착륙한 우주비행기에 탑승한 최초의 우주비행사로 역사에 길이 남았다.

큰 그림을 그리고 자신의 미래에 대해 믿음을 가지면 반드시 그렇게 된다. 현재 상황이 답답해서 바로 눈앞에 있는 것도 해결하지 못하는데 어떻게 미래를 보느냐고 하는 사람도 있다. 현재를 무시하고 미래만 바라보라는 말이 아니다. 현재는 미래를 품고 있어야 한다. 현재 상황을 충실하게 헤쳐 나가면서 미래의 가능성을 동시에 열어두어야 한다. 미래지향적이고 직관형 성격의 소유자라면 미래를 좀 더 편안하게 상상한다. 감각형 성향의 사람이라면 구체적으로 보이는 증거나 자료 없이는 상상하기 어려울 수 있다. 하지만 자신의 성장을 위해 더 넓은 시야를 갖는 것은 중요하다. 상상하는 것은 돈이 들지 않는다.

미래학자인 토마스 프레이(Thomas Frey) 다빈치연구소장의 말 중에 기억에 남는 말이 있다.

"우리는 과거에 매몰된 사회에서 살며 과거의 흔적, 정보, 역사에 기반하고 있는 것은 맞지만 미래는 우리들의 마음속에서 만들어지고 우리는 거기에 참여하고 있다. 결국 미래는 우리가 만든다." ■출처 2020 한반도국제평화포럼

미래의 이미지가 현재를 결정하는 것이다. 개인이 자신의 꿈을 이루기 위해서 꿈을 상상하고 시각화하는 원리와 같다. 실제 운동선수들은 성공을 각인하는 시뮬레이션을 통해 경기에서 승률을 높인다. 구체적인 시각화를 통해 상상을 현실로 만드는 것이다.

10년 후에 되어 있을 나의 모습을 시각화하고 기록하라

상상이 현실이 되기 위해서 가장 많이 사용하는 것이 시각화다. 시각화를 가장 잘 활용한 예는 유명한 운동선수와 의사, 강연가가 있다. 운동선수들은 시각화의 중요성을 잘 알고 있다. 수영의 신으로 알려진 펠프스는 매일 자기 전과 아침에 일어나 수영장에서 경기하는 자신의 모습을 완벽하게 상상한다. 실제 경기를 생중계하듯이 완벽한 자세와 물살을 가르는 느낌과 기록을 초 단위로 정확히 측정하며 우승하는 순간까지 모든 과정을 시각화했다. 상상 훈련은 실제로 경기력을 향상시켜 펠프스는 올림픽 역사상 가장 많은 메달을 따는 기록을 세웠다.

골프 황제 잭 니클라우스는 시각화를 중요시하는 운동선수로 유명하다. 그는 샷을 하기 전에 자신의 샷 이미지를 그려보는 루틴이 있다. 그는 공이 맞는 소리, 땅에 떨어졌을 때 공이 굴러가는 모습과 청중들의 환호까지 모두 상상한다. 실제 경기 중 어렵다고 느껴질 때 그는 코스를 완벽하게 상상하여 머릿속에서 각

홀을 그려냈고 상상한 대로 플레이했다. 실제로 상상했던 것보다 더 좋은 경기를 펼치기도 했다.

운동과학자들은 상상 속에서 운동하면 실제 근육이 움직인 것과 같이 운동 실력 향상에 도움을 줄 수 있다는 것을 입증했다. 어떤 의사는 수술을 집도하기 전에 미리 머릿속으로 수술 과정 전체를 그려보고 위급상황 발생 시 대처방법까지 꼼꼼히 상상해 본 후 수술에 들어간다. 대중 앞에서 강연하는 강연가 중에도 강연과 워크숍이 시작하기 전에 시각화를 활용하여 성공적인 결과를 상상하고 그 결과를 현실로 만드는 사람이 있다.

1년 후, 5년 후, 10년 후에 나는 어떤 모습이 되어 있을까? 또는 어떤 모습이 되길 원하는가? 『시장학개론』의 저자이자, CEO들을 교육하는 기업가인 김승호 회장은 4,000억 원대의 자산가로 자수성가한 사람이다. 그는 자신의 특별한 성공비법으로 시각화와 기록법을 소개했다. 자신이 이루고 싶은 것을 정하면 매일 100번씩 100일 동안 써서 이뤄나갔다고 한다. 또 그는 목표를 정하면 모든 암호를 그것으로 바꾸고 매일 매 순간 목표를 상기시키는 시각화 방법을 활용하였다. 휴대폰, 이메일, 도어락 등 모든 암호가 목표에 집중되고 명확한 동기부여가 일어났다. 그렇게 목표를 차근차근 이루어 성공했다고 한다.

열정을 가지고 도전하는 사람과 대충 사는 사람은 눈빛부터가 다르다. 20대지만 60대 같은 사람이 있고 50대지만 30대 같은 사람이 있다. 사람의 눈을 보면 얼마나 열정과 호기심으로 가득 차 있는지, 얼마나 에너지가 있는 사람인지를 알 수 있다. 내가 무언가를 원하면서 행동하지 않는다면 항상 소원으로만 남게 된다.

똑같은 고민을 10년째 하고 있는 사람이 있다. 내가 어떤 일을 하고 싶다면 그 일에 얼마나 시간을 투자하고 있는지를 봐야 한다. 시간을 투자하는 것만큼 성과를 가지게 된다. 투자한 시간만큼 결실을 맺는 건 당연한 이치다. 피아노를 하루에 8시간씩 3개월 동안 꾸준히 친다면 피아노를 꽤 잘 치는 사람이 된다. 매일 하루도 빠지지 않고 3시간씩 글을 쓴다면 몇 년 후에는 베스트셀러 작가가 되어 있을 것이다.

자신에 대한 기대와 믿음, 자기충족적 예언

우리는 외부 환경이나 다른 사람의 말에 큰 영향을 받는다. 주변에서 해주는 좋은 말과 나쁜 말 한 마디가 그 사람의 인생을 바꾸기도 한다. 노벨생리의학상 수상자인 존 거던(John Gurdon) 영국 케임브리지대 교수는 어렸을 때 곤충 관찰을 좋아해서 생물학자가 되고 싶었다. 하지만 고등학교 때 생물교사로부터 그가 생물학자가 되는 것은 시간 낭비라는 말을 듣고 과학자의 꿈을 포기했다. 할 수 없이 고전문학을 전공으로 택했으나 전공에 흥미가 생기지 않았다. 결국 동물학으로 전공을 바꿨고 10년 동안 매일 연구에 전념했다. 그 결과 역사상 최초로 개구리 복제에 성공하였고 그 공로를 인정받아 노벨물리학상을 받았다. 선생님의 말한 마디 때문에 그의 재능이 영원히 묻혔다면 생물 복제 연구 분야에 큰 손해를 볼 뻔했다.

위와는 반대로 타인의 기대나 관심으로 결과가 좋아지는 '자기충족적 예언'▮이 있다. 자기충족적 예언은 스스로 자신의 장점을 인식하게 하여 그 장점을 잘 살릴 수 있는 방법에 집중하는 것이다. 누군가가 당신에게 "당신은 발표를 잘해.", "당신은 이야기를 재미있게 잘해"라는 말을 여러 번 들었다면 자신도 모르는 사이 '나는 그런 사람이구나!'라고 생각하게 되어 점점 그런 사람이 된다. '로젠탈 효과'라고도 한다. 미국의 심리학자 로버트 로젠탈 교수가 실험을 통해 처음으로 이 효과를 발견해서 이름 붙여졌다. 로젠탈 교수는 이 실험에서 학생들을 두 그룹으로 나누었다. A그룹의 학생들에게는 너희가 최고라고 말해 주었고 B그룹의 학생들에게는 아무 말도 해주지 않았다. 한 학기 후에 학생들의 변화를 측정하였는데 놀랍게도 A그룹 학생들의 지능지수가 몰라보게 향상되었다. 반면 B그룹은 어떤 변화도 일어나지 않았다.

몇 년 전에 상담을 진행했던 한 청년은 고등학교 시절에 왕따를 경험했다. 우울증으로 학교를 마치지 못하고 중간에 자퇴

▮ 자기충족적 예언: 심리학 용어, 어떤 예언이 있으면 그 사실만으로도 현실로 실현된다는 것을 뜻한다. 예언이 원인으로 작용해 실제 결과를 이끌어낸다는 말이다.

했다. 검정고시로 고등학교를 졸업한 후 공무원 시험 준비만 3년 동안 했다.

3년 동안 공부만 하느라고 아르바이트나 직장 경험이 전혀 없었다. 계속 낙방을 한 그는 더 늦기 전에 취업하고 싶어서 직업 상담에 참여했다. 초기 상담 시 첫인상이 조용하고 자신감이 없어 보였다. 그는 사회생활 경험이 없다 보니 취업은 할 수 있을지, 직장에 적응은 할 수 있을지 꽤 걱정이 많았다. 상담 도중에 자신의 아픈 학창 시절의 이야기를 꺼내며 우물쭈물하면서 고개를 숙였다.

자기 잘못에 기인한 것이 아니니 운이 나빴다고 볼 수 있다. 그에게는 자신을 사랑하고 이해하는 것이 중요해 보였다. 그는 좋지 않은 경험으로 인해 은연중에 '나는 쓸모없는 사람이다'라는 비합리적인 신념이 자리 잡고 있었는데 그 생각이 틀렸다는 것을 알게 하고 자기효능감을 높이는 것이 우선이었다. 이 청년은 마음이 순수했고 성실한 태도를 가졌다. 나는 그것은 매우 좋은 장점이니 무엇이든 도전할 수 있고 잘될 거라고 격려했다. 힘든 상황을 극복하고 취업으로 첫 출발을 잘하고 싶은 청년의 마음이 느껴져 취업의 관문을 잘 통과하여 앞으로 더 빛날 미래를 설계하도록 했다. 일단 취업 목표가 세워지고 나니 자신감이 생긴 이 청년은 3개월 동안 열심히 노력하여 컴퓨터와 전산회계 자격증을 취득하였다. 면접에서도 거뜬히 합격하고 직장생활을 무난하게 시작했다. 그는 어느덧 3년 차 직장인으로 평범하게 살아가고 있다.

실제 상담을 진행할 때 자기충족적 예언은 내담자들의 강점을 더욱 강화해 주는 역할을 했다. 효과가 있었다. 내담자들은 구직 준비 기간 동안 받는 스트레스로 인해 움츠려들고 자신감이 떨어지는 경우가 많다. 그런 경우 내담자가 가진 강점을 자주 말해주면 그 강점뿐만 아니라 전반적인 태도가 긍정적으로 변화되는 것을 느낀 적이 많다. "천 리 길도 한 걸음부터"라는 말이 있듯이 취업을 위한 단기 목표부터 장기적인 직업 목표까지 세우고 나면 언제 그랬느냐는 듯이 자신감 있게 도전하는 모습을 볼 수 있었다. 그들은 성실한 사람, 자기표현을 잘하는 사람, 순수한 사람, 에너지가 넘치는 사람 등의 형용사가 잘 어울렸다. 이렇게 자기충족적 예언은 자기 스스로에게도 자신감과 성취감을 올려줄 수 있는 심리기제이다.

6

처음부터 안정적인 직업만 좇지 말고
우선 일하면서 기회를 엿보라

유명한 교육 전문업체 대표인 윌리엄 린슬레이는 "세상에는 내가 잘할 수 있는 일이 얼마든지 있다. 지금 내가 하는 일은 내 능력을 찾아내는 시험장인 셈이다. 대학 졸업자들뿐만 아니라 젊은 중간 관리자들까지 특별한 기준 없이 닥치는 대로 직업이나 일을 선택하고 있다"라고 말했다. ■ 출처 『평범했던 그 친구는 어떻게 성공했을까』

자신의 능력을 제대로 알고 적합한 직업을 선택하기 위해서는 지금 하는 일을 통해 자신을 탐구하고 능력을 발견하라는 점을 강조하고 싶다.

성공한 사람들은 대부분 현실적인 목표를 가지고 일을 시작한다. 자신이 능력을 발휘할 수 있는 일을 찾는 길이기 때문이다. 나 또한 여러 가지 직업들을 거쳐 오면서 현실적인 일에 충실하지 못했던 것을 후회한 적이 있다. 전에 공기업 소속 고객센터에서 계약직 직원으로 일을 한 적이 있었는데 미래의 직업상담사를 꿈꿔왔던 그때 나는 나에게 맡겨진 일을 하찮게 여겼다. 매뉴얼만 재빠르게 습득했고, 일 처리를 제대로 하지 않는 관리자들을 소홀히 대했다. 상담 품질도 좋지 않았다. 그러다 보니 나중에 들어온 후배들이 먼저 파트장이 되었다. 훗날 센터가 아웃소싱으로 넘어가면서 나는 일을 그만두었다. 당시 직원들 다수는 공기업 정규직으로 등용되는 기회를 얻었다. 파트장으로 일했던 직원들 역시 다른 센터의 기관장으로 스카우트 되어 갔다.

나는 그들의 성공을 먼발치에서 부러워하는 신세가 되었다. 30대 중반의 늦은 나이에 커리어 담당 신입 컨설턴트로 시작해서 직업상담사로서의 먼 길을 외롭게 달려왔다. 시간이 지나서야 내가 남을 도우며 행복하게 일할 수 있는 꿈을 이루기 위해 가까운 길을 두고 멀리 돌아왔다는 사실을 알게 되었다. 아무리 원대한 꿈을 품고 있더라도, 현재 자신이 선택한 그 일을 사랑해야 한다. 어떤 일을 하든 그 일을 소중하게 여기고 최선을 다해서 일할 때 자신의 꿈에 한 발짝 다가갈 수 있는 연결점이 생긴다.

희망하는 일과 자신의 능력이 일치하지 않거나, 자신이 원하는 직업과 연결되는 기회가 부족한 경우에는 현실을 객관적으로 바라볼 줄 알아야 한다. "일보 후퇴 이보 전진"이라는 말도 있다. 전진하기 위해 일단 후퇴하고 원하는 걸 얻을 준비를 하자. 사회

경험이 없고 정확한 안목이 부족한 청년들이 자신에게 딱 맞는 일자리를 찾기란 쉽지 않다. 그렇기에 더욱 본인에게 주어진 기회를 붙잡아야 한다. 현재 어떤 일이 주어지더라도 소홀히 하지 말아야 한다. 설령 그것이 단기 아르바이트일지언정 거기에서 분명 배울 점은 있다. 청년들이 먼 미래를 위해 현재를 허비하지 않기를 바란다. 성공도 운이 따라야 한다. 운을 맞이하려면 지금 자신에게 주어진 일에 최선을 다해야 한다. 자신이 가진 능력이 100이라면 120 이상을 해야 한다. 그러면 어디서든지 인정을 받는다.

공무원을 희망하는 사람들이 줄고 있다

2023년 1월 잡코리아에서 취준생 대상으로 공무원 준비 현황을 조사한 결과 공시족은 2019년 대비 8.5% 줄었다고 한다. 공무원 시험을 준비하지 않는다고 한 이유 중 가장 많은 답변은 '공무원 시험 준비 과정이 너무 힘들 것 같아서', '공무원 연봉이 너무 적은 것 같아서'였다. 공무원은 고용안정성이 높은 반면에 일반 사기업에 비해 조직문화가 수직적이고 연봉이 다소 낮다. 그러므로 먼저 공무원이라는 직업이 자신의 직업 가치관과 맞는지를 신중하게 고려해 보아야 한다.

얼마 전 직업상담에 참여한 한 청년은 고등학교를 졸업하고 9급 지방직 공무원 시험에 합격하여 1년 동안 공무원으로 근무하다가 자진 퇴사를 했다. 퇴직 사유는, 막상 일해 보니 상사와의 소통이 부재한 상황에서 지시받은 일을 무조건 해야 했고 업무에 열의가 없이 아랫사람에게 일을 맡기는 상사의 모습이 자신의 미래라고 생각하니 끔찍했다고 한다. 직업상담을 시작하고 성격검사를 해보니 진취형, 사회형 성향이 강했다. 민원인을 상대하는 대민 서비스는 사회형 성격과 맞지만 주도적 리더십을 발휘하는 진취적인 내담자의 성향과 내담자가 근무했던 조직에서 경험했던 상사의 일방적, 수직적 업무지시와는 맞지 않았다. 그는 몇 달 전에 아프리카로 해외 자원봉사를 다녀왔는데 사람들을 돕고 어린이들을 지도하는 일이 잘 맞았다고 한다. 청년은 활동적이고 진취적인 일이 자신의 성향과 잘 맞아 해외 NGO 기관에 도전하기 위해 영어 공부에 더 집중하기로 했다.

공무원 시험을 준비하기 전에 공무원의 장·단점을 미리 알아둔다면 어렵게 임용된 후 실망하는 일은 줄어들 것이다. 공무원을 준비하는 사람들 대부분이 단지 안정적이라는 이유만으로 공무원이 되기를 희망하는데 아무리 안정적이라고 해도 본인의 적성과 안 맞는다면 견디기 어렵다. 왜 공무원이 되고자 하는지? 그에 대한 뚜렷한 비전이 없다면 입사한 후에도 후회하는 경우가 발생한다. 공무원을 하고 싶은 뚜렷한 목적이 있는가? 공무원이 되려면 사회적으로 인정받으며 안정적으로 삶을 추구하는 것 외에 공무원으로서의 사명감이 있어야 한다.

공무원은 다양한 민원인들을 응대하고 국민에게 봉사하는 마음이 필요하다. 봉사 정신과 희생 정신이 높아야 하는 직업 중의 하나이다. 워크넷 한국직업전망에서는 행정공무원의 적성 및 흥미를 다음과 같이 제공한다.

"행정공무원은 각종 행정업무를 정확하고 꼼꼼하게 처리할 수 있어야 하며, 담당 직무에 대한 관련 법규 지식도 필요하다. 대민 서비스를 제공하는 업무의 경우, 신속하고 정확하게 업무처리를 할 수 있어야 하고 도덕성과 윤리성 또한 높은 수준에 있어야 한다. 또한 민원인을 대하는 업무를 담당하는 행정공무원은 다양한 사람의 요구를 반영하는 것에서 오는 스트레스를 잘 조절할 수 있어야 한다. 대인관계를 원만하게 유지하는 역량도 필요하다." ■출처 2021 한국직업전망

대기업을 목표로 하는 경우, 자기 능력을 정확히 알고 현실적으로 가능성을 따져봐야 한다

청년들의 실업이 장기화되는 이유 중 하나가 일자리의 눈높이가 맞지 않아서이다. 청년들이 선호하는 일자리는 대기업이 64%, 공공부문 44%, 중소기업이 16%다. 대기업 정규직으로 입사할 수 있는 확률은 전체 일자리의 10.8%에 불과하다. 대기업 일자리 수 자체가 너무 적다. 일자리는 한정되어 있고 인원이 몰리게 되니 낙타가 바늘구멍을 뚫고 들어가는 격이다. 하향 취업을 한다면

연봉이나 복지 차이가 크다. 저임금의 악순환이 걱정된다. 이에 반해 중소기업은 만성적인 구인난에 시달리고 있다. 정부에서는 중소기업에 취업하는 청년들에게 여러 가지 혜택을 만들어서 시행 중이다. '청년도약계좌'나 '청년재직자 내일채움공제' 등 청년들의 목돈 마련을 위한 혜택을 주고 있지만 좋은 일자리를 만들기에는 역부족이다.

누구든지 처음부터 자기가 선호하는 일자리에 들어갈 확률은 매우 낮다. 자기 능력을 정확히 알아야 한다. 자신이 목표한 것이 허황된 꿈인지 실현 가능한지 객관적인 판단이 요구된다. 자신이 큰 목표를 세웠다면 거기에 도달할 수 있는 확실한 지도를 만드는 것이 중요하다. 지도가 촘촘하면 더 좋다. 최대한 구체적인 준비 과정을 목록화하고 거기에 맞춰서 도전해야 한다. 그래야 성공 확률이 높다. 객관적인 지표로 볼 때 자신이 대기업에 입사할 확률이 높지 않다면 현실적인 대안을 마련해야 한다. 어떤 선택을 할 것인지는 자신만 결정할 수 있다. 성공을 목표로 1년을 더 투자하여 피나는 노력을 할 것인지, 아니면 현실적인 목표를 세워 경력을 쌓을 것인지 빠른 판단이 요구된다.

취업을 앞둔 대학생 중에는 중소기업으로 취업하면 대기업으로 이직이 어려워서 커리어에 도움이 안 될 거라고 고민하는 이들도 있으며, 중소기업과 대기업의 연봉 차이가 2배 정도 나다 보니 섣불리 아무 곳이나 취업하지 못하는 사람도 많다. 그러나 현실적으로 볼 때 대기업에 취업할 수 있는 확률이 너무 낮다. 1년 이상 준비해서 들어갈 수 있다면 도전할 가치가 있겠지만 그게 어렵다면 자신의 현재 상황에 맞게 선택해야 한다. 조금만 더 자신의 마음을 들여다보면 어떤 선택이 맞는지 알 수 있다.

최근 상담을 진행한 대학생은 학자금 대출도 있고 해서 어떻게든지 취업을 해야만 하는 상황이었다. 대학원 진학을 뒤로 미루고 하루라도 빨리 취업하고 싶다고 했다. 구직활동을 시작한 지 얼마 되지 않아 친구와 선배들의 조언에 따라 여러 곳에 문을 두드렸다. 그렇게 알아보던 중 '어느 기업은 규모가 작아서 안 될 것 같고, 어느 기업은 자신이 목표하는 기업이지만 거리가 너무 멀어서 지원을 안 했다'라고 하면서 출퇴근하기 좋은 가까운 거리에 있는 큰 기업만 찾으려고 하니 이러지도 저러지도 못한 채 혼란스럽다고 하소연했다.

그 대학생은 자신의 커리어를 찾기 위해 동분서주하는 미래가 촉망되는 청년임에는 틀림없었다. 그럼에도 불구하고 좁은 문을 통과하기 위해서는 피나는 노력과 운도 필요한 것이 사실이다. 모두에게 똑같이 적용되는 적합한 선택이란 있을 수 없다. 자신에게 있어서 중요도를 따져보아야 한다. 생계가 급하다면 최대한 빨리 취업하여 전문 분야를 빨리 만드는 것이 낫다. 거기서 시작하여 가지를 뻗어나가야 한다. 이런 학생은 기업 규모가 작더라도 본인의 전공이나 목표한 분야와 관련성이 있는 곳 위주로 선택하는 것이 좋다. 이 학생도 상담받고 얼마 되지 않아 자신의 전공 분야와 관련이 있는 작은 규모의 기업에 들어갔다. 학자금 대출이 끝나면 석사과정을 밟고 자신의 분야에 전문성을 키우는 데 집중하고 싶다고 했다.

목표가 공무원이라면 2~3년, 공기업은 1~2년, 대기업은 1년 정도 전념을 하는 것을 마지노선(최후의 방어선이나 기준)으로 잡아야 한다. 물론 이 기준을 일반화할 수는 없다. 하지만 이 기간은 지금까지 직업상담에 참여해서 합격했던 청년들이 노력했던 시간이다. 그러니 시간적, 금전적 여유가 있다면 1년에서 3년 안에 준비부터 입사까지 이뤄져야 한다. 자신의 목표가 확실하다면 제대로 노력해야 한다. 정말 반드시 합격하고 싶다면 비용을 투자해야 한다. 서류와 필기전형에 합격하고도 면접전형에서 떨어지는 경우가 있으니 사설 기관에서 유료로 컨설팅을 받는 것이 큰 도움이 되기도 한다.

불확실성이 뉴노멀(New normal: 시대의 변화에 따라 새롭게 떠오르는 표준)인 시대이다. 지금은 산업구조에 의한 직업의 급격한 변화와 불평등이 심화되는 사회구조 등의 여러 가지 현실을 앞에 두고 있다. 청년 실업이 장기화된 원인을 청년에게만 돌릴 수는 없다. 눈높이를 낮추라는 말이 답은 아니다. 이런 시대에 청년들이 '자기실현'을 잘 안착하려면 어떻게 해야 하는지 이 사회와 청년들이 함께 고민해 봐야 한다. 청년들이 다양한 분야에서 인턴제도와 수습제도 등을 통해 자신에게 맞는 일을 찾을 수 있도록 일 경험을 활성화하고 사회안전망을 더 구축해야 한다.

　많은 것을 경험해 봐야 자신이 잘하는 것을 찾을 수 있다. 이제는 더 이상 안전한 직장이 없다. 자신이 잘할 수 있는 분야가 무엇인지를 찾는 것이 우선되어야 한다. 취업에 실패하거나 취업 준비가 길어지는 경우 낙인효과를 적용해서는 안 된다. 그들이 취업해서 일을 시작할 수 있도록 격려와 지지를 보내는 사회 분위기가 형성되어야 하며, 청년들도 좀 더 패기를 가지고 자신이 원하는 일을 적극적으로 찾고 도전하고 실패하는 것을 두려워하지 말아야 한다. 실패 경험이 없으면 실패를 더 두려워하게 되고 도전하려는 마음이 움츠러들기 때문이다.

7

성공한 사람들을 보면 아무리 돈이 많아도
놀고먹지 않는 이유를 알 수 있다

사람은 태생에 따라서 대의를 목표로 하는 사람이 있고 그렇지
않은 사람이 있다. 자기 자신만을 위해서 산다고 그것이 잘못된
것은 아니다. 자기 행복과 가족의 행복을 지키는 것도 중요하다.
누구든지 인생이 편하지는 않다. 타인을 위해 사는 것에 삶의 의
미를 둔다면 때로는 고단한 삶이 될 수도 있지만 진정한 행복을
느낄 수 있다. 그것이 인간에게 주어진 아이러니한 삶이다. 세상
에는 이미 성공하여 부를 이루었더라도 자신만의 인생 가치를 실
현하기 위해 계속 일을 하는 사람들도 많다. 프랑스 작가 볼테르
는 일하는 것에 대한 중요함에 대해 다음과 같은 말을 남겼다.

"일하지 않는 것과 존재하지 않는 것은 같다."

부자들은 왜 계속 일을 하는가?

워런 버핏은 포브스 선정 세계 부자 순위 7위(2023.12월 기준)에 올라 있다. 놀고먹을 만큼의 부를 이룬 사람이지만 계속 일을 하는 이유는 투자하는 것을 즐기고 투자에 대한 열정을 가지고 있기 때문이다. 그는 자신이 이룬 부와 명예에 안주하지 않고 지금도 새로운 목표에 도전하면서 성취감을 느낀다. 작년에도 약 7조 원에 달하는 막대한 금액을 기부하며 사회에 긍정적인 영향을 끼쳤다.

스티브 잡스 또한 막대한 부와 명예를 가졌지만 자신의 몸에 퍼진 암을 치료하는 대신 자신이 해야 한다고 생각하는 일을 선택했다. 아이폰을 출시하는 일을 멈추지 않았다. 사람들이 열광하는 아이폰 출시 당시 프리젠테이션 하는 영상을 보면 몸은 정말 말랐지만 변화를 위한 열망으로 인한 눈빛의 희열은 숨길 수가 없었다. 한 사람의 숭고한 정신과 마주했을 때 우리는 할 말을 잃고 그 사람을 우러러보게 된다. 자신의 안위를 생각했다면 생명을 연장하기 위해 몸을 아꼈을 것이다.

'오늘이 마지막인 것처럼 죽음을 생각하며 하루를 살아라'는 주제로 강연했던 스티브 잡스의 명대사가 떠오른다. 스티브 잡스는 스탠퍼드대학교 졸업식 연설에서 이 같은 명언을 남겼다.

"만일 오늘이 내 인생의 마지막 날이라면, 지금 하려고 하는 일을 할 것인가?'라는 물음에 답이 '아니오!'라고 나온다면, 다른 것을 해야 한다는 걸 깨달았습니다. 인생의 중요한 순간마다 '곧 죽을지도 모른다'라는 사실을 명심하는 것이 저에게는 가장 중요한 도구가 되었다. 모든 외부의 기대, 각종 자부심과 자만심, 실패에 대한 두려움과 수치 등 그런 것들은 '죽음' 앞에서는 아무것도 아니기 때문에, 오직 진실로 중요한 것들만이 남게 됩니다. 죽음을 생각하는 것은 무엇을 잃을지도 모른다는 두려움에서 벗어나는 최고의 길입니다. 여러분이 지금 모두 잃어버린 상태라면, 더는 잃을 것도 없기에 여러분의 마음을 따르지 못할 이유가 없습니다."

19세기 러시아에는 세계에서 가장 위대한 작가 중 한 명으로 꼽히는 톨스토이가 있다. 그는 백작 가문의 귀족으로 태어나서 경제적으로나 지위로나 부족함이 없었던 사람이었다. 그 시절 귀족이라면 놀면서 풍류를 즐기며 살아도 됐을 텐데 평생 '어떻게 살 것인가'를 고민하면서 90권의 책을 썼다. 톨스토이는 '사람은 무엇으로 사는가?'에 대한 해답을 찾기 위해 죽을 때까지 자기 성찰을 했다. 결국 사람이 사는 이유는 '성장을 하기 위해서'라는 답을 찾았다.

고려대학교 노어노문학 교수이자 번역가인 석영중 박사는 유튜브 플라톤아카데미TV에서 '톨스토이, 성장을 말하다'라는 주제로로 강연했다. 톨스토이의 삶에 있어서 성장은 선택이 아닌 필수였고, 성장이 멈추는 순간 삶도 행복도 더이상 없다고 언급했다. 그는 톨스토이의 명언 중에 "오늘 밤까지 살 것처럼 영원히 살라"는 말을 소개하면서 현재의 삶을 소중하게 여기며, 동시에 유한한 시간을 충만하게 살라는 뜻을 전했다.

시간은 기다려 주지 않는다

지인 중에 대기업을 다니다가 조기퇴직을 하고 중소기업에서 작은 일을 맡은 사람이 있다. 그는 "그동안 돈과 승진을 목표로 밤낮없이, 휴일도 없이 힘들게 살아왔다. 그런데 퇴직하고 직장을 그만두니 자기 주변에 사람이 다 떠나고 남은 것은 허무함뿐이었다"고 한다. 지금까지 돈을 많이 벌어 성공해야겠다는 목표로 살아왔던 것이 부질없었다는 생각이 들면서 이제는 모든 야망을 내려놓고 그동안 소홀했던 가족을 위해 살겠다는 다짐을 한 것이다.

그는 재취업한 중소기업에서 직책이나 일에 욕심을 부리지 않고 맡겨진 일만 열심히 했다. 대신 퇴근 후 저녁시간과 주말에는 가족에게 최선을 다하자는 목표를 세웠다. 하지만 시간은 기다려 주지 않았다. 아이들도 사춘기에 접어들어서 친구들과 보내는 시간이 많아졌고 배우자 역시 자신의 취미활동을 가졌던 터라 딱히 주말이 되어도 가족들과 같이 보낼 시간이 없었다. 혼자 집에 남게 되면 할 일 없이 빈둥거렸다. 소파와 TV가 친구가 되었고 몸은 세상 편안함 그 자체였다. 몸이 편해서 마냥 좋을 줄 알았는데 6개월도 안 되어 무기력감이 들었다. 몸은 편했지만 행복하지는 않았다. 결국 자신이 할 수 있는 의미 있는 일을 찾아보다가 자원봉사를 시작하게 되었다.

청소년 중에는 돈이 가장 큰 목표가 되는 경우가 많다. 커서 이루고 싶은 것이 뭔지 물어보면 "돈을 많이 벌고 싶다"고 한다. 돈 많이 벌어서 뭐 할 것이냐고 물어보면 "멋진 집에서 편하게 살고 싶다"고 한다. 편안함이 만족감을 주고 일시적인 행복감은 줄 수 있지만, 지나치게 편안한 상태가 되면 권태감이 생기게 마련이다. 오죽하면 일한 뒤에 맞이하는 휴식이 인생에서 가장 큰 즐거움이라고 하는 사람들이 있겠는가.

자신의 진로를 탐색할 때 어떤 직업을 가지면 돈을 많이 벌고 편하게 살까를 고민하는 것은 근시안적인 사고다. 돈을 벌고 난 후에 어떤 삶을 살아갈지를 알지 못하면 삶의 순간순간마다 회의감이 들고 방황하게 된다. 직업이 자신에게 어떤 의미가 있고, 궁극적으로 이루고 싶은 것이 무엇인지를 생각하는 것이 중요하다.

성공과 행복은 다르다

JYP엔터테인먼트 대표이자 가수인 박진영 씨는 SBS방송 인터뷰에서 "20대 대학생 시절 20억을 버는 게 목표였다"고 말했다. 그는 가수로 데뷔한 후 열심히 활동하여 20억이라는 돈을 벌었다.

하지만 행복하지 않았다. 목표를 달성하면 행복할 줄 알았는데 행복은커녕 허전함만 느꼈다. 그때 '사람은 명예를 얻어야 행복하다'라는 말을 듣고는 미국 빌보드 차트에 자신이 작곡한 노래를 올려서 명예를 얻겠다는 목표를 다시 세웠다. 그는 처음보다 더 열심히 노력했다. 결국 자신의 노래를 빌보드에 올리고 원하던 명예까지 얻었다. 그럼에도 행복하지 않았다. 갈 바를 몰라 이리저리 돌아다녔다. 마침내 그는 존재의 의미가 중요하다는 사실을 깨닫게 되면서 길을 잃지 않고 타인을 도우며 행복하게 살고 있다.

이처럼 돈도 많이 벌고, 명예도 얻고, 사회적인 성공도 했지만 그런 것들이 만족감을 주지 않을 때는 자신에게 일이 주는 의미와 가치가 무엇인지 찾게 된다. 즉, 내면의 평화를 얻기 희망한다. 사람은 자신의 원하는 가치를 실현함으로써 다른 사람들에게 영감을 주고 선한 영향력을 미치는 삶을 살기 원하기 때문이다.

행복한 삶을 살기 위해 열정을 다해서 헌신하고 싶은 일과 가치는 무엇인가?

나의 경우에는, 내담자들이 하고 싶은 것을 찾도록 동기부여하고 재능을 발휘할 수 있도록 돕고 싶다. 그들이 자신에게 맞는 직업을 잘 선택하여 자아실현을 하고 행복한 인생을 살아가기를 바란다. 진로상담을 받고 변화할 사람이 한 명이라도 있다면 계속 그 일을 할 것이다. 세상을 크게 변화시킬 수는 없더라도 한 사람 한 사람의 작은 소망과 실천들이 모이면 결국 선한 세상이 오리라 믿는다.

세상이 풍요로워질수록 만족보다는 사람들의 탐욕이 점점 커진다. 자본주의 사회의 시스템은 더 많은 물질을 욕망하게 만들고 불필요한 소비를 부추긴다. 가진 자는 더 가지려고 하고 갖지 못한 자는 내가 가질 수 없는 것에 대해 상대적 박탈감을 느끼며 점점 더 우울해진다. 물질적 풍요는 편리함을 넘어서서 정서적인 불행을 가속화시켰다. 2024년 기준 한국의 1인당 국민소득(GDP)은 OECD 국가 중 28위이지만 자살률은 OECD 국가 중 1위다. 경쟁과 외적인 성공이 최우선되어 행복의 질을 떨어트리는 결과를 가져왔다.

인도의 위대한 사상가인 마하트마 간디는 생전에 7가지 사회악이 사회를 병들게 한다고 했다. '원칙 없는 정치, 일하지 않고 얻는 부, 부도덕한 상거래, 인격 없는 교육, 마음에 울림이 없는 쾌락, 인간을 고려하지 않는 과학, 희생 없는 신앙 등이 사회를 타락시킨다고 했다. 돈을 좇다 보면 때로는 성실히 일해서 돈을 벌지 않고 한방을 원하기도 한다. 그러다 불법도박이나 중독에 빠지기도 한다. 사람은 일을 함으로써 성취감을 느끼고 사회 일원으로서 소속감을 갖는다. 대부분 직업을 통해 인간관계를 맺고 어려운 일을 함께 해나가면서 관계가 돈독해진다. 새삼 옛 사상가의 사회악에 대한 부르짖음이 요즘들어 부쩍 생각난다.

8

직장인으로 살지 말고
직업인으로 살아라

기술의 변화는 많은 것을 바꿔놓았다. 대학을 졸업하고 직장인으로 사는 시대는 이제 끝나고 일자리가 없는 시대가 다가오고 있다. 조직에 속하지 않은 나를 상상해 본 적이 있는가? 우리는 매일 아침 출근해 열심히 일하지만 '오전 9시부터 오후 6시까지'라는 고정된 근무시간을 벗어나 자유롭고 독립적인 삶을 꿈꾼다. 프리랜서를 선언한 사람들은 더 유연한 근무시간을 갖지만 새로운 경험을 얻고 자신의 브랜드를 발전시키기 위해 더 많은 상상력과 노력이 필요하다. 『직장이 없는 시대가 온다』의 저자인 새라 케슬러는 미국 노동자의 3명 중의 1명이 프리랜서라고 하며, 디지털 플랫폼을 통해 노동을 사고파는 '긱경제(gig economy)'라는 대안적인 고용 형태가 거스를 수 없는 흐름이라고 강조했다.

미국의 대표적인 미래학자이고 유엔미래포럼 회장인 제롬 글렌은 그의 공동저서 『일자리혁명2030』에서 유엔미래포럼의 전 세계 60개국 지부에서 시작된 '2050 미래 일자리 연구 프로젝트'에 관련된 내용을 소개했다.

"미래에는 일자리 경제(job economy)에서 자아실현 경제(self-actualization economy)로 전환된다. 우리는 태어나면서부터 일을 해야 먹고 산다는 패러다임을 가지고 있는데 2050년경이 되면 경제 패러다임이 변해서 일할 필요가 없는 경제, 즉 자아실현 경제가 도래한다.

지금처럼 노동을 제공해야만 '먹고 사는 것'이 해결되는 세상에서는 '생계'라는 기본적인 문제가 가장 시급하다. 만약 생산성의 비약적인 향상으로 인해 지금보다 물질적으로 풍요로운 세상이 되고, 전 세계가 기본 소득을 제공하는 경제 체제로 바뀐다면 사람들은 일의 노예처럼 살지 않아도 된다. 유휴노동력(생산 부문에 동원되지 아니하고 놀고 있는 노동력 ▪출처 우리말샘)으로 좀 더 자신의 욕구를 충족시키기 위해 필요한 것을 하며 살게 될 것이다. 어떤 사람은 타인을 돕고 더 나은 세상을 만들고자 노력하고, 어떤 사람은 자신의 관심 분야에 대해 밤샘 연구에 몰두하고, 또 어떤 사람은 더 잘 놀기 위한 즐거운 놀이를 개발할 것이다. 그것이 자신의 일이 되고 직업이 되는 것이다.

요즘같이 일을 하고 싶어도 일자리가 없고 경쟁으로 내몰려 내가 뭘 해야 할지도 모르게 된 이 시대에 우리가 기대하고 준비해야 할 미래의 시나리오이다. 미래 일자리의 판이 바뀌었을 때 나는 어떤 일을 할 것인가? 자신이 좋아하는 것과 세상에서 필요한 것의 교차점에서 자신의 직업을 만나면 좋겠다.

게으름에 대한 찬양

버트런드 러셀이 1935년 『게으름에 대한 찬양』이라는 저서에서 "이전에는 효율성 숭배에 가로막히지 않는 수준에서 가벼운 마음을 유지하며 놀 수 있는 역량이 있었다. 현대인은 어떤 일이든 무언가를 위해 해야 할 일이라고 생각하지 그 자체를 의미 있다고 생각하지 않는다"라고 말했다. 효율성이라는 목표에 기계화되었던 노동자들을 보며 한탄했던 철학자의 말에 공감했는데 21세기에 들어서자 인공지능의 진화와 함께 인간의 고유성이 더 많이 부각되는 세상이 다가오고 있다. 지금이야말로 과거 어떤 시대보다도 더욱 자신의 숨겨진 보물인 자신의 강점을 발휘할 수 있는 미래 직업을 탐색하고 도전해야 한다.

　미래학자 토머스 프레이는 "2030년까지 전 세계에서 20억 개의 일자리가 사라질 것"이라고 예측했다. 지금도 많은 직업이 사라지고 있다. 미국 IBM은 앞으로 몇 년 안에 인공지능 대체 가능한 일자리의 채용을 중단 축소한다고 밝혔다. 미국 블룸버그 통신에 따르면, 아르빈드 크리슈나 IBM CEO는 인터뷰에서 "인사

업무 인력 등 고객을 직접 상대하지 않는 2만 6천 명의 IBM 백오피스(back office) 인력 중에서 30%는 5년 안에 AI와 자동화로 대체 가능하다"라고 말했다.

　　대부분의 직업이 사라진다면 일을 하지 않아도 될까? 그럼 일을 하지 않으면 행복할까? 직업이 사라진다고 하여 인간이 일을 하지 않고 산다는 말은 아니다. 인간은 더욱 인간다운 일, 자신이 좋아하고 잘하는 그런 일을 할 가능성이 커진다는 말이다. 지금은 어떤 직업이 좀 더 빨리 대체되고 어떤 직업은 좀 더 늦게 대체되거나 직업의 업무 영역의 변화가 일어날 것이다. "가장 빨리 대체되는 일은 '같은 업에 종사하는 사람이 많은 일', '루틴화되어 있는 일', '스트레스가 많은 일'이 될 것이다"라고 『초인류』의 저자인 인지과학자 김상균 교수는 말한다.

　　그 일을 하는 사람이 많다는 것은 자동화하면 수익이 많이 남는 분야라는 뜻이고, 스트레스가 많은 일은 사람들이 싫어하기 때문에 기계가 대신 하게 될 것이다. 단순히 지식을 쌓고 정리하고 전달하는 일은 인공지능이 더 잘할 수 있는 일이다. 반면 인공지능은 인간의 감정적인 관계를 다루는 일에 적합하지 않다. 인간과 의사소통이 이뤄져야 하는 일은 인간이 훨씬 잘한다. 단순한 지식을 쌓는 수준에서 벗어나 인간적인 지혜를 갖춘 사람이 중요해질 것이다. 한 분야를 넘어서 다양한 분야에 적응하는 능력이 훨씬 중요해지기 때문에 다양한 것을 시도하고 다양한 분야의 사람들과의 관계를 맺어야 한다.

타인과 관계 맺는 능력을 통해 글로벌 네트워크를 형성할 수도 있을 것이고, 사회적 민감성을 발휘하여 다른 사람들을 공감하고 스토리텔링하는 능력으로 자아실현을 할 수도 있다. 자연을 탐구하고 보호하는 사회활동으로 공공 및 민간 영역에서 운영주체가 될 수도 있을 것이다. 조직 속에 속한 나와 조직 밖에 있는 나를 두 개로 떼어서 생각해 볼 수 있다. 기업에서 일을 할 수도 있고, 창직을 할 수도 있지만 기업에 종속되는 삶을 살지는 않을 것이다. 미래의 세계를 회사에 의존하지 않고 직업인으로서 자유롭게 살아가는 방법을 탐색해 봐야 한다.

기계가 하지 못하는 일

MIT 부속 '미래의 일자리' 연구소 공동 의장이자 저명한 노동경제학자인 데이비드 오터 교수는 조선일보와의 인터뷰에서 "자동화가 일자리를 **빼앗는** 게 아니라 오히려 늘린다"고 주장했다. 오터 교수는 오랫동안 자동화와 노동의 관계를 연구해 왔다. 자동화와 노동이 상호보완 작용을 하면서 생산성을 높이고 수입을 증가시킬 것이라고 한다. 인간은 AI와 같은 기계와 경쟁하는 관계가 아니다. 200년간 자동화 기술이 비약적으로 발전해 오면서 로봇은 인간을 도와주는 역할을 했다고 밝혔다.

인터뷰에서 AI에 의해 인간의 일자리가 대체되면 다음 세대는 어떤 직업이나 어떤 전공을 선택하는 것이 바람직한지 묻자, 오토 교수는 "기계를 잘 활용할 수 있는 사람이 돼야 한다"고 말했다. 의사가 하는 수술을 기계가 더 정교하게 잘할 수는 있지만 환자와 소통하는 일은 기계가 해내지 못한다. 이는 인간만이 할 수 있는 '가치있는 일'이며 지식을 활용한 일종의 '번역'을 하는 직업이라고 표현했다.

전문가들이나 학자들은 앞으로 어떤 전공이나 어떤 직업이 유망하다고 하지 않는다. 최첨단 산업 분야는 계속 발전하겠지만 그 속에서 인간이 맡을 역할에 대해서 잘 이해해야 할 것이고, 각 분야에서 전문적인 지식을 갖추어 사람들과 소통을 이뤄내며 그걸 통해서 새로운 가치를 만들어 내는 것이 핵심이라고 한다. 특히 미래를 준비하기 위해서 중요한 능력은 '읽기·쓰기·말하기·분석하기'라고 강조했다. 많은 학자들의 예견과도 같이 더욱 더 인문학적 소양이 중요해질 것이다. 상상력과 통찰력을 기르기 위해서는 독서를 통한 다양한 분야의 글을 읽고, 쓰고, 생각하고, 토론하는 그런 교육이 하루빨리 도입되기를 기대해 본다.

유망산업을 아는 것도 중요하지만 그것보다 더 중요한 건 자신의 개성을 잘 발휘할 수 있는 분야를 개척하는 것이다. 앞으로는 더욱이 변화에 적응하고 도전하는 사람만이 살아남을 수 있다. 자기 일을 하지 않고 남에게 미루거나, 다른 사람의 성과를 가로채는 사람은 이제 더이상 살아남을 수 없다. 변화에 제대로 적응하려면 미래에 필요한 것을 습득해야 한다.

직업인 김종국 씨는 어떻게 연예인으로 살아남았나?

가수 김종국 씨는 처음에 '터보'라는 그룹으로 데뷔했다. 터보 시절에 소속사의 강요로 하루에 17개의 스케줄을 소화하기 위해 비행기를 5번이나 탄 적도 있었다고 한다. 조금만 잘못이라도 하면 지하실에서 몽둥이질을 당하는 등 힘든 일을 많이 겪었지만 전속 계약을 깰 수가 없어서 버텼다. 전속 계약 해지 후에는 활동하지 못하도록 전 소속사에서 모든 길을 막아버렸다. 겨우 솔로 앨범을 냈지만 활동을 하지 못해 가요계에서 사라졌다. 그는 절망과 고통 속에서 힘든 나날을 보냈다. 절망하고 포기하는 대신 자신이 좋아하는 운동을 하면서 긍정적인 생각으로 3년 동안 힘겹게 재개를 준비했다. 마침내 솔로 앨범 2집으로 다시 활동을 시작했는데 그것이 대박이 나서 지금까지 연예계에서 활발한 활동을 하고 있다.

김종국 씨는 SBS 방송 인터뷰에서 자신이 먹고 싶을 때 밥값을 걱정하지 않고 사는 것만으로도 너무 행복하다고 한다. 평소에도 근검절약을 생활화하는 모습을 자주 볼 수 있다. 그는 사소한 것에도 감사할 줄 알며, 운동으로 다져진 건강한 신체와 고난을 이겨낸 단단한 마음의 근육을 가졌다. 그 덕분에 지금까지도 연예계에서 잡음 없이 왕성하게 활동할 수 있었다. 그는 방송에 출연해 "정말 불행한 일을 겪어도 그 안을 잘 들여다보면 긍정적인 면이 있고, 그것을 찾는 능력을 키우는 게 인생에 엄청난 도움이 된다"라고 말했다. ■출처 You Tube 멘탈케어 김종국 명언

김종국 씨가 멋지게 자신의 삶을 개척한 데에는 몇 가지 비법이 있었다. 학창 시절부터 자신이 잘하는 것이 무엇인지 항상 고민했고 그 고민을 통해 자신의 강점을 잘 찾아냈다. 살다보면 자신이 원치 않는 길로 갈 수 있는 유혹들이 많다. 선택 이후의 미래를 내다볼 수는 없지만 잘 들여다보면 그것이 옳은 길인지 잘못된 길인지는 알 수 있다. 자신이 가진 힘과 능력이 바르게 쓰일 수 있도록 선택하는 것은 자신에게 달려있다. 자신의 강점을 잘못 사용하게 되면 불행한 인생을 살게 된다. 김종국 씨가 인생의 중요한 결정을 할 때마다 자신의 강점을 어디에 쓸 것인지를 고민했던 것은 신의 한 수였다. 운동을 잘했고 힘이 세서 주변의 권유에 따라 조폭의 길을 갔다면 어떻게 됐을까? 인생이 달라졌을 것이다. 그는 고민하면서 자신이 고음을 잘 낸다는 또 다른 강점을 찾아내고 가수의 길을 선택했다. 그 길은 순전히 자신의 선택이었다. 그의 성공비결은 삶의 전략을 잘 세웠고, 어떻게든 긍정적인 태도를 유지한 것이었다.

물론 가수는 연예기획사 소속으로 소속사에서 급여를 받는다고 해도 일반적인 직장인과는 다르다. 고용계약을 하더라도 예술가로서 자신만의 브랜드를 구축하기 때문에 직업인에 더 가깝다.

간혹 소속사를 탈퇴하여 프리랜서로 활동하면서 자신만의 브랜드를 만드는 연예인들도 있다. 일반 직장인들도 직업인으로 갈아타기 위해서는 브랜드를 구축해야 한다. 회사를 떠나서도 자신의 브랜드 네이밍으로 살아갈 수 있다면 좀 더 활기찬 인생이 펼쳐질 것이다.

직무는 괜찮은데 회사와 궁합이 안 맞다는 사람들이 있다. 그럴 때 회사를 계속 다닐 것인지를 물으면, 나는 이에 대해 "그럼에도 불구하고 계속 그 자리를 지키기를 바란다면 당신은 해고 1순위가 될 수도 있다"라고 말한다. 그러니 당신 자신을 위해 대체 불가능한 사람이 되도록 노력해야 한다. 회사와 자신의 성향과 맞지 않다면 회사를 언제든지 떠날 준비를 하는 것이 좋다.

산업화로 인해 효율성이 강조되었던 많은 직업들이 점차 AI나 로봇으로 대체되고 있다. 특히, 많은 데이터를 활용해 업무 효율성을 높이는 것과 관련된 고학력, 고소득, 인지 노동자의 직업들은 대체될 가능성이 높다. 평생 직업인이 되고 싶다면, 단순히 기술적인 숙련도를 넘어 창의력, 문제해결능력, 인간적인 소통능력 등 인공지능이 쉽게 따라 할 수 없는 역량을 키워야 한다. 즉 변화하는 시대에 대응하기 위해 우리는 끊임없이 배우고, 적응하고, 성장해야 한다. 이는 생존을 넘어서 보다 나은 미래를 창조하기 위한 길이기도 하다.

PART 5

진로 · 취업

상담 현장의

목소리

1

전공은 심리학인데
IT분야로 직업 전환을 하고 싶어요

내담자의 사연

저는 27세로 심리상담학을 전공했습니다. 임상심리사 자격증도 취득하고 학교 졸업 후에는 복지센터에서 임상상담사로 1년 넘게 일을 했습니다. 그런데 복지센터에서 일하며 상담하는 일이 내게 맞지 않다는 것을 알게 됐지요. 물론 상담하면서 좋았던 적도 있어요. 상담을 받고 고마워하는 내담자를 만났을 때 보람을 느끼지만 사람들을 만나는 일이 힘들고 괴로웠어요. 그러던 중 계약이 종료되는 시기가 되어서 이 분야에서 계속 일을 해야 할지, 아니면 어렸을 때부터 줄곧 마음을 끌었던 게임프로그래머로 도전해야 할지 고민이 됩니다.

상담사의 제안

내담자인 경진 씨는 어려서부터 꿈꿔왔던 상담학을 전공했다. 그는 마음 아픈 사람들을 돕는 일을 하고 싶다는 부푼 꿈을 가지고 있었다. 학과 공부도 열심히 해서 좋은 성적을 얻었고 졸업 후에는 어렵지 않게 전공 분야로 취업했다. 하지만 실제로 해보니 심리상담사로 일하는 것이 평소 자신이 꿈꿔왔던 것과는 너무나 달랐다. 매일 1:1로 사람을 상대하면서 그들의 이야기를 듣고 상담하는 것이 즐겁지만은 않았다. 사람을 상대하는 일이 자신에게 맞지 않고 버겁게 느껴졌다. 상담 초기에 상담학 전공자가 뒤늦게 전공이 아닌 IT 분야에 도전한다는 것이 과연 잘 할 수 있을지 상담사인 나로서는 확신이 가지 않았다.

꿈꿔왔던 직업과 자기 적성이 안 맞을 수 있다.

경진 씨는 직업흥미검사 결과 예술형이면서 관습형이었다. 직접 사람을 대면해야 하는 사회형 흥미가 높지 않았다. 스토리 창작에 관심이 많은 예술형이면서 체계적인 조작이 필요한 관습형 활동을 선호하는 유형이었다. 그러나 경진 씨가 도전하고 싶은 게임프로그래머는 게임의 전체 구조를 설계하는 일이다. 다양한 프로그래밍 기술을 사용하여 게임을 실제 작동하게 하는 일이다. 항상 새로운 것을 상상하고 인간 심리에 관심 가지며, 자신이 맡은 일을 끝까지 성실하게 마무리해야 하는 직업이다.

이런 직업은 자기 아이디어를 구체화하여 문서화, 시각화할 수 있는 창의적인 사람이 유리하다. 내담자의 성향과 많은 부분이 일치하고 있어서 게임프로그래머로 직업흥미가 잘 맞다는 판단이 들었다. 새로운 사람을 매일 만나는 것보다는 자신이 맡은 일에 집중하기를 좋아하는 내담자의 성격과 잘 맞았다. 조용하면서도 차분한 내향적 성향의 소유자인 그는 사람들을 만나면 에너지를 뺏기는 것 같아 혼자 집중해서 할 수 있는 일을 하고 싶다고 했다. 그는 자신이 스스로 목표를 세우고 달성하는 성취 욕구가 높았다.

게임프로그래머로 새로운 도전.

게임 분야의 직업훈련을 찾아보도록 안내했다. 직업훈련 정보를 탐색하여 국비로 6개월 동안 게임콘텐츠 개발 관련 직업훈련 강의를 수강했다. 유니티와 C#을 조금 배워본 적이 있기에 수업을 받기에는 어려움이 없었다. 오히려 프로그램을 배우는 것이 흥미진진하고 포트폴리오를 만드는 일에 하루가 어떻게 가는지 모를 만큼 즐겁다고 했다. 포트폴리오가 완성되고 훈련이 끝나갈 즈음에 시무룩한 목소리로 고민이 있다는 연락이 왔다. 취업한다면 '그 직무를 잘 해낼 수 있을지, 또 실패하면 어떡해야 할지.' 하며 걱정이 된다고 했다. 전공이 아닌 새로운 분야이고 관련 직무 경험이 없으니 구직 전부터 막연한 두려움이 드는 것은 어쩌면 당연하다.

그러나 이럴 때는 자신을 믿고 밀고 나가는 것이 답이다. 나는 경진 씨가 성실히 준비하고 배우는 동안 얼마나 즐거워했는지를 알기 때문에 잘될 거라는 확신이 있었다. 자신의 선택과 도전을 지지해 줄 약간의 추동력만 있다면 결국 해낼 것이라 믿고 그에게 이렇게 말했다.

"누구나 시작은 두렵지만 그게 끝이 아니고 단지 하나의 시작에 불과하다는 것을 알아야 해요. 본인이 준비하는 과정에 충실했고 흥미와 적성도 잘 맞으니까 잘될 거예요. 확신을 가지세요. 설령 그것이 이번에는 실패하더라도 여러 번 도전하면 좋은 결과가 있을 거니까 괜찮아요."

경진 씨는 두렵지만 이런 나의 격려에 자신감이 생겼다고 한다. 본인이 취업하고 싶은 기업을 탐색하고 그 회사의 자격 기준에 맞추어 포트폴리오를 수정해 보기로 했다. 그리고 훈련 수료한 지 2개월 만에 게임프로그래머로 취업하는데 성공했다. 지방에 있는 중소기업이었지만 신입치고는 좋은 조건으로 연봉계약을 맺고 입사했다. 지금 1년 넘게 잘 근속하고 있다. 아직 배워야 할 것들이 많기는 하지만 자신이 맡은 일을 재미있게 잘 수행하고 있다고 한다. 회사의 직원들도 잘 대해준다며 만족스러워했다. 그의 성실성과 타인을 배려하는 태도가 성공비결이라 할 수 있다.

내담자는 게임프로그래머가 딱 맞네요.

경진 씨는 결국 새로운 분야로 전직에 성공했다. 전공 분야가 적성에 안 맞아서 자신이 좋아하는 새로운 분야로 도전하여 흥미와 적성에 맞는 직업을 찾은 좋은 사례이다. 비전공자이지만 그가 전직에 성공할 수 있었던 비결은 흥미 분야가 일치한 것 외에도 성실성과 자기성찰 능력이 뒷받침되었기 때문이다. 전공 분야에 취업하여 1년 동안 성실히 일하면서 적성에 안 맞아 힘들어했을 때 자신이 진정으로 하고 싶은 것이 무엇인지 스스로 탐색했다. 게임 분야로 도전해 보고 싶다는 결론에 도달하고 새로운 분야로 이직하기 위해 성실히 준비했다.

　그는 직업탐색을 마치고 목표를 정한 후에는 단시간에 집중적으로 공부하고 성실하게 포트폴리오를 준비했기 때문에 좋은 결과가 나온 것이다. 요즘 청년들이 실패해 본 경험이 없어서 '한 번 실패하면 끝이다'라는 생각을 많이 한다. 한 번 또는 여러 번 실패해도 괜찮다는 것만 알더라도 시작의 두려움을 반 이상 줄일 수 있다. 어떤 일이든 직접 일을 해봐야만 그 일이 내게 잘 맞는지 안 맞는지 알 수 있다. 만약, 전공과 맞지 않다면 왜 안 맞는지 정확하게 분석해 봐야 한다. 단지 그 일이 힘들어서인지, 다른 직원들과 부조화 때문인지, 직장문화가 자신과 안 맞는지 등 여러 가지 이유를 파악하여 직업을 바꿀 것인지 직장을 바꿀 것인지를 결정해야 한다.

직업을 바꾸는 일은 많은 시간과 노력을 투자해야 한다. 쉬운 일이 아니다. 그럼에도 직업을 바꾸고 싶다면 철저한 자기분석을 통해 자신이 진정으로 하고 싶은 일을 탐색해 보기 바란다. 20~30대는 아직 늦지 않았다. 도전하는데 늦은 나이란 없다. 10대 청소년이라면 많은 직업을 탐색해 보기에 가장 적합한 때이다. 다양한 직업 체험이나 동아리 활동을 통해 직간접적인 경험을 많이 해보는 것을 추천한다. 관심 분야에 대해 지속적인 관심을 갖고 취미생활, 자원봉사 등을 꾸준히 하여 적성을 찾을 수 있다면 그만큼 시행착오를 줄일 수 있다.

게임프로그래머가 되는 길

게임프로그래머는 게임프로그램의 구조를 설계하고 게임프로그래밍을 수행하는 일을 한다. 게임기획자, 게임그래픽디자이너, 게임음악가 등으로부터 넘겨받은 자료를 기반으로 게임프로그램의 구조를 설계한다. 게임을 테스트하여 에러를 수정하고 버그를 찾아낸다. 게임프로그래머가 되려면 대학에서는 게임공학과, 응용소프트웨어과, 컴퓨터공학과가 있고, 특성화고등학교에는 컴퓨터게임제작과가 있다. 게임 인력을 전문적으로 양성하는 사설 교육기관에서도 교육을 이수할 수 있다. Visual Tool, C언어 능숙자, 컴퓨터그래픽애니메이션 개발 경력자나 윈도우, 포토샵, 프리미어, 프로그래밍언어(어셈블리, C/C++ 등), 자료구조 등에 대한 지식이 요구된다. ■출처 워크넷 직업정보

2

다양하게 흥미를 갖고 있다 보니
직업선택을 못 하고 있어요

내담자의 사연

저는 인문계 고등학교 1학년 학생입니다. 어렸을 때 부모님의 권유로 여러 가지 운동을 했어요. 중학교 때에는 선수로도 활동했는데 고등학교에 올라가서는 운동을 포기하고 말았어요. 선수로 뛸 때는 운동을 곧잘 한다는 말을 많이 들었어요. 하지만 고등학교에 올라가자 한계에 부딪혔어요. 아무리 노력해도 실력이 늘지 않아 오랜 고민 끝에 운동을 과감히 포기했어요. 어려서부터 운동은 물론 그림그리기와 음악을 좋아하고, 사람 만나는 것을 좋아했어요. 진로를 어떻게 정해야 할지 모르겠어요.

상담사의 제안

시훈 군은 부모님의 영향으로 초등학교 때부터 운동을 시작하여 중학교를 마치고 고등학교 1학년 초반까지 운동선수로 활동했다. 그러나 고등학교에 와서 운동선수로서 실력에 한계를 느끼기 시작했다. 결국 선수로는 성공하기 어렵다고 판단하고 많은 고민 끝에 부모님과 상의하여 운동의 꿈을 접었다. 운동만 줄곧 해오다가 공부를 시작하려고 하니 다른 친구들에 비해 많이 뒤처졌다는 생각이 들었다. 그러다 보니 공부에 자신이 없었고, 어떤 직업을 목표로 설정해야 할지 막막했다. 보다 못한 부모님의 권유로 나를 찾아왔다. 그는 자신의 흥미와 적성에 맞는 분야를 찾기를 희망했다.

초기상담에서 시훈 군은 총명하고 진중한 모습이었다. 직업흥미를 탐색하기 위해서 여러 가지 질문을 했다. 그는 운동 이외에도 관심 분야가 다양했다. 그림그리기는 물론 음악 듣는 것도 좋아하고, 친구들과 어울려 노는 것, 여행하는 것도 좋아했다. 다양한 분야에 흥미가 있었으나 가장 끌리는 것은 그림그리는 것이었다. 무엇보다도 그림그리는 것에 집중을 잘했다. 그는 본인이 원하는 방향으로 그림이 완성되었을 때 성취감을 많이 느낀다고 한다.

다중지능 테스트 결과 그리고자 하는 대상을 잘 표현하는 공간지각지능이 높았고 협업력이 있었다. 리더십도 있어 대인관계에 강점을 보였다. 수학 문제를 풀고 분석적으로 생각하는 수학 논리지능도 좋은 편이었다. 신체지능은 오히려 보통에 속했다. 운동에 특별한 재능이 있어서 운동을 시작했다기보다는 운동선수였던 부모님의 영향으로 자연스럽게 운동을 접하고 많이 연습하다 보니 잘하게 되었던 것이다.

그는 디자인 분야에 재능이 있었다. 건축설계처럼 현장을 중심으로 하는 일보다는 실내에서 집중하여 작업할 수 있는 분야가 잘 맞았다. 그는 진로 문제를 고민하면서 스포츠 관련 직업부터 미대 입시까지 관심 분야의 직업을 찾아보고 따져 봤으나 어떤 것이 옳은지 잘 모르겠다고 한다. 나는 미적 감각과 분석적 사고를 잘 살릴 수 있는 UI·UX 디자이너라는 직업에 관해 설명해 주었다. 디자인은 기본이고 관련 부서와 협업능력과 창의적·논리적인 사고가 필요한 UI·UX 디자이너 업무에 적합할 것으로 보였기 때문이다.

시훈 군은 자신이 디자인과 수리능력에 강점이 있다는 것을 확인하고 사람들에게 편리한 기능을 제공하는 디자이너가 되고 싶다고 했다. 그래서 여러 가지 제품디자인과 실용적인 디자인을 배울 수 있는 산업디자인학과 진학을 목표로 세웠다. 자신의 강점을 정확히 알고 목표를 찾게 되어 너무 좋아서 친구들과 노는 시간을 줄이고 디자인학과에 진학하기 위해 공부에 집중했다고 한다. 열심히 해보고 싶다는 그의 눈에 결연한 의지가 빛났다.

상담 결론

운동선수의 꿈이 좌절된 후 다양한 흥미를 갖고 있지만 무엇을 잘할 수 있을지 찾고 싶어서 상담에 참여했던 사례였다. 하고 싶은 것이 많고 관심 분야가 다양해 한 가지 목표를 정하기가 어려웠다. 흥미가 있다고 모든 걸 다 잘할 수는 없다. 먼저 자신의 강점지능이 어떤 것인지를 정확히 알아야 할 필요가 있다. 전공을 선택하는 데 도움이 되기 때문이다. 자신의 강점 분야를 확인하고 대학 진학을 목표로 하게 되면 공부에 집중할 수 있을 것 같다는 시훈 군의 꿈을 응원한다. 선택한 길이 그를 어디로 데려갈지 아직은 잘 모른다. 하지만 그는 주어진 환경에 최선을 다할 준비가 되어 있고, 어떤 걸림돌을 만났을 때 운동으로 단련된 강인한 정신력으로 잘 이겨내리라는 확신이 든다. 새로 시작하는 설레임을 회상하며 언젠가는 웃을 날이 올 것이다.

UI·UX 디자이너가 되는 길

UI·UX 디자이너는 사용자의 니즈를 파악한 후 제품의 전체적인 플로우를 디자인하고 서비스를 기획하는 일을 한다. 사용자 친화적인 웹사이트와 모바일폰 등 제품을 개발하기 위해 문제점을 분석하고, 사용자 경험이 반영된 서비스, 콘텐츠, 제품의 설계 방안을 제시한다. UI · UX 디자인 분야에서는 시각디자인, 산업디자인, 응용소프트웨어공학 출신들을 우대하고 있다. 비전공자나 고졸 학력자의 경우 직업훈련기관에서 관련 직업훈련을 수료하고 포트폴리오를 준비하면 진입이 가능하다. 관련 자격증으로는 웹디자인기능사, 컴퓨터그래픽운용기능사 등이 있다. ■**출처** 워크넷 직업 정보

직장 경험이 없어요, 저에게 맞는 직업을 찾아주세요

내담자의 사연

저는 고등학교를 졸업하고 지금까지 10년 동안 직장 경력이 없는 서른 살 청년입니다. 일용직이라도 해서 당장 돈을 벌어야 할지, 직업상담을 받고 제대로 직업을 찾아야 할지 고민입니다. 특별한 기술이 없어서 취업할 곳이 마땅치 않습니다. 당장 생활비와 월세를 해결해야 하는데 그럴 형편이 안 되니 상담조차 받는 것도 부담됩니다. 저에게 직업을 추천해 주실 수 있나요?

상담사의 제안

상담을 받으러 온 준영 씨의 첫인상은 쭈뼛거리는 모습이 영 자신감이 없는 모습이었다. 올해 30세가 되었으나 고등학교 졸업

이후에 10년 동안 직장생활 경험이 없다고 한다. 그는 매우 침울한 모습이었다. 일을 아무것도 하지 않은 것은 아니지만 친구의 사업을 도와주느라 제대로 직장생활을 해보지 못했다는 것이다. 더군다나 최근까지도 몇 차례에 걸쳐 친구에게 배신당하고 관계까지 단절되는 일을 겪었다고 한다. '저는 되는 일이 없고 아무것도 이룬 게 없어요'라는 부정적이고 무기력한 언어를 주로 사용했다.

무언가를 새로 시작하고 도전해야 한다는 생각은 있지만 무엇을 해야 할지?, 어떻게 살아야 할지? 정확한 목표를 잡지 못하고 방황하고 있었다. 나는 안타까운 심정을 이해한다고 말하면서 본인의 현재 상황을 고려하여 진로를 잘 결정할 수 있도록 도와주겠다고 격려했다.

직장 경력이 없다고 해도 강점을 찾아 살려야 한다.

그는 직업흥미검사 결과 유형이 현실형, 사회형이었다. 기계나 도구를 다루는 일에 관심 있고 잘하는 편이며, 사람들과의 관계를 중요하게 생각했다. 그래서 그런지 친구들을 돕는 일에 적극적으로 나섰다. 일이 풀릴 때는 생활에 어려움이 없이 잘 보냈는데 최근의 상황은 매우 좋지 않았다.

두 번째 상담할 때는 약속 시간보다 5분 정도 늦었다. 그는 나를 찾아와 상담하는 일을 하찮게 여기지 않았다. 미리 전화해서 늦게 된 사정을 구체적이고 장황하게 설명했다. 약속을 정확하게 지키지 못할 상황이 되자 당황해 하는 기색이 역력했다. 어떻게든지 상담사에게 깊이 양해를 구하고 싶었던 모습이었다. 내담자의 그런 행동은 당연히 지켜야 할 예의에 속한다. 하지만 요즘에는 상담시간보다 5분에서 10분 정도 늦는 걸 대수롭지 않게 여기는 사람들도 많다. 그렇기에 그의 예의 바른 행동이 돋보였고 사회생활에서 꼭 필요한 강점이라고 생각되었다.

준영 씨의 가장 큰 취업 장애요인은 직장생활 경험이 없다는 것이다. 입사지원의 기회가 제한적일 수 있고, 좋은 기업에 취업을 못 할 수도 있다고 안내했다. 경제적으로 궁핍한 상황이기 때문에 최대한 빠르게 할 수 있는 일을 추천해주기로 했다. 나는 그의 인성과 성실성이라면 취업 알선을 해도 좋은 결과를 얻을 수 있겠다는 판단이 들었다. 그에게 청년 구직 활동 수당과 청년 월세 지원금 제도를 안내하여 경제적인 부담을 덜 수 있도록 도와주었다. 취업이 시급하지만 시간이 걸릴 수도 있기 때문이었다. 그는 급하게 일용직을 찾던 처음과는 달리 정서적 안정을 되찾고 더 나은 미래를 위해 간단한 기술이라도 배워서 취업하고 싶다고 했다.

현실 직업을 택하다.

관심 있는 직업을 탐색한 결과, 내선전기공과 영상편집디자이너에 도전해 보고 싶다고 했다. 두 분야 다 기계나 장비를 다루는 것을 선호하는 내담자의 성향과 잘 맞았다. 다만 폭넓은 대인관계를 지향하고 외부 활동에 적극적인 내담자는 내선전기공이 딱 맞았다. 지인의 사업을 도우면서 인테리어 관련 일도 해본 경험이 있었다.

내선전기공이 되기 위해서는 전기기능사 자격증을 필수로 요구하는 곳이 많다. 요즘에는 자격증이 없이 일을 배우면서 할 수 있는 곳도 있었다. 그의 현재 상황을 고려했을 때 생계가 유지되어야 하므로 취업 먼저 하고 일하면서 자격증 취득을 병행하는 방향을 제안했다.

그는 자격증 취득과 구직 활동을 병행하기로 했다. 채용 정보를 탐색하던 중 상가 건물의 조명이나 전기공사를 하는 기업에서 내선전기공을 뽑고 있었다. 운전면허 1종 필수와 전기기능사 자격증이 있는 사람을 우대한다는 공고였다. 나는 자격증 소지자가 필수는 아니니 지원해 보도록 제안했다. 한 번도 입사지원을 해본 적이 없었던 그는 자신이 없다고 했다.

나는 그에게 성실한 모습과 신뢰감을 주는 말투가 강점으로 작용할 수 있으니 그런 면을 잘 보여주면 반드시 좋은 결과로 이어질 수 있다고 격려했다. 그 말에 그는 겸연쩍어하면서도 집중했다. 공감대 형성과 상호 신뢰감이 쌓였다. 그는 용기 내어 도전해 보기로 했다.

입사서류 작성 시 직장생활 공백 기간을 잘 작성하도록 지도했다. 직무 관련한 경험을 중심으로 스토리를 만들어 제출하자 지원한 회사에 서류 통과가 되었다. 면접 당일 나를 찾아온 준영 씨는 긴장을 많이 하고 있었다. 나는 그의 성격에 맞게 솔직하고 최대한 진정성 있게 답변하면 좋은 결과로 이어질 수 있다고 격려하였다. 기업 인사담당자는 준영 씨의 나이 때문에 끝까지 뽑을지, 말지 고민하다가 성실성이 높은 게 장점이라며 채용을 결정했다. 늦은 나이에 사회 첫 출발인 만큼 열심히 일해서 경력을 잘 쌓고 힘들어도 계획한 전기기능사 자격증을 꼭 취득하도록 안내했다.

상담 결론

준영 씨는 기술도 없고 직장을 다녀본 경력도 없었다. 그는 경제적 어려움 때문에 일용직이라도 바로 하기를 원했던 내담자였다. 그러나 자신이 보유한 자원이 있다는 것을 스스로 알고 용기를 내어 취업에 성공한 사례이다. 그는 잠시라도 수당을 받으면서 취업 준비를 할 수 있다는 나의 말에 마음의 문을 열고 상담에 참여했다. 서른 살이 되도록 직장 경력은 없지만 성실성이라는 무기가 있었던 내담자는 결국 정규직으로 기업에 취업했다.

자신에게 한 가지라도 강점이 있다면 그걸 어필해야 한다. 누군가와의 약속시간을 잘 지키는 것이 그저 평범한 일일 수 있지만 상대방에게 신뢰감을 줄 수 있는 좋은 강점이 될 수 있다. 상담사가 느꼈다면 기업의 면접관도 똑같이 느낀다. 30대! 아직 뭐든 도전할 수 있는 나이이고 본인만 괜찮다면 뭐든 꿈꿔볼 수 있는 좋은 나이이다.

내선전기공이 되는 길

내선전기공은 주택, 공장 및 기타 건축물에 전기를 공급하기 위하여 전선 및 케이블을 배선하고 각종 전기시설물을 설치 · 보수하는 일을 한다. 건물 내 조명, 콘센트류, 스위치, 기구 등 설비물을 설치하고 인출선에 연결한다. 내선전기공은 학력 제한이 없다. 하지만 전기회로나 배선 도면을 이해할 수 있어야 함으로 고등학교 이상의 학력 수준이 필요하다. 2~3년제 대학 이상의 학력 졸업자는 전기산업기사 자격증을 취득할 수 있다. 고등학교 졸업자는 졸업 후 직업훈련기관의 전기 관련 훈련 이수 후 전기기능사 자격증을 취득할 수 있다. ■**출처** 워크넷 직업 정보

4

취업은 하고 싶은데 무력감 때문에 힘들어요,
어떻게 해야 하나요?

내담자의 사연

대학 재학 시 전공에 대한 확신 부족으로 졸업을 보류하고 공무원 시험을 2년 이상 준비했지만 실패했어요. 지금도 취업하고 싶은 마음 간절해요. 취업을 하기 위해 노력해야 한다고 마음먹었으나 몸이 따라주지 않아요. 무기력해서 하루 종일 누워 있기만 해요. 때로는 살고 싶지 않다는 생각마저 들고, 열등감도 많이 느끼고, 사람들이 하는 말도 그대로 받아들이기보다는 부정적으로 받아들여요. 그러다 보니 친구들과의 사이가 소원해지고 사람들과 함께 있는 상황이 불편하게 느껴져요. 최근에는 취업하고 싶은 회사를 정했는데 구직정보도 부족하고 주변에 도와줄 사람이 없어 힘드네요. 제가 취업을 할 수 있도록 도와주세요.

상담사의 제안

혜정 씨는 천문우주학과를 졸업했다. 재학 중에는 전공에 대한 확신이 없어서 졸업을 연기하며 2년 6개월 동안 공무원시험을 준비했다. 하지만 공무원시험에 계속 탈락하자 결국 포기한 채 졸업을 앞두고 직업상담에 참여했다. 취업하고 싶은 회사는 정했는데 취업하려면 무엇을 어떻게 준비해야 할지 막막했고 깊은 우울감과 좌절감에 빠졌다.

그녀는 초기상담에서 차분하고 조용한 이미지라는 인상을 받았다. 그런데 얼굴에는 긴장이 가득하고 주눅이 들어 보였다. 자신이 나이가 많고 경험이 없는 것에 대한 자책과 소심함을 보이기도 했으며, 취업에 대한 간절한 열망에도 불구하고 무력감이 있다는 것을 느낄 수 있었다. 시험에 대한 실패를 인정하지 못해서 오는 패배감과 실망감에서 기인한 듯했다. 혜정 씨는 그 사실을 인정하지 못했다. 결국 무기력해지고 무력감이 들었다.

인지재구성으로 자기효능감을 높여야 한다

혜정 씨의 가장 큰 문제는 도전해야 한다는 것을 알고 있지만 무기력감을 극복하지 못한 거였다. 주변의 소통 단절로 인한 사회적 소외감을 느끼면서 실천력이 약해졌으며, 희망하는 분야는 있으나 자신감이 부족하고 의지와 행동이 분리되어 구직 절차를 진행할 힘도 부족했다. 그래서 나는 인지재구성을 통해 비합리적인 신념을 긍정적인 생각으로 바꿀 수 있도록 도와서 자기효능감을 증진하도록 상담을 진행했다.

상담하다 보면 비합리적인 신념이 굳어진 내담자들을 종종 만난다. 혜정 씨에게도 공무원시험을 준비하고 도전한 그 과정이 자신이 생각한 만큼 그렇게 잘못하지 않았다는 것을 알려줄 필요가 있었다. 본인이 투자했던 시간과 노력이 헛되지 않았으며, 열심히 노력한 과정에 대해서도 인정하라고 했다. 그러면서 비록 합격이라는 결실을 얻지는 못했지만 땀 흘려 노력했던 것만은 잘했다고 본인 스스로 격려해 줄 필요가 있다고 말해주었다. 그녀는 생각한 것을 바로 잡고, 객관적인 시각으로 자신을 돌아보며 재정비를 할 수 있도록 하는 인지적 재구성이 필요했다.

비합리적인 신념을 갖게 되면, 정확한 근거가 없지만 자신이 살면서 생각하고 느끼고 경험한 것들이 자신의 잘못된 신념으로 굳어져서 더 이상 어떻게 손을 써볼 도리가 없는 지경에 이르기도 한다. 자신은 안 될 것이라는 신념, 노력해도 소용없다는 신념, 그리고 내가 못났기 때문에 실패했다는 자책 같은 것들로 자신을 규정짓고 더 이상 앞으로 나아가지 못한다. 그 수렁에서 빠져 나아가려고 하는데 방법을 모르는 그녀는 자존감도 낮아지고 자신이 목표한 것을 잘할 수 있다는 자신감이 떨어져 취업에 큰 걸림돌이 됐다.

다양한 좌절감과 우울감으로 인해 구직 활동 기간에 발생하는 소극적인 구직 활동이나 반응을 인지재구성(abcdef 모형)[주] 하여 부정적 사고를 긍정적 사고로 바꿔 적극적인 시도를 하도록 돕는 이 기법을 활용해 보기로 했다. 이 기법은 앞으로도 실패할 수 있다는 부정적인 생각 대신, 과거 성공했던 기억과 최선을 다했던 노력의 과정들을 떠올리며 잘될 것이라는 긍정적인 생각으로 바꾸도록 돕는 것이다. 전공과 다른 진로를 선택해 그동안 시간을 투자한 것(A)이 잘못된 선택이었다(B)는 좌절감에 빠진(C) 그녀에게 결과보다는 본인이 노력했던 과정을 중시하고 본인의 노고를 인정하도록(D) 사고 패턴의 변화를 유도(E)하여 구직에 대한 자신감(F)을 높이도록 상담에 개입했다.

할 수 있다는 믿음으로 무기력을 이겨내다.

다행인 것은 본인 스스로 상태를 자각하고 극복하고자 하는 의지가 컸다. 지속적인 관심과 격려를 통해 하나씩 성취해 가도록 상담을 진행했다. 입사지원에 앞서서 심한 무기력과 우울감을 극복하는 것이 급선무였기 때문에 매일 20~30분씩 산책을 하도록 했다. 햇빛을 보면 망막에서 세로토닌이 분비되어 우울증을 예방할 수 있기 때문이다. 그리고 죄의식이나 두려움 같은 부정적인 생각을 하지 말고 기쁨, 행복과 같은 긍정적인 생각을 많이 하는 습

[주] 인재재구성은 상담기법 중의 하나로 엘리스(A.Ellis)가 창안한 합리정서행동치료의 불안 감소 방법이다. 엘리스가 제시한 ABCDEF(A:선행 사건, B:신념 체계, C:결과, D:논박, E: 효과, F:새로운 감정)모형이 적용된다.

관을 들이도록 안내했다. 그녀는 무기력감이 심할 때는 한두 번 약을 먹었지만 계속 좋아지고 있어서 운동을 병행하여 이겨낼 수 있었다.

혜정 씨는 1년 동안 노력한 끝에 대기환경기사 자격증을 취득했고 자신감도 생겼다. 본인이 목표했던 회사에 지원하기 위해서 직무분석과 기업분석을 진행하고 한 달 동안 입사지원서를 준비했다. 공들여서 준비한 입사지원서는 서류전형에서 합격하는 결과를 얻었고, 1차 실무진 면접과 2차 임원진 면접도 잘 준비하여 결국 본인이 희망하는 기업에 최종 합격했다. 목표하는 기업에 입사하기 위해 3달 동안 서류와 면접 준비를 매진한 끝에 나온 합격 소식이었다. 이것은 승리였다. 내담자의 취업에 대한 강한 열정이 있었기에 가능한 일이었다.

상담 결론

이 사례는 몇 년 동안이나 몰두한 공무원시험에 탈락하여 패배감과 무기력감을 호소했던 청년이 그것을 극복하고 취업에 성공한 사례이다. 공무원시험 실패라는 결과가 자신은 쓸모없는 사람이라는 신념으로 굳어져서 자신을 괴롭히고 그로 인해 심한 우울감에 빠지게 되었다. 청년은 결과에만 치중하여 자신을 괴롭혔던 부정적인 감정을 긍정적으로 바꾸려고 부단하게 노력했다. 자신이 목표한 기업에 반드시 취업해야겠다는 마음이 있었기 때문에 길고 길었던 취업 준비를 끝마칠 수 있었다. 합격과 입사 그리고 입사 후 3개월 수습 기간을 마치고 정규직으로 당당하게 채용되어 사회인으로 자리 잡아 가는 그녀에게 늘 좋은 일만 있었으면 좋겠다. 구직기간 동안 아프고 힘들었던 기억이 성공의 단초가 되었으면 한다.

대기환경연구원이 되는 길

대기환경연구원은 환경오염원을 분석하여 환경 상태를 평가하고 대기환경 기준 및 환경오염 공정시험 기준 연구, 대기오염 현상에 대한 연구를 통해 지속 가능한 대기 환경의 유지관리를 하는 일을 한다. 대기환경연구원이 되려면 대학에서 환경공학, 화학공학, 기계공학 등을 전공하는 것이 유리하다. 전문대 졸업 이상의 학력이 요구되며 연구개발 분야에서는 석사 이상 대학원 졸업자를 채용하기도 한다. 채용에 유리한 자격증은 대기환경기사 외에 환경기사 자격증이 있다. 일정 기간 경력을 쌓은 후에는 대기환경기술사를 취득하거나 환경 관련 업체, 환경 컨설팅 업체를 창업하기도 한다. ■**출처** 워크넷 직업 정보

5

내가 하고 싶은 것과
부모님이 원하는 것이 달라 혼란스러워요

내담자의 사연

전공이 저랑 안 맞아요. 저는 이제 글렀어요. 부모님은 하나밖에 없는 자식이라서 제가 고생하지 않고 잘 살기를 원해요. 저를 위해 헌신하시는 부모님의 기대에 따라 공공행정사무원을 계속 준비해야 할지, 아니면 관심이 있고 흥미 있는 영상편집디자이너를 할지 고민이에요. 어떻게 해야 할지 모르겠고 탐색하는 시간을 갖고자 휴학하고 상담에 참여했어요.

상담사의 제안

고등학교와 대학교에서 우수한 성적을 유지했던 민석 씨는 대학 4학년에 올라가면서 자신의 전공 분야와는 상관없는 공공기관 취업을 준비했다. 자신도 있었다. 그러나 6개월 동안 여러 차례 지원했던 기관에 번번이 탈락하면서 본인 스스로 실력 없음을 인정했다. 그는 좌절감에 빠졌고 어떤 직업을 가져야 할지 혼란스러웠다. 하나밖에 없는 자식이라고 고생 없이 잘 살기를 바라는 부모님을 볼 면목이 없다고 한다.

전 이제 글렀어요.

민석 씨의 부모님은 자신들이 갖지 못했던 더 나은 기회를 자식에게 제공해 주고 싶어서 넉넉하지 못한 형편에 초등학교와 고등학교를 사립학교에 보냈다. 민석 씨는 그 기대에 부응하고자 열심히 공부해서 명문대학에 들어갔고, 성적에 맞추어 부모님의 바람에 맞는 학과를 선택했다. 그는 최근 공공기관 취업을 준비하다가 실력이 부족함을 깨닫고 절망의 나락에 빠져 있다. 한 번도 경험해 보지 못한 좌절감이었다.

무슨 일이든지 명확히 하기를 좋아하고 똑 부러지게 처리하는 그는 최근 들어 가끔 살고 싶지 않다는 생각이 든다고 한다. 이제 한 학기를 남겨놓은 상태에서 어떤 직업을 선택해야 할지 막막했다. 본인의 성격상 부모님의 기대에 부응하기 위해 노력했으나 뜻대로 되지 않아 진로 고민은 더 깊어졌고 무언가를 결정해야 하는데 결정이 쉽지 않았다. 본인이 하고 싶은 영상편집 분야에 도전해 보고 싶은 마음이 있지만 생각한 것만큼 잘 안 맞으면 시간만 낭비하지 않나 싶어 이러지도 저러지도 못했다. 나는 부모님의 기대를 저버릴 수 없어 어떤 선택도 가볍게 할 수 없는 그의 마음이 얼마나 힘든지 이해가 되었다.

자신이 하고 싶은 것을 도전해 보세요.

민석 씨는 부모님의 권유대로 공공기관 취업을 계속 준비할지, 자신이 하고 싶은 영상편집을 도전해 볼지 결정을 못 내리고 있다. 내가 하고 싶은 것을 선택하기에는 성공할 확신도, 자신도 없고, 만에 하나 내가 하고 싶은 것을 한다고 해도 부모님이나 다른 사람의 기대에 부응하지 못했다는 자책감에 시달릴 것만 같다. 민석 씨는 자신의 선택에 책임져야 할 성인이다. 물론 본인도 그 사실을 잘 알고 있지만 오롯이 좋아하는 것을 하기도 그렇고, 또 본인이 해야만 하는 것을 하기도 그렇다. 어떤 것도 자유롭지 못했다.

기성세대들은 지금 젊은이들에게 "나 때는 말이야~"라는 말을 종종 한다. 그들은 우리 때는 형편이 어려워서 공부를 제대로 할 수도 없었고, 뭘 해보려고 해도 경제적인 지원이 안 됐는데 너희는 풍족하게 살았음에도 '하지 못할 게 무엇이며, 뭐가 부족한가?'라는 말들을 한다. 그것이 얼마나 MZ세대와 소통의 단절을 일으킬지 알지 못하는가? 어떤 선택도 어려운 민석 씨에게 필요한 것은 잘하고 있다는 위로였다. 그와의 대화를 통해 신중한 성격과 부모님에 대한 존경 등이 느껴졌다.

몇 개월 전에 나와 민석 씨가 나눈 대화 내용이다.

민석(이하 민) | 예전에는 자랑스러운 아들이었지요. 고등학교
때는 과외 한 번 안 받고 반에서 줄곧 1등을 했어요.

나 | 공부를 매우 잘했었네요.

민 | 근데 대학에 들어가고 나서부터는 다른 사람과 비교해
서 내세울 게 없더군요.

나 | 왜 그런 생각을 해요? 대학생활도 열심히 하고 자신의
길을 찾기 위해 이렇게 상담에도 열심히 참여하고 있는
데요. 부모님께서는 자랑스러워하실 거예요. 지금은 부
모님의 기대대로 잘하고 싶은데 마음대로 안 되니까 속
상한 마음일 거예요. 한 번은 자신이 무엇을 진짜로 하
고 싶은지 생각해 볼 필요가 있어요. 부모님의 바람대로
직업을 선택했는데 본인이 하고 싶어 하는 것이 계속 생
각 난다면 행복하지 않을 거예요.

민 | 그럴까 봐 걱정이 되기는 해요.

나 | 앞으로 우리 사회는 점점 직장인이 아니라 전문 직업인
이 더 필요해지는 그런 시대예요. 직업을 하나만 정해
야 한다는 고정관념을 버려야 해요. 안정적인 직장이 보
장되지 않고 공공기관에서 정년퇴직을 하더라도 수명이

늘어나서 다른 일을 더 해야 하니까요. 휴학기간 동안 본인이 하고 싶은 영상편집을 한 번 마음껏 해보는 것도 자신의 능력을 알아볼 수 있는 좋은 기회라고 생각돼요.

민 | (동그란 눈이 더 동그래졌다) 그래도 될까요?

나 | 그럼요. 자신을 더 알아보려고 휴학한 거잖아요. 지금도 충분히 잘하고 있으니 힘을 내요! 그동안도 잘해왔고 괜찮아요. 그러니 앞으로도 계속 파이팅해요!

민석 씨는 휴학 6개월 동안 영상편집 훈련을 받아보기로 했다. 타인에 대한 배려가 높고 인간관계를 중요하게 생각하는 사회형과 성실하고 분명하면서도 체계적으로 일하는 것을 좋아하는 관습형 흥미가 높았다. 어려서부터 음악이나 미술에 관심이 많았고 사진 촬영을 취미로 하고 있었다. 무엇보다도 영상편집에 도전해 보고 싶다는 욕구가 컸다.

뭐든지 해도 좋아요.

이번 결정은 끝이 아니라 수많은 선택지 중에 하나다. 주어진 시간 동안 가벼운 마음으로 하고 싶은 것을 도전해 보도록 제안했다. 이 분야에서 직장을 못 구하더라도 영상편집 툴을 익혀놓으면 사무업무에 유용하게 활용할 수 있으니 한 번 시도해 봐도 괜찮다는 말에 무거운 돌덩어리를 하나 짊어진 것 같았던 그의 얼굴이 금세 환해졌다. 독학으로 조금씩 해왔던 영상편집을 좀 더 전문적으로 배워보기로 했다. 영민한 그는 직업훈련을 받으며 6개월 만에 근사한 포트폴리오까지 갖추게 되었다. 자신이 좋아하는 분야의 포트폴리오를 완성하면서 자신감이 높아졌다. 상담을 받으며 응원을 받는 느낌이 들고 진심으로 걱정하는 것이 느껴져서 감사하다고 한다.

상담 초기에는 진로 미결정과 스트레스로 인해 취업역량이 낮고 자신에 대해 확신이 부족했으나 영상편집 과정에 참여하면서 자신감이 높아졌고 본래의 당당한 자신의 모습을 되찾았다. 긴 고민 끝에 이제 학교에 복학하여 마지막 남은 한 학기를 마치기로 하였다. 그동안 준비를 해왔던 공공기관 시험에 마지막으로 도전해 보겠다고 한다. 민석 씨는 대인관계 능력이 좋고 책임감이 높아서 공공행정 분야와도 잘 맞는다. 자신감이 생기니 다시 한번 도전해 보고 싶은 용기가 생긴 것이다. 그의 꿈과 도전을 응원한다. 진로를 고민하고 주어진 것에 최선의 노력을 기울인 만큼 어떤 선택이든지 어떤 길을 가든지 잘될 것이다.

상담 결론

민석 씨는 자신이 하고 싶은 일과 부모님이 바라는 직업 사이에 갈등이 있었다. 지금까지 부모님의 기대에 맞추려고만 노력했지 진작 본인이 하고 싶은 것을 할 기회가 없었고 무엇이 본인과 맞는 일인지 혼란스러웠다. 자신에게 진짜 맞는 일이 무엇인지 찾고 싶어서 상담에 참여한 사례이다. 졸업하기 전 휴학을 하고 자신이 하고 싶은 분야에 발을 디뎌 보니 오히려 공공행정 분야가 자신의 성향과도 잘 맞는다는 것을 알게 되었다. 이제 제대로 도전할 수 있게 되었다는 민석 씨는 목표를 향해 나아가고 있다. 1년 후에 합격이라는 선물을 가져오리라 믿는다. 취업이라는 다리를 건너서 어느 분야든지 자신이 하고자 하는 분야에서 능력을 발휘할 수 있다고 믿어 의심치 않는다.

공공행정사무원(일반)이 되는 길

공공행정사무원은 공사, 공단 및 정부출연 연구기관, 공공행정기관 등에서 법령과 업무처리 규정에 따라 각종 행정업무를 한다. 금융, 교육, 인력양성, 자격 등 정부 위탁 사업을 기획하고 운영한다. 사업 과정에서 문서관리, 데이터관리 등 조직 내부와 외부에서 요청하거나 필요한 업무를 수행한다. 공공행정사무원이 되려면 학력 및 자격 제한이 없지만 업무를 이해하고 수행하기 위해서는 전문대 졸업 정도 수준 이상의 정규교육이 필요하다. 공공기관의 채용 정보는 공공기관 채용 정보 시스템 홈페이지 잡알리오(JOB-ALIO)나 각 기관 홈페이지에서도 확인이 가능하다.

전형절차 : 응시원서 접수->서류전형->면접전형 및 인성검사->서류검증->최종합격자 발표->임용등록->임용

6

고졸 학력이고 경력은 식당 서빙뿐이지만 회계사무원이 되고 싶어요

내담자의 사연

저는 검정고시로 고등학교를 졸업했어요. 갑자기 가정형편이 나빠져서 고3 때 자퇴하고 어머니가 하시는 식당에서 홀 서빙을 했어요. 그러던 중 사정이 안 좋아 어머니는 식당을 폐업하고 말았지요. 그 이후 음식점 서빙 아르바이트만 줄곧 했어요. 이렇게 살다가는 미래가 막막했어요. 계속 나이만 먹는 것도 두려웠어요. 그래서 제대로 된 직장에 취업하고 싶어 직업상담에 오게 되었어요. 경험은 없지만 사무직으로 취업을 할 수 있을까요?

상담사의 제안

주호는 초등학교 때부터 반장을 놓치지 않았다. 고등학교 때 부모님이 이혼하셨다. 어머니는 혼자 조그만 분식집을 하게 되었는데 그때 사춘기라 방황한 나머지 학업을 놓고 생계를 위해 식당에 나가 어머니 일을 도우면서 지냈다. 그는 전산자격증을 취득하고 사무직으로 취업하고 싶다고 했다. 그는 조용했고 누구보다 눈빛이 선했다. 직업상담사인 나는 주호의 눈빛을 믿고 함께 잘 준비해 보자고 격려했다.

경력은 없지만 성실하게 자격증 준비부터.
주호는 논리적이고 수학적인 지능이 매우 뛰어났다. 중학교와 고등학교 자퇴 전까지 특히 수학 문제를 푸는 것을 즐겼다고 한다. 그는 주로 숫자를 다루는 회계사무원으로 적합했다. 고졸 검정고시라는 핸디캡은 자격증으로 충분히 극복할 수 있으며, 컴퓨터 활용 능력, 전산회계, 전산세무 자격증을 취득하면 대기업은 아니더라도 중소기업에서 회계사무원이나 사무 보조로 일할 수 있다. 본인이 원하는 회계사무소에서 회계사무원으로 일하기 위해서는 전산세무 1급이나 2급 자격증을 취득할 필요가 있다.

그는 결국 3개월 동안 직업훈련을 받고 컴퓨터 활용 능력 2급, 전산세무 2급을 취득했다. 그 후, 입사지원서를 준비했다. 자기소개서를 본인 나름의 스토리를 구성해 잘 다듬어서 제출했다. 그는 일반기업체보다는 회계사무소에서 전문적인 회계 경리업무를 배우고 싶다고 해서 회계사무소에 입사지원을 제안했다. 회계

사무소의 회계사무원은 기업체의 회계장부나 세금 등을 전문적으로 다루는 일이라 꼼꼼하고 책임감이 강해야 한다.

서류전형은 필수 관문이니 철저히 준비하자.

취업의 첫 관문은 서류전형이다. 이력서와 자기소개서가 매우 중요하다. 입사지원서는 진솔하게 작성하되 잘 포장하여 나를 최대한 돋보이게 해야 한다. 서류 통과가 안 된다면 반드시 컨설팅을 받아야 한다. 무료로 이력서와 자기소개서 컨설팅을 해주는 곳이 많다(무료로 컨설팅 받을 수 있는 곳은 청년층은 꿈터, 대학생은 대학일자리센터, 경단녀는 꿈날개, 중장년은 일자리지원센터 등이 있다). 이력서와 자기소개서는 자기 입장에서 쓰면 안 된다. 상대방의 입장에서 봤을 때 어필이 돼야 한다.

상대방 입장에서 볼 때 나를 두드러지게 표현하는 것이 핵심이다. 상황 묘사를 할 때 '이런 일을 당했어요'보다는 '이런 상황에서 이렇게 대처했습니다'라고 쓰는 게 좋다. 예를 들어, '식당에서 나이가 어리다는 이유로 손님들에게 자주 반말과 욕설을 들었다. 그때 너무 놀랐다.' 이런 내용을 쓰면 입사 후 놀림을 당할 수 있다. 즉, 자기 어필이 안 되는 에피소드는 빼야 한다.

'가정형편이 어려워 학교를 중도 포기했다. 그 후 부모님을 도왔다. 아르바이트를 할 때, 일부 손님들이 나이가 어리다고 함부로 대할 때도 있었다. 하지만 더 친절하게 응대했더니 그 후에는 손님들이 존중해 주셨다.' 이력서와 자기소개서는 감동적으로 써야 한다. 나는 이런 방향으로 컨설팅을 했다.

면접도 자신 있게.

주호 씨는 곧바로 서류 통과가 되고 나서 면접을 보고 합격했다. 사무직으로 일한 경력이 전혀 없는 내성적인 사람이었지만 이력서와 자기소개서에 본인의 잠재역량을 잘 반영한 결과 합격한 것이다. 면접에서는 자신의 강점과 단점을 명확히 파악하고, 그에 대해 답변을 준비해야 한다. 그는 내성적이지만 성실하고 책임감이 있다는 것이 강점이었다. 학력과 자신감 부족은 단점이었다. 따라서 그에 대한 답변에 대해 컨설팅을 했다.

　　면접 컨설팅을 하며 자신의 강점을 뚜렷하게 알려주었다. 때 묻지 않은 순수한 모습, 진솔한 모습은 강점이 될 수 있다. 수줍은 모습과 조심스러운 표현 방식도 괜찮다고 알려주었다. 결국 한 번에 서류와 면접시험을 통과했다. 주호 씨와 깊은 이야기를 나누면서 그의 삶의 스토리를 알게 되었고, 이를 서류와 면접에서 잘 어필할 수 있도록 한 것이 핵심이었다. 그에게는 취업에 대한 간절한 바람이 있었다. 조용하면서도 성실했고 직업상담사의 조언을 잘 듣는 경청 능력이 있었다. 결국 자신감을 되찾고 취업에 성공했다.

상담 결론

가정형편이 어렵고 한때 방황하여 학업을 중도에 포기하고 아르바이트 경력만 있었던 청년이 회계사무원으로 도전하여 취업에 성공한 사례이다. 검정고시는 자신의 결점이 되지 않는다. 자신이 가진 자원과 도전이 가능한 분야를 파악한 후에 필요한 최소한의 자격요건을 갖춘다면 취업에 성공할 수 있다. 취업 준비에 앞서서 해야 할 것은 해당 직무로 채용하고 있는 기업들의 채용공고를 먼저 확인해야 한다. 입사 지원에 필요한 자격요건과 직무내용을 파악하기 위해서다. 많은 자격증을 취득한다고 해서 꼭 취업에 유리한 것은 아니다. 꼭 필요한 자격증이 아니라면 업무를 하면서 필요하다고 판단될 때 준비해도 늦지 않다.

회계사무원이 되는 길

회계사무원은 회계사의 지휘 아래 사업체의 재무 거래에 대해서 분기, 전기, 결산 등의 업무를 수행한다. 세법에서 규정하고 있는 각종 세금과 관련된 과표와 세액을 계산·신고하고 납부하며 고객과 회계 및 세무 관련 상담을 한다. 회계사무원이 되기 위해서는 일반적으로 전문대 졸업 이상의 회계 관련 학과를 졸업하는 것이 유리하다. 물론 인공지능 기술의 발전에 따라 회계 분야의 고용감소를 전망하는 사람들도 있다. 반면, 자금 관련한 위험관리, 회계 감사 관련 업무 등 업무 경력에 기반하여 의사결정이 필요한 업무에 인공지능 도입의 한계가 있을 거라는 의견도 많다. 고등학교를 졸업한 경우는 전산세무 1급 또는 전산세무 2급 자격증을 보유하면 취업이 가능하다. ■**출처** 워크넷 직업 정보

Q&A

Q : 어떻게 하면 내게 맞는 직업을 고를 수 있나요?

A : 직업을 고르지 말고, 잘할 수 있고 좋아하는 것을 하면 됩니다. 잘하는 것이 뭔지 모르겠다면 좋아하고 하고 싶은 분야를 고르면 됩니다. FYA 호주청년재단에서 제시한 7개의 꾸러미 직군(Part 2-4에 참조) 중에 자신이 좋아할 만한 직업을 생각해 보세요. 일의 성격과 나의 취향과 관심사가 같다면 고려해 볼 수 있는 다양한 직업선택이 가능하고 또 교차도 가능합니다.

예를 들어, 사람들과 관계하는 일이 좋다면 알리미 직업군(선생님, 회계사, 심리학자 등)이나 돌보미 직업군(사회복지사, 보육사, 미용사 등) 중에 어떤 일이 관심이 가는지를 찾아보세요. 지금은 좀 더 폭넓게 하는 일을 생각해 보는 융합적 사고가 필요합니다. 각자가 좋아하는 일을 통해 직업으로 연결되고 관계를 만들어 나가야 합니다. 앞으로 몇 년 안에 많은 직업이 사라진다고 합니다. 존 폰 노이만은 이렇게 말했습니다.

"점점 빨라지는 기술적 진보와 인류 생활양식의 변화 속도를 보면 인류의 역사가 어떤 필연적인 특이점에 접근하고 있다는 인상을 받는다. 이 시점 이후 인간의 역사가 지금 우리가 이해하는 형태로 계속될 것인지는 알 수 없다."

가르치는 것을 좋아하고 잘할 수 있다면 초·중·고등학교 교사, 대학교수, 어학강사의 직업을 생각해 볼 수 있고, 창의력이 있다면 교육콘텐츠 제작자, 친화력이 좋다면 상담사 등의 직업을 택할 수 있습니다. 이 모두 가르치는 직업이에요. 또한 프로게이머가 꿈인 학생이라면 게임 실력을 갖추고 실제 경기 경험을 통해 자기객관화를 할 필요가 있습니다. 만약 경쟁하는 것에 약하다면 게임 관련한 다른 분야를 탐색해 보면 좋을 듯합니다. 게임 개발 분야 이외에도 게임관련 영상 유튜버 같은 콘텐츠 창작자도 있고, 게임에 대한 뉴스나 정보를 전달하는 게임저널리스트도 있어요. 내가 무엇을 하고 싶은지에 초점을 둔다면 선택의 폭은 넓어요. 어디에서 일하냐에 따라 직업이 달라질 수 있습니다.

한 분야에서도 여러 다양한 직업들이 있습니다. '연예인'이라는 직업 주변에는 방송작가도 있고, 방송제작PD도 있고, 연예인 매니저도 있어요. 자신에게 맞는 다양한 길이 있다는 것을 알고 계속 찾아보는 노력이 필요합니다. 진로는 한순간에 결정하고 끝나는 문제가 아닙니다. 살아가는 동안 계속 고민하고 선택해야 하는 것입니다. 진로를 너무 빨리 정한다고 해서 반드시 좋은 것만은 아니에요. 일찍 정하면 고민하지 않는다는 점은 좋지만 다양한 길을 모색하는데 방해가 될 수도 있어요.

Q : 적성과 잘 맞는 일인지 어떻게 알 수 있나요?

A : 평소 관심 있는 일을 직접 해보는 것이 가장 좋습니다. 자원봉사, 직업 체험, 인턴 등을 통해 자기 적성과 잘 맞는 일인지 아닌지를 알아보아야 합니다. 어떤 일이 자신과 잘 맞는지 안 맞는지 직접 해보지 않고는 정확히 알 수 없습니다. 직접 해보는 것이 가장 좋은 방법입니다. 하지만 시간적, 공간적 제약으로 인해 직접 해볼 수 없다면 간접적인 체험이라도 해보는 것이 좋습니다. 관심 분야에서 일하고 있는 사람과의 인터뷰나 관심 직업이 나오는 영화 또는 독서 위인전을 보면서 간접 체험을 해볼 수 있습니다.

　　어떤 직무를 하다 보면 실제 자신이 생각한 것과 많이 다를 수 있습니다. 직업상담에 참여했던 한 청년처럼 오랜 꿈이었던 심리상담일을 직접 해보니 자신이 사람을 대면하는 일보다는 혼자 집중하고 성과를 내는 일을 잘하는 사람이라는 걸 알고 상담 일을 포기한 사람도 있습니다. 조용한 성격으로 말수가 적어서 영업직은 안 맞다고 생각할 수 있으나 의외로 잘 맞을 수도 있어요. 말수는 없는 편이지만 사람들의 이야기를 잘 들어주는 경청 능력이 뛰어난 경우에는 사람들이 필요한 부분을 잘 파악할 수 있거든요.

또 실제로 일을 해보면 직무보다는 일하는 장소나 조직문화도 중요해요. 진취적이고 자율성을 추구하는 사람이 전통을 중시하는 경직된 조직에서는 답답하여 자기 능력을 발휘하기 힘들 거예요. 반대로 안정된 시스템이 구축되어 있는 일을 선호하는 사람은 처음부터 없는 것을 하나하나 구축해야 하는 스타트업에서 일을 한다면 스트레스를 많이 받을 거예요. 결론적으로 말해 직무가 중요합니다. 하지만 자신의 성격과 잘 맞는 장소나 조직에서 일할 때 훨씬 성과를 잘 낼 수 있다는 것도 기억하길 바랍니다.

Q : 어떻게 하면 일을 오랫동안 할 수 있나요?

A : 인공지능이 대체할 수 없는 일을 해야 합니다. 지금은 창의적, 분석적 사고가 중요해요. 남들이 좋다고 하니까, 또는 사회에

서 인정해 주니까 하는 그런 일 말고 어떻게 하면 사람들에게 도움이 되고 필요한 일인지를 깊이 고민해 볼 수 있는 그런 일을 해야 합니다. 지식을 활용하고 많은 데이터가 쌓여 있는 일은 인공지능이 훨씬 잘할 거예요. 어떤 일을 오래 하려면 자신이 좋아하는 일인지가 정말 중요해요. 그 일을 잘하는데 좋아하지 않는 일이라면 그 사람 표정에 지루함이 느껴지고, 본인도 마지못해서 하는 일이라서 오래 하기는 힘들어요.

요즘 학생들에게 인기 있는 직업은 건물주나 건물임대업자입니다. 왜 그러냐고 물어보면 돈 많이 벌고 편하게 살 수 있을 것 같아서라고 합니다. 그런 꿈은 오래가지 못해요. 앞에서도 이야기했지만 '편하다'와 '행복하다'는 동의어가 아니에요. 편안함이 지속되면 권태나 무기력을 가져올 수 있어요. 적당한 고생과 편안함의 조화를 이룰 수 있어야 해요. 건물주가 된 이후에 어떤 꿈을 이룰 것인가를 생각해 보아야 합니다. 건물주가 되어 문화예술공간 조성에 기여하고 싶어서, 혹은 공공시설로 지역 내 커뮤니티를 활성화시키는 가치 있는 일을 하고 싶어서라면 멋진 꿈이 될 거예요. 물론 그렇게 거창하지 않더라도 자신에게 의미 있고 가치 있는 일이라면 멋진 꿈이라고 생각해요.

Q : 어떻게 하면 내 적성을 알 수 있나요?

A : 사람은 누구에게나 강점지능이 있습니다. IQ지능이 아니라 한두 가지 본인한테 뛰어난 지능을 말합니다. 그 지능 중에서 관심 있는 것을 선택하면 됩니다. 공부는 못해도 운동을 잘한다거나, 인간관계는 서툴러도 요리를 잘하는 경우가 있으니 남들과 비교하지 말고 자신이 어떤 분야에 관심이 있고 어떤 걸 잘하는지 테스트를 해보세요. 예를 들어, 자신이 평상시 시간 가는 줄 모르고 빠지는 것이 있는지, 하루 중 무얼 하며 가장 많은 시간을 보내는지 관찰해 보세요. 만약 SNS나 휴대폰을 많이 한다면 자신이 주로 보는 것(지식, 댄스, 웃기는 것, 꾸미는 것, 음식, 인간관계, 동기부여, 정보 등)이 있을 거예요. 그것을 계발하면 됩니다. 강점 발견을 어디서 시작해야 할지 모른다면 좋아하고 잘하는 것이 무엇인지 생각하는 것에서부터 시작해 보세요. 주변 사람들에게 잘한다고 칭찬받았던 일을 찾아 그것을 직업으로 선택해 보기 바랍니다. 시행착오를 덜 겪게 될 것입니다.

저 같은 경우는 자기성찰지능과 언어지능이 높은 편으로 어려서부터 글쓰는 것에 대한 부담감이 없었고 외국어 공부하는 것을 좋아했지요. 매일 일기를 쓰며 자신을 돌아보고 다른 사람들을 관찰하는 것을 잘했답니다. 그래서 저에게는 상담사 직업이 잘 맞아요. 자신이 특히 좋아하고 잘하는 분야가 하나쯤은 있을 겁니다. 그것을 꾸준히 탐색해 보고 시도해 보는 작업이 매우 중요합니다.

Q : 꿈도 없고, 하고 싶은 것도 없고, 목표도 없는데
　　취업을 꼭 해야 하나요?

A : 일은 반드시 해야 합니다. 일을 통해 사람은 성장합니다. 아르바이트라도 해봐야 합니다. 가장 좋은 것은 아무 상관 없는 것이 아니라 관심 분야와 관련된 일을 하라는 것입니다. 음식 만드는 것에 관심이 있다면, 식당에서 아르바이트를 해보면서 음식 개발도 해보고 손님들의 반응도 살펴보는 것이죠. 패션이나 화장품 쪽에 관심이 있다면 의류 매장이나 화장품 매장에서 일을 해보는 것도 좋겠군요. 일을 하다 보면 뭔가에 흥미가 생기고 자기 능력도 확인할 수 있어요. 또 자신이 어느 쪽으로 가는 것이 좋은지 스스로 진로 방향을 찾을 수도 있습니다.

　인간은 사회적 동물이라서 혼자서는 살 수가 없습니다. 아무리 혼자 있는 것이 좋은 사람이라도 일을 하면서 쉬는 것과 아무 일도 하지 않고 혼자 지내는 것과는 큰 차이가 있습니다. 아무것도 하지 않는다면 사회적으로 소외감을 느끼게 되고 점점 자신감이 떨어져서 살아가기가 힘들어질 수 있습니다. 요즘 흔히 볼 수

있는 배달이나 물류 일이라도 며칠 나가보세요. 본인이 그런 쪽 일이 맞다면 계속 직업으로 삼아도 되고, 그 일을 하면서 다른 직업을 찾아볼 수도 있어요. 스스로 돈을 벌어서 쓸 때 자신이 뭔가를 하고 있다는 성취감을 느끼게 됩니다.

정부에서 청년들의 취업률을 높이기 위해 시행하고 있는 제도를 이용하면 취업에 도움을 받을 수 있어요. 청년을 채용하는 기업에 혜택을 주는 청년추가고용장려금, 청년디지털일자리장려금, 청년채용특별장려금제도가 있어요. 청년 구직자에게는 청년도전지원사업, 청년구직활동지원금 등의 혜택을 주고 있으며, 국민취업지원제도에 참여하면 지원금과 취업 알선 등 다양한 혜택을 받으며 구직활동을 할 수 있습니다.

Q : 어떤 직업을 택해야 내가 행복해지나요?

A : 내가 좋아하는 일을 해야 행복합니다. 열정이 생기고 지루하지 않습니다. 남에게 잘 보이기 위해 사회적으로 인정과 명성을 얻는 일이나 돈을 많이 버는 일로는 행복해질 수 없습니다. 앞으로 인공지능이 많은 일을 대체할 텐데 자신이 정말 좋아하고 잘할 수 있는 분야에서 일을 한다면 경쟁력에서도 뒤지지 않을 만큼 실력을 쌓을 수 있을 겁니다.

물론, 실력을 쌓기 위해서는 시간이 걸릴 수 있습니다. 보통 전문적인 스킬을 쌓는 데는 10년이나 걸린다고 하니까요. 만약에 생계가 어렵다면 지금 당장 할 수 있는 일을 해야겠죠. 돈이 없으면 비참해지고 자존감이 떨어져요. 돈을 벌어야 기본 생계를 유지하고 좋아하는 일을 취미생활로 할 수가 있어요.

본인이 웹툰작가▪가 되고 싶은데 아직 등단하지 못했다면 그 직업으로 수입을 창출할 수는 없겠지요? 웹툰작가의 등용문은 다양하게 있으니까 다른 일을 하면서 웹툰을 계속 그려보는 것도 좋아요. 웹툰작가로 데뷔하는 방법은 포털 사이트의 아마추어 게시판을 통해 만화를 올릴 수 있고, 각종 공모전에 응시하거나 개인 블로그 등에 만화를 연재하여 입소문이 남으로써 데뷔하는 경우도 있어요. 포기하지만 않는다면 언제든지 자신의 실력이 빛을 발하는 때가 옵니다. 웹툰작가가 되려면 학력 조건이나 자격 조건이 따로 없으나 실력으로 입증해야 합니다. 애니메이션 고등학교나 대학의 만화 관련학과에 진학하여 웹툰을 체계적으로 배우면 큰 도움이 될 겁니다.

▪ 웹툰 작가가 하는 일 : 만화를 그려서 인터넷에 연재하는 일을 하며, 만화를 그리기 전에 소재 발굴을 하고 기획, 구상한다. 그다음에 취재를 거쳐 시나리오를 작성한다. 그림을 그릴 때는 콘티를 짜고 컷을 나눈다. 스케치, 펜 터치, 채색, 편집 작업을 하고 대사를 삽입한다.

Q : 나의 타고난 재능을 어떻게 찾나요?

A : 자신을 잘 들여다보면 끊임없이 자신을 괴롭히는 일이 있습니다. 문득문득 해야 하는 일이 생각나는 것처럼 자신에게 떠오르는 일이 있을 거예요. 저에게 직업상담사는 그런 일입니다. 직업상담을 통해서 진로와 직업을 찾지 못해 고민하고 방황하는 사람들의 직업을 잘 찾을 수 있도록 도와주고 있습니다. 청소년기에 자신의 재능을 발견할 수 있다면 방황하는 시간을 줄일 수 있고 행복한 인생을 살 수 있다고 생각해요. 청소년들에게 진로상담을 잘 받을 수 있도록 하는 건 정말 중요한 일이라 생각해요.

저도 학창 시절 진로에 대해 잘 몰랐기 때문에 막연하게 생각하고 점수에 맞춰서 학과를 선택했어요. 상담 관련 학과를 나왔다면 좀 더 수월하게 심리상담사나 직업상담사로 진입했을 거예요. 저는 다른 여러 직업을 거치며 이 자리에 왔어요. HR 인사 컨설틴트 8년, 직업상담사로 7년 동안 일을 했지요. HR 인사 컨설틴트는 경력자의 커리어를 상담하고 매칭해 주는 것이고, 직업상담사는 구직을 준비하는 청년과 재취업을 준비하는 중장년층에게 직업상담을 제공해 주는 일이었습니다. 앞으로는 더 많이 청소년과 청년들을 만나서 진로코칭을 하고자 합니다. 청년들의 진로와 동기부여를 하는 쪽으로 더 연구하고 진로상담을 하는 것이 제 목표입니다.

여러분도 저처럼 인생을 살아가면서 포기하지 않고 해야 한다고 생각하는 것이 있을 거예요. 어떤 사람은 그림을 그려서 아름다움을 창조하는 일이 될 수도 있고, 어떤 사람은 정치인이 되어 국가를 바르게 이끌어가고 싶은 사람도 있을 거예요. 지인 중에는 마케터로 직장생활을 하다가 뒤늦게 보디빌더로 활동하는 사람도 있어요. 무엇이든 직업이 될 수 있는 세상이니까 자신이 하고 싶고 잘할 수 있는 일을 꾸준히 찾아보면 좋을 것 같아요. 거기에 분명 자신의 재능이 숨겨져 있을 거예요.

Q : 어떤 직업이 앞으로 유망한 직업인가요?

A : 앞으로 유망한 직업은 기계가 할 수 없는 인간 고유의 영역에서 활동하는 것입니다. 기계가 할 수 없는 일이 무엇이 있을까요? 인공지능이 소설도 쓰고 그림도 그린다는 걸 들었을 거예요. 판결도 인공지능이 더 많은 데이터와 사례를 찾고 공정하게 할 수 있을 거라고 기대하고 있어요. 의사는 어떤가요? 매우 정밀한 부분은 데이터를 가지고 병을 진단하고 마이크로 칩으로 인간을 치료하게 됩니다.

그러면 인간은 무엇을 하면 될까요? 그 답은 우리가 찾아야 한다고 합니다. 인공지능은 스스로 생각할 수 없습니다. 더 진화하면 스스로 판단을 내릴 수도 있게 된다고 하지요. 지금 배터리가 떨어지면 스스로 충전할 곳을 찾는 자가 충전식 로봇도 있습니다. 미래학자 레이 커즈와일은 자신의 저서 『특이점이 온다』에서 "2045년경이 되면 인간이 기계와 융합할 정도로 기술이 발전해 새로운 형태의 지적 생명체가 탄생할 것이다"라고 합니다. 무서운 이야기이죠. 그러나 겁먹을 필요는 없어요. 인공지능을 개발한 것도 인간이고, 인공지능의 나아갈 방향을 결정하는 것도 인간이니까요.

인공지능이 할 수 없는 것은 인간다운 부분이에요. 인간의 존재에 대한 본질적인 물음이 되겠지요. 우리가 존재하는 이유와 인간이 인간다워져야 하는 부분에 대한 윤리적 판단은 인간이 내립니다. 우리는 인공지능에게 인간답게 지시하는 사람이 되어야 합니다. 챗GPT가 출시되었을 때 실제로 챗GPT와 대화를 하다가 목숨을 끊는 사례가 발생하기도 했지요. 그 사건이 일어난 다음 그런 극단적인 물음에 대해서는 중성적인 대답을 할 수 있도록 시스템을 조정했다고 합니다. 기계가 판단을 잘못 내릴 때 생길 수 있는 비극적인 상황을 대비해야겠지요.

머지않은 미래에 인공지능과 함께 조화를 이루어 살아가야 합니다. 아주 힘들고 어려운 일을 인공지능에게 맡겨도 되는 것은 매우 좋은 일이지요. 업무 효율도 지금보다 몇백 배는 좋아질 것입니다. 인공지능과 함께 평화로운 세상을 만들어 가기 위해서는 윤리성과 문제해결력 등을 길러야 할 것입니다.

Q : 대체 불가능한 존재가 되려면 어떻게 해야 하나요?

A : 보통 직장에서는 한 사람이 그만두더라도 누군가가 그 일을 대체합니다. 또 다른 사람을 채용하면 그 사람이 없더라도 일은 잘 돌아갑니다. 직장 개념을 떠나서 직업의 개념으로 넘어가서는 어떤 사람이 대체 불가능한 사람일까요? 남들이 하지 않는 일을 하는 사람일 것입니다. 똑같은 일을 하더라도 자신만의 특별함이 있다면 대체 불가능하다고 말하겠죠.

우리나라 영화감독 중에는 봉준호 감독과 박찬욱 감독이 대체 불가능한 사람입니다. 봉준호 감독은 어떤 이야기를 풀어나갈 때 영화에 묘사를 잘 만들고, 박찬욱 감독은 남들이 생각지도 못한 창의적인 이야기를 잘 만듭니다. 연예인 중에서는 개그맨 유재석 씨를 들 수 있을 것 같아요. 어떤 누구와도 잘 어우러지는 공감능력은 아무도 따라갈 수가 없어요. 국민MC로서 게스트를 돋보이게 하고 편안하게 해주는 언어능력을 타고났다고 할 수 있어요.

대체 불가능한 사람이 되려면 남이 하지 않는 일을 하는 것입니다. 익숙하지 않은 일, 한 번도 해보지 않은 일, 힘들고 불편한 일을 해야 합니다. 자신의 분야에서 선구자가 되어야 합니다. 남들이 하는 일은 이미 시장이 포화상태입니다. 또 나 아니어도 할 사람이 많습니다. 그런 곳에서는 살아남기가 힘들어요. 많은 사람들과 경쟁해야 하고 나 아니어도 언제든지 대체 할 수 있는 일이니까요.

Q : 어떤 직업을 가지면 좋은지 조언해주세요?

A : 지금 할 수 있는 것을 열심히 하라고 이야기하고 싶습니다. 만약에 청소년이라면 공부를 열심히 하면 좋겠어요. 공부가 집중이 안 된다면 공부 이외에도 자신이 좋아하는 것을 열심히 하면 됩니다. 무언가 빠져서 열심히 할 수 있는 게 있다면 그걸 하세요. 그것이 꼭 공부가 아니더라도 좋습니다. 요리, 춤 등은 나중에 직업으로 연결하는 기초가 될 수 있으니까요. 단지 공부가 하기 싫어서 게임을 하거나 유튜브 동영상을 보는 것에 빠진다면 자신의 인생을 낭비하는 거예요. 게임을 하는 것이 게임 전략을 짜고 게임을 개발할 목적이 되고, 동영상을 시청하는 이유가 자신이 관심 있는 분야를 더 잘하기 위한 목적이라면 좋아요.

만약 지금 대학생이라면 전공 공부를 열심히 하면서 자신이 할 수 있는 것을 찾아야 해요. 전공과 무관한 분야로 직업을 찾으려고 하면 힘든 부분이 있어요. 예를 들어, 건축공학 전공자로서 전공이 안 맞다면 건축설계나 시공 일이 아닌 다른 직종에서 자신이 잘할 수 있는 분야를 찾아보세요. 취업도 가능해요. 건축 영업이나 마케팅 직업으로 도전하거나 아니면 기술지원 파트 등도 있으니까요. 준비가 안 됐다고 자꾸 미루다 보면 취업 시기를 놓칠 수가 있어요. 지금 할 수 있는 일을 하며 본인이 진정으로 하고 싶은 일을 계속 찾아가야 해요. 그러면 반드시 기회가 올 것입니다.

완벽한 준비는 있을 수 없거든요. 조금 부족하더라도 지금 도전을 해야 합니다. 졸업 전후에 취업할 수 있다면 하는 것이 좋아요. 만약 자신이 오랫동안 준비하고 있는 것이 결실을 보기 위해선 1년이라는 시간이 필요한 일이라면 그것을 끝까지 해봐야겠죠. 그런 것이 아니고 애매모호한 상황이라면 바로 취업하시기를 바랍니다.

직장인이고 새로운 직업에 도전하고 싶다면 일을 하면서 준비하는 것을 권합니다. 막상 회사를 그만두고 나오면 조급함 때문에 제대로 집중하기가 어려우며, 시행착오를 반복하게 됩니다. 자신이 힘든 이유가 직무가 안 맞아서 그런지, 직장동료나 상사와 안 맞아서인지 혹은 조직문화와 근무 분위기가 안 맞아서인지를 생각해 보세요. 같이 일할 사람들이 자신의 성격과 맞는지, 일하는 곳의 분위기가 자신과 잘 맞는지가 중요합니다.

경쟁적인 환경을 좋아하는 사람이 개인적인 성과보다는 공동체의 이익과 공유가 우선된다면 자신이 추구하는 가치관과 대치되어 힘들 수 있습니다. 여러 사람들과 함께 일해야 업무 능률이 오르는 사람이 있고, 혼자 일할 때 업무 능률이 오르는 사람이 있습니다. 사람들과 만나는 걸 좋아하는 성격이라면 활달한 성격의 장점을 살릴 수 있는 일을 할 때 더 행복합니다. 돈 많이 버는 걸 가장 중요하게 여기는 사람이 몸과 마음의 여유를 추구한다면 두 가지를 동시에 충족하기는 어려울 수도 있습니다. 직업을 선택하는 데 있어서 개인의 직업 가치는 오랫동안 만족감을 가지고 일할 수 있는 중요한 기준이 됩니다.

Q : 돈을 잘 벌 수 있는 직업을 갖고 싶은데, 어떻게 하면 되나요?

A : 돈을 잘 버는 직업을 갖기 위해서는 두 가지 방법이 있습니다. 남들이 하기 어려운 위험한 일을 하거나 경쟁률이 매우 높은 곳에 입사하는 것입니다. 우리나라에서 연봉이 가장 높은 직업은 1위가 기업 고위 임원, 2위가 성형외과 의사, 3위가 한의사입니다. 순위를 20위까지 살펴보면 모두 전문직입니다. 경쟁이 치열하고 높은 전문지식이 요구됩니다. 공부를 많이 해야 되겠죠? 오늘부터 잠 안 자고 공부해야 합니다.

　　최근 우리나라 제조 산업과 대기업의 채용 현실이 불안하다 보니 서울대에 입학했다가 휴학하고 의대 입시를 준비하는 경우가 많습니다. 그래도 안정적인 의사를 하는 것이 낫다고 생각하기 때문이죠. 고액 연봉, 사회적 지위, 안정된 처우를 바라기 때문에 의사를 선호합니다. 가장 큰 문제는 초등학생까지 의대 입시반이 생길 정도로 의대에 매달리는 현실이 문제예요. 의대 가서 사람들의 생명을 꼭 살려야겠다는 사명감이 있는 경우에는 높은 입시경쟁을 뚫고 반드시 의대에 입학해야 하겠지만 그렇지 않은 경우는 자신의 적성이 뭔지도 모르고 오랜 시간 동안 학업에만 매달려야 하는 현실이 안타깝죠. 바라는 의사가 되더라도 본인의 적성에 맞지 않아 불행한 삶을 살게 될 거예요.

또 다른 돈을 잘 버는 직업은 위험을 무릅쓰고 해야 하는 일입니다. 기름탱크 청소원 같은 경우에는 기름탱크 안으로 들어가서 기름을 제거하는 청소를 합니다. 연봉이 4억 원이에요. 일할 때마다 목숨을 걸고 해야 하는 위험천만한 일이죠. 정화조 다이버는 3억, 테스트 조종사는 2억을 받지만 매우 위험한 일이라서 고액 연봉을 받는다고 해도 함부로 도전하기 힘들 것 같습니다.

2021년도 연봉이 높은 직업 순위							
1	기업 고위 임원	6	안과 의사	11	치과 의사	16	마취병리과 의사
2	성형외과 의사	7	외과 의사	12	대학교 총장 및 학장	17	비뇨기과 의사
3	한의사	8	소아과 의사	13	피부과 의사	18	일반 의사
4	정신과 의사	9	이비인후과 의사	14	보건·의료관리자	19	고위 공무원
5	내과 의사	10	산부인과 의사	15	가정의학과 의사	20	항공기 조종사

■ **출처** 한국고용정보원. 2021년 한국의 직업정보

Q : 공기업에 들어가려면 몇 년을 준비해야 하나요?

A : 1년 내지 2년 정도 제대로 준비해야 합격할 수 있습니다. 공기업에 취업하기 위해서는 제대로 된 스펙 쌓기가 중요합니다. 필기시험은 혼자 준비할 수 있지만 인적성 검사와 면접시험은 컨설팅을 받는 것이 좋습니다. 돈이 좀 들어갑니다. 기업이나 직무 관련된 공모전에 참여하거나 일 경험을 쌓는 것도 매우 중요합니다. 무작정 공부만 한다고 합격하는 것이 아닙니다. 될 수 있는 방향으로 준비를 철저히 해야 합니다.

공기업에 취업하려면 1~2년 이내에 빨리 승부를 봐야 합니다. 공무원 준비도 마찬가지입니다. 3년 이상 준비하게 되면 후유증이 심각합니다. 사람에 따라 크고 작은 정도의 차이는 있지만 패배 의식으로 재기 불가 상태가 되기도 합니다. 그러니 딱 2년까지만 집중해서 준비하고 그래도 안 되면 과감히 포기하고 다른 직업을 찾아보아야 합니다. 한계선은 최대 3년 이하로 잡으세요.

필요한 자격증과 인턴 경험을 쌓은 후에 바로 지원해야 합니다. 경쟁력이 있는 자격증을 모두 취득하고 나서 입사지원을 할 경우 운이 따라 주지 않으면 시간만 지체될 수 있습니다. 절대적으로 맞고 틀린 것은 없지만 최소한의 필요조건과 적절한 타이밍이 중요하다고 생각합니다. 본인이 목표한 자격증 취득에 차질이 생기게 되면 시간은 시간대로 지체되고 심리적 압박감과 부담감이 커집니다.

　희망하는 업·직종에 관련된 인턴 채용은 반드시 도전해야 합니다. 희망하는 기업으로 취업하는데 큰 디딤돌이 되기 때문입니다. 2년 넘게 공기업을 준비했는데 계속해서 불합격하게 되면 직장 경력 없이 나이만 먹게 될 것이 두려워집니다. 취업 준비기간이 길어질수록 압박감과 스트레스가 가중됩니다. 3년쯤 되면 이러지도 저러지도 못하는 상태가 됩니다. 그만두자니 준비했던 시간이 아까워서 '조금만 더 하면 되지 않을까.' 하는 미련을 갖게 됩니다. 그렇다고 더 준비하자니 나이만 먹고 아무것도 못 하는 패배자가 될까 봐 두려움이 생기게 됩니다.

　공무원과 공기업을 준비하는 내담자들의 구직상담 과정을 정리해 보니 합격한 사람들은 딱 1~2년 정도를 집중해서 준비했던 사람들이었습니다. 그 이상의 시간을 투자했을 때 스트레스로 인해 머리에 과부하가 생깁니다. 최근 공기업에 입사한 한 내담자는 졸업 후 1년 만에 합격 소식을 전해주었습니다. 최소한의 자격증과 인턴 경험 2회, 그리고 관련 행사장에서의 아르바이트를 통해 인맥을 만들고 입사에 필요한 정보를 얻은 후 합격했습니다. 또 다니던 직장을 그만두고 공무원을 준비했던 내담자는 2년간 몰입해서 공부했습니다. 때로는 포기하고 싶은 마음이 들기도 했지만 그때마다 산을 오르며 마음 근육을 단단히 세워나갔습니다. 그렇게 2년을 집중해서 공부한 끝에 올해 최종 합격했습니다.

만약에 1~2년을 몰입하여 도전했어도 합격하지 못한다면 빨리 결단을 내려야 합니다. 미련이 남더라도 과감히 포기하고 자신이 진정하고 싶은 일이 무엇인지 재탐색해 보아야 합니다. 그래도 포기가 안 된다면 희망한 분야와 관련한 직업 경험을 쌓으면서 경력자 우대 채용에 도전해야 합니다. 그것이 앞으로의 커리어에 도움이 될 것입니다. 구직 당사자는 멀리 앞을 내다보기보다는 맞닥뜨린 일에 침체될 수 있습니다. 저 또한 그런 시간이 있었기에 충분히 그 상황을 이해할 수 있습니다. 그럴 때는 주위를 환기시키고 자신이 진정으로 원하는 것이 무엇인지 탐색해 보며 또 다른 시도를 해보면서 자신에게 적합한 직업을 찾아가길 바랍니다.

Q : 꿈이 너무 많아요. 무엇을 하면 좋을까요?

A : 우선순위를 정해서 할 수 있는 것부터 하나씩 도전해 보는 걸 추천해요. 꿈이 많다는 것은 정말 좋은 거예요. 그만큼 하고 싶은 것이 많고 욕심이 있다는 것이니까요. 꿈이 많다고 하니 아마 당신은 호기심도 많고 적극적인 성격의 소유자일 것 같습니다. 꿈만 많고 도전하지 않으면 아무런 의미가 없어요. 우선, 이루고 싶은 꿈을 목록화하는 작업을 해보세요. 쭉 적어서 나열한

다음 우선순위를 정하는 것입니다. 지금 할 수 있는 것부터 차례대로 번호를 붙여서 해나가면 됩니다.

앞에서도 이야기했듯이 꿈을 적고 평생 그것을 이루어 나가는 사람들이 있습니다. 꿈을 적었기 때문에 그것이 구체화 되었고 이루어졌습니다. 적지 않고 머릿속에서만 둥둥 떠다니면 꿈은 흩어져 버립니다. 그러다가 문득 나타나서 간지럼을 태우죠. '그때 그걸 했었으면 좋았을 건데.' 하며 후회와 아쉬움이 남습니다. 꿈을 적어 보면 1개일 수도 있고 10개, 100개가 될 수도 있습니다. 오늘 하고 싶은 것, 이번 달에 하고 싶은 것, 올해 이루고 싶은 것, 5년 후, 10년 후 꿈들을 쭉 적으면서 하나씩 이루도록 노력해 보세요.

아무리 작은 꿈이라도 이루게 되면 작은 성공 경험들이 쌓이게 될 것입니다. 그 성공 경험들은 습관이 되고 나를 큰 성공으로 이끄는 동기가 될 것입니다. 꿈이라고 하면 큰 것만을 생각하는데 작게 나만이 할 수 있는 것을 해보는 것도 좋을 거예요. 예를 들어, 턱걸이를 하루에 1개씩 하기, 영어단어 10개씩 외우기라든지 그런 것들도 목표가 될 수 있겠죠. 턱걸이를 하루에 1개씩 해서 팔 근육이 멋있는 사람 되기, 영어단어를 10개씩 외워서 글로벌한 인재 되기를 실현해 보는 것입니다. 절대 실패할 일이 없겠죠.

꿈이라고 하면 '실패하면 어떻게 될까?'라는 두려움으로 접근하는 경우가 많은데 그렇게 생각할 필요가 없어요. 꿈이 꼭 직업이 아니어도 되니까요. 꿈을 꾸다 보면 자연스럽게 직업으로 연결된다면 정말 멋지겠지요. 영어단어를 하루에 10개씩 외웠더니 영어가 유창해져 국제커뮤니케이션 전문가가 될 수도 있겠지요. 또, 팔 근육을 키워서 나중에 멋진 보디빌더나 헬스트레이너가 되는 것은 어떨까요?

목표를 세웠는데 막상 해보니 자기 적성과 안 맞는다면 수정하면 되죠. 예를 들어, '반에서 상위권에 들어가 좋은 대학에 입학하고 우수한 성적으로 졸업한 후, 대기업에 취업하거나 멋진 엔지니어가 될 거야?'라는 목표를 세웠지만 공부에 집중 못하는 성격이라면 그 목표에는 도달할 수 없을 것입니다. 그 대신에 남들보다 글을 잘 쓴다든가, 운동을 잘한다면 그쪽에 특기를 살려서 작가가 되거나 체육 관련 학과에 진학하여 체육 관련한 직업인이 될 수도 있어요.

Q : 전공이 적성과 안 맞아요, 어떻게 하면 좋은가요?

A : 전공이 적성에 안 맞아서 고민이 있는 거네요. 학생 때는 전공이 자신의 진로와 굉장히 밀접하다고 생각해서 전공이 안 맞는 게 큰 문제처럼 생각될 수 있어요. 그런데 막상 졸업하고 직장생활을 하다 보면 전공이 아닌 다른 일을 하는 사람들이 많이 있어

요. 전공을 해야지만 그 분야에서 성공한다고 100% 보장되는 것도 아니에요. 전공이 안 맞는다고 실패한 인생이라고 생각할 필요도 없어요.

이제 마이크로 크레딧처럼 학교가 아닌 2주~2달 만에 필요한 학위를 받는 시대예요. 전공이 무엇이든 간에 자신이 관심 있는 분야가 있다면 빨리 공부해서 도전해 보세요. 전공이 안 맞는다고 해서 불행하다고 생각할 필요도 없어요. 전공이 안 맞으면 전공과 상관없는 다른 직업을 준비할 수도 있고, 전공 분야에서 자신과 좀 더 맞는 직무를 찾을 수도 있어요. 예를 들어, 영문학과인데 건설업에 관심이 있다면 건설회사에 해외무역이나 프로젝트 관련 일을 하는 것도 괜찮아요. 사회복지학을 전공했으나 정보보안 전문가가 되고 싶다면 정보 보안 관련 교육훈련 기관에서 프로그램을 이수하고 관련 분야로 취업을 할 수 있어요.

타의에 의해서 전공을 선택했거나 자신이 좋아서 선택했거나 막상 전공을 해보니 자신과 맞지 않다고 해서 인생이 잘못되지 않아요. 조금 돌아갈 뿐이죠. 돌아가다 보면 다른 사람들보다 더 잘될 수도 있고, 자신에게 딱 맞는 적성을 찾아지기도 하니 포기하지 말고 도전하세요. 그 일을 했을 때 안 맞는다면 자신이 관심 있는 분야를 탐색하여 다시 도전해 보아야 합니다. 늦었다고 생각할 때가 언제든지 빠른 때라는 것을 명심하세요.

Q : 꿈이 없어서 그런지 의욕도 없어요. 왜 사는지 모르겠어요.
　　무슨 방법이 없나요?

A : 꿈이 없어도 괜찮아요. 왜 그런지 생각해 봐요. 지금 본인이
가장 고민되는 게 뭐예요? 꼭 꿈이 있어야 잘 사는 것도 아니잖
아요. 지금 해야 하는 것부터 해보세요. 그 일이 잘 맞으면 계속
하고 안 맞으면 다른 걸 해보세요. 현재 해야 하는 일을 열심히
하다 보면 그 속에서 인정도 받고 또 다른 기회로 연결되기도 한
답니다.

　　10년 전만 해도 경력이 여러 가지이고 다재다능한 사람보다
한 분야에 전문가를 선호했는데 지금은 트렌드가 바뀌고 있어요.
다양한 관심을 가진 사람, 다양한 경험을 가진 사람을 선호해요.
그들은 호기심이 많고 변화에 훨씬 잘 적응하고 유연성이 높은
사람이니까요.

　　우리의 미래는 항상 불안정해요. 딱 정해진 답이 있는 것이
아니니 자신이 스스로 만들어 가야 해요. 노력하는 것이 부담스
럽다고 선택도 하지 않고 결정도 하지 않는 것은 자신을 그 상태
로 묶어두는 거예요. 가진 것도 없고, 살면서 뭔가를 이루고 싶은
데 제대로 성취한 것도 없고, 왜 사느냐는 마음이 들어도 살아야
하는 이유는, 우리는 각자 소중한 사람으로 태어났기 때문이죠.

　　내가 대단한 것을 이루어야만 한다고 여기고 겁먹고 있는 것

은 아닌지 생각해 보세요. 그냥 지금 그대로 있는 그 자리에서 할 수 있는 것을 하면 됩니다. 최선을 다하면 가장 좋지만 그렇지 못할 상황이라고 해도 살아날 구멍은 있는 법이에요. 작은 꿈이 모여서 큰 꿈이 되고 차곡차곡 쌓이면 자신의 실력이 된다는 사실을 잊지 마세요. 이룰 수 없다고 포기하거나 부끄럽게 생각하지 마세요. 용기를 내서 뭐라도 지금 해보세요. 꿈은 우리의 삶에 생기를 불어넣어주니까요.

참고도서

- Frank Parsons 지음·김기령 외 옮김, 『직업의 선택』, 텍스트
- S.Hirsg & J.Kummerow 지음·심혜숙 외 옮김, 『성격유형과 삶의 양식』, 어세스타
- 새라 케슬러 지음·김고명 옮김, 『직장이 없는 시대가 온다』, 더퀘스트
- 사이먼 시넥 지음·윤혜리 옮김, 『스타트 위드 와이Srart With Why』, (주)세계사컨텐츠그룹
- 테일러 피어슨 지음·방영호 옮김, 『직업의 종말』, 부키
- 폴커 키츠, 마누엘 투쉬 지음·김희상 옮김, 『마음의 법칙』, 포레스트북스
- 곽노필 지음, 『미래는 어떻게 올까?』, 산하
- 김경집 외 지음, 『청소년을 위한 진로 인문학』, (주)학교도서관저널
- 김난도 외 지음, 『트렌드 코리아 2023』, 미래의 창
- 김남수 지음, 『꿈을 찾는 아카데미』, 무블출판사
- 김상호 지음, 『김상호의 10대를 위한 진로 특강』, 멘토르
- 김시원 외 지음, 『내일은 내 일이 가까워질 거야』, 곰곰
- 김원배 지음, 『하고 싶은 것이 뭔지 모르는 10대에게』, 애플북스
- 김은희 지음, 『10대 인생을 바꾸는 진로 수업』, 미다스북스
- 김태연 지음, 『하고 싶은 건 없지만 내 꿈은 알고 싶어』, 체인지업
- 김호 지음, 『직장인에서 직업인으로』, 김영사
- 박영숙, 제롬 글렌 지음·이희령 옮김, 『일자리 혁명 2030』, 비즈니스북스
- 박윤희 지음, 『당신의 커리어는 안녕하십니까?』, 북랩

- 박종서 외 지음, 『10대가 알아야 할 미래 직업의 이동』, 한스미디어
- 송희구 지음, 『서울 자가에 대기업 다니는 김부장 이야기』, 서삼독
- 스즈키 유 지음·이수형 옮김, 『더 베스트 커리어』, 올댓북스
- 한국콘텐츠미디어 편집부 지음, 『롤모델 진로카드』, 한국콘텐츠미디어
- 알랭드보통 지음·신인수 옮김, 『뭐가 되고 싶냐는 어른들의 질문에 대답하는 법』, 아이세움
- 앤디림, 윤규훈 지음, 『10대를 위한 완벽한 진로 공부법』, 체인지업
- 야마구치 슈 지음, 김윤경 옮김, 『어떻게 나의 일을 찾을 것인가』, 김영사
- 유시민 지음, 『어떻게 살 것인가』, 생각의 길
- 이나모리 가즈오 지음·신정길 옮김, 『왜 일하는가』, 서돌
- 이남석 지음, 『뭘 해도 괜찮아』, 사계절
- 이랑 글·김정진 그림, 『십대를 위한 직업콘서트』, 꿈결
- 이시현 지음, 『직업상담사 1급 2차 실기 완벽 대비』, ㈜도서출판 성안당
- 이우진 지음, 『누구에게나 인생 직업은 있다』, RAONBOOK
- 임성미 지음, 『내 꿈을 열어주는 진로 독서』, 꿈결
- 임재성 지음, 『네가 진짜로 원하는 인생을 살아』, 평단
- 정철상 지음, 『대한민국 진로 백서』, 중앙경제평론사
- 정형권 지음, 『꿈을 찾는 10대를 위한 진로수업』, ㈜도서출판 성안당
- 정효경 지음, 『꿈을 찾아주는 내비게이터』, 마리북스
- 최연구 지음, 『0~15세 미래 진로 로드맵』, 물주는 아이
- 최현정 지음, 『진로를 정하지 못한 나, 비정상인가요?』, 팜파스
- 칼 필레머 지음·박여진 옮김, 『내가 알고 있는 걸 당신도 알게 된다면』, ORANDO
- 탁석산 지음, 『성적은 짧고 직업은 길다』, 창비
- 토마스 A. 슈웨이크 지음·서현정 옮김, 『평범했던 그 친구는 어떻게 성공했을까』, 위즈덤하우스
- 하워드 가드너 지음, 김동일 옮김, 『지능이란 무엇인가』, 사회평론
- 학연플러스 편집부 지음, 김신혜 옮김, 『14살부터 시작하는 나의 첫 진로수업』, 뜨인돌
- MBC, "강연자들", 2024.07.26

- 한국고용정보원 연구보고서, 「2021 한국 직업 전망」, 2020.12.31
- 고용노동부 보도자료, "대한민국 직업 종류, 8년간 5,236개 늘었다", 2020.05.28
- 송석주, "쓸모없는 직업1위는?", 독서신문, 2021.09.04
- 임미진, "〈퓨처앤잡〉 올 추석, 조카에게 '뭐 될 거냐?' 묻지마세요", 중앙일보,
  2017.10.03.(2017.10.06. 수정)
- 민주언론시민연합, "2019년 드라마엔 재벌·전문직 남성이 많았다",
  미디어오늘, 2020.02.05
- 노동렬, "Influence of TV Drama Main Character Job on Story", 한국
  콘텐츠학회 논문지 제17권 제12호 2017.12/ 226~235(10page)
- 이나예, "스튜어디스 혜정아? 미디어가 발목 잡네요", 오마이뉴스, 2023.06.27
- 정지주, "드라마 덕분? 한여름에 단팥빵 불티", KBS뉴스, 2010.08.23
- 변희원, "中卒 아빠, 게임중독 中卒 형제를 직접 가르쳐 서울대로", 조선일보,
  2020.06.27
- 잡코리아 & 알바몬 통계센터, "대학생 64.6% 취업 진로에 불안 초조…대2병",
  잡코리아, 2019.04.24
- 케이트모건, "내 일자리 AI에 뺏기지 않을까?", BBC NEWS 코리아, 2023.05.10
- 곽창렬 외, "MIT 노동 경제학 교수의 진단 '이런 사람은 AI에 안 밀려난다'",
  조선일보, 2023.02.24
- 미래팀, "AI시대, 어떤 직종이 유망할까? 내 직업의 미래는?
  [SDF다이어리]", SBS뉴스, 2023.07.15(2023.07.19 수정)
- 이홍근, "'근거 있는 자신감보단 근자감 중요'… 허준이 교수가 밝힌 성공비결",
  경향신문, 2022.07.27
- 이윤진, "'세계 이색 직업' 우리가 몰랐던 세계 이색 직업 7가지", 시사CAST,
  2020.10.16
- 교육부 보도자료, 〈2023년 「초·중등 진로교육 현황조사」 결과 발표〉,
  2023.11.24(지면 2023.11.27)
- 김정희, "한국 주부의 가사노동 시간과 경제적 가치 평가", 대한가정학회지,

제31권 4호 1993

- 송석주, "쓸모없는 직업 1위는?", 독서신문, 2021.09.04
- 김한준 외, "누가 직업에 만족하는가? – 2016 직업만족도 분석", 한국고용정보원 2017년 3월호 고용이슈 EBS다큐프라임, "아이의 사생활_다중지능", 2012.12.13
- EBS, "하워드 가드너 '다중지능이론' 총 5부작", 2024.02.07
- YouTube 스터디언, '이걸 제대로 이해하지 못하면 한평생 남과 경쟁하며 살아야 합니다.'(유영만 한양대학교 교수), 2023.07.27
- 유퀴즈, "신입만 n번 한 진기주 자기님! 프로이직러들의 이직 결심 공통점", 유퀴즈온더튜브 2021.03.11
- 세바시 인생질문, "전공이 적성에 안 맞는 당신이 반드시 들어야 할 대답/ 김민식 성장문답", 2019.02.21
- EO글로벌, "더 이상 기회가 없다는 시장에서 탄생한 1조 기업", 이오, 2022.09.01
- Dan Pink, "The puzzle of motivation", TED, 2009.08.26
- 석영중 교수, "어떻게 살 것인가?", 플라톤아카데미TV, 2014.12.12
- KGF Korea Global Form, "특별강의: 토머스 프레이 다빈치연구소 소장– 한반도의 미래를 말하다", 2020한반도국제평화포럼, 2020.09.09 / YouTube 멘탈케어 김종국 명언 '수백 억 벌면서도 내가 돈을 안 쓰는 이유', 2023.03.05. / YouTube 멘탈케어 박진영 명언 '연수익 1300억 찍고 느낀, 돈이 자유를 주지 않는 이유', 2022.02.20

AI 시대 청소년과 청년층을 위한 신감각 직업선택 가이드

AI 시대 나에게 맞는 직업을 찾아주는 책

1판 1쇄 인쇄 2025년 04월 25일
1판 1쇄 발행 2025년 04월 30일

지은이 박지아
펴낸이 인창수
펴낸곳 태인문화사
신고번호 제2021-000142호(1994년 4월 12일)
주소 경기도 파주시 탄현면 참매미길 234-14, 1403호
전화 031) 943-5736
팩스 031) 944-5736
이메일 taeinbooks@naver.com

ⓒ박지아, 2025

ISBN 979-11-93709-06-1 (03190)